進学支援の教育臨床社会学

商業高校におけるアクションリサーチ

酒井 朗［編著］

勁草書房

はしがき

我々はある商業高校で、生徒の大学進学を支援する取り組みを続けている。本書は、そこから得られた知見に基づいて、現代高校生の進路意識やその変容過程を理解するとともに、今求められる支援とは何かについて考えようとするものである。

学校現場が様々な問題を抱える中で、その担い手である教員の資質向上が求められているが、その中で特に問われているのは、現場の実態に即した実践的な指導力の育成である。その担い手である大学の教育学部や教員養成課程には、そのための手だての一つとして、学校現場と連携した教育臨床的なアクションリサーチの必要性が説かれている。本書のタイトルにある「教育臨床」とは、現場の問題を取り上げ、その解決に向けた営みであり、アクションリサーチとは、そのための「行動する研究」である。学校の教職員と協働して、現場が抱える種々の問題に取り組む中で、教育や指導に関する新しい知を生み出すことが求められている。

本書の取り組みは、まさにこのアクションリサーチを実地に試みたものである。我々は二〇〇〇年秋から、ある商業高校で、同校の教師や、大学生・大学院生のボランティアらとともに、大学進学を目指す生徒に対する支援活動を開始した。放課後の校内の一室でのささやかな取り組みであるが、そこから毎年何名かの進学者が巣立ってきた。

今日の日本では、進路未定のまま高校を卒業し、フリーターやニートになっていく者が多いが、ともすればかれらは、「やる気がない」と批判されがちである。だが、継続してかれらに関わっていくと、かれらにはそれぞれに進路への思いがあり、またその背後には様々な要因が複雑に絡み合っていることに気づかされる。ときに「大学なんて行きたくない」と言い放つ生徒の声を、どう受け止め、支援していけばいいのか。本書はこうした課題に応えようとするものである。

一方で、本書はアクションリサーチから浮かび上がった生徒の意識や実像を、先行研究の知見と突き合わせ、それを批判的に乗り越えようとするという意味で、応用的な実践研究とは一線を画している。教育臨床とは実践との対話から出発する新しい研究領域であり、そこから教育研究のブレイクスルーを見いだそうとするものである。

本書は読者によって様々な読み方ができるだろう。研究的には、本書は社会構成主義的な視点に立つフィールドワークの成果である。また実践的には、本書に登場する様々な生徒の姿に触れ、支援の手だてについてヒントを得てもらえればと思う。実践的な視点から読むのであれば、第一章から読み進めてもいいだろう。しかし、一方で今の教育研究の現状やそこでの我々のスタンスを理解したいと思うのであれば、ぜひ序章から読むことをお勧めしたい。高校教育を含めた多くの学校教育関係者、あるいは格差社会や若者の問題に関心をもつ方々に対して、何らかの資するところがあれば幸いである。

酒井　朗

進学支援の教育臨床社会学——商業高校におけるアクションリサーチ／目次

目　次

目　次

序章　進路選択への支援の必要性

1　「インセンティブ・ディバイド」の中で

1　進路の格差

格差社会を批判する苅谷剛彦が書いた本の中に、『階層化日本と教育危機――不平等再生産から意欲格差社会（インセンティブ・ディバイド）へ』という本がある。第一回大佛次郎論壇賞（奨励賞）を受賞した同書は、各方面から大きな注目を浴びた。そしてその後、様々な格差や不平等の問題が、急速に社会問題化してきている。

意欲の格差という事態を、苅谷は「インセンティブ・ディバイド」と呼んだ。インセンティブとは相手の意欲を引き出すための外から与える刺激を指すものであり、企業経営などでは、社員のやる気を引き出すための報奨金制度などを意味する。

このインセンティブという概念を、苅谷は学校教育場面に導入し、「やる気を引き起こす誘因」という意味合いで用いた。かつての日本の学校教育のもっとも重要なインセンティブは、受験競争であった。だが、受験競争が批判され、「ゆとり教育」が推し進められた結果、受験競争が喚起するインセンティブは見えにくくなってしまった。そして、その代わりとして、新しい学力観によって主導された「興味・関心」が、子どもたちの学習意欲を引き出す新たなインセンティブとして期待されたのだった[1]。

しかしながら、苅谷の分析によれば、この新たなインセンティブは期待された役割を十分演じきっておらず、学習意欲は全体的に低下しているという。とりわけ社会階層による格差が鮮明になってきており、相対的に下位の階層に位置づけられる家庭の出身者は、学習意欲を大きく減じている。このように、インセンティブにより促されるはずの学習意欲が、社会階層により大きく分化していく状況を、苅谷は「インセンティブ・ディバイド」と名づけた。インセンティブ・ディバイドは、アウトプットとしての学力の全般的低下と、学力の格差を生じさせる。そしてそれは、やがて進路の格差を生じ、ひいては社会的格差を拡大する。

このような負の連鎖が生じつつある中での、学校教育や教育学に課せられた課題の一つは、学力格差をいかに縮めるかである。そして、それと同時に重要なのは、インセンティブ・ディバイドの帰結として生じている進路の格差をどう克服するかという問題である。

格差社会の到来の中で、若者たちには、より「望ましい」進路を選択させるように、意欲を持たせることが必要である。ここでいう「望ましい」とは、あくまで彼らを指導する側の論理に立つものであり、将来において社会的に排除される可能性のより低い進路を選択させるという意味合いである。世界規模での経済競争が激化する中で、ヨーロッパでは若者の二極化が進み、社会的に排除されて滞留する若年層が社会問題化している（宮本2006）。日本で無業者問題や格差問題が社会問題化しているということは、ヨーロッパ諸国と同様の変化が、日本でも生じつつあることを示している。こうした中で、若者をそのリスクからどのように回避させるかが、政治や学校教育の重要な課題だと言っていい。

本書はこうした問題関心に立って、ある商業高校での我々の取り組みを報告する。だが、その取り組みとは一般的な意味合いでの調査研究ではない。我々が取り組んだのは、大学生や大学院生のボランティアを派遣して、その学校の中で、進路未定のまま卒業してしまいかねない生徒の大学進学を支援するというプロジェクトであり、本書の執筆者は何らかの形で、この活動に関わっている。本書はその活動を通じて見えてきた生徒の進路意識の変容過程と、活動の社会的意義について報告するものである。

本書は、「教育臨床社会学」という、教育学の中の、新しい学問の流れを意識している。筆者（酒井）は、一方で「教育臨床社会学」や「学校臨床社会学」という新たな学問の在り方について理論的検討を行っているが（酒井 2002, 2004）、本書は、そうした新しい学問の主旨を踏まえた、学校現場と研究者とのコラボレーションによる、研究的な実践活動の成果であると言ってよい。

本書で紹介する学校の名前は、「望見商業高校」という。もちろん筆者らの願いを込めた仮名であり、「のぞみ」商業と読む。望見商は、他の多くの職業高校（最近は専門高校という）と同様に、入試偏差値が低く、商業科を勉強したくて入学してきたわけではない、不本意入学者を多く抱えている。また、九〇年代のバブル崩壊後から二〇〇三年あたりまでは、高卒採用枠の大幅な縮小もあって、多くの生徒が就職先を見つけられず進路未定のまま卒業していった学校でもある。

2 「おせっかいな支援」の必要性

もっとも、近年景気の回復が明らかになる中で、高卒者の進路は全体で見れば一時期ほどの深刻さはなくなり、こうした「大人の側の配慮」がなくとも、なんとか進路が決まる状況が訪れたかに見える。学校基本調査によれば、高卒時点で「進学でも就職でもない」者の数は、二〇〇二年度には、十三万八千人もいたのだが、二〇〇六年度は、一時的に仕事に就いた者を含めても八万六千人程度でしかなくなった。一方、少子化を背景に、大学進学率は五〇%を超え、大学全体で見れば、進学希望者を入学定員が上回る全入時代が訪れようとしている。こうして一見すると、いまの高校生には就職も進学もよりどりみどりであるかのように映る。

しかし、一人ひとりの生徒を見ていくと、それぞれが置かれた状況そのものが大きく分化（ディバイド）していることに気づかされる。先にも触れたように、意欲格差社会のたどり着く先には、進路格差社会がある。社会の中の一部には、有名大学をめざし、小学校から進学塾に通い、中高一貫校に通って長期にわたる過酷な受験競争に明け暮れる子どもや若者がいる。しかし他方には、学校に通っていても勉強もせず、宿題もやらないという生徒がいる。現在は景気が回復したために、こうした生徒もなんとか就職できるような状況になっている。だが、それでもまだ年間六万人以上は全く進路未定のまま、高校を卒業していくのである。今後再び景気が落ち込めば、就職率の落ち込んだ二〇〇三年の状況が再来することだろう。高卒者はいわば景気動向の安全弁として使われており、その時々の景気に大きく左右されてしまうからである。

様々な理由で学習意欲を持てずにいる生徒たちに、どうやってやる気を持たせ、こうしたシビアな経済構造に対抗して彼らを「望ましい」進路へと導けばいいだろうか。各学校では、九〇年代より生徒の「在り方生き方」を重視した進路指導が推奨され、生徒本人の自己選択が美化される傾向が強い。耳塚（2000）が指摘するように、進路指導の現場では、「希望・自己選択重視の進路指導」や「非進路強制の指導」という二つの指導理論により、自己選択が至上価値を持つものとみなされている。しかし、指導する側としては将来を見越して教育的観点から、より「望ましい」と考えられる進路を生徒に示し、それに向けて意欲を喚起し努力させることが必要とされている。夢を描いてフリーターとして生きることは、生徒本人の選択肢としては許されているが、学校教育サイドとしては、そのリスクを勘案して、より堅実な道を提起することが期待されている。学校現場では、一方で「生徒の自主性」を尊重せよという要請を受けながら、このような教育的課題を抱えて四苦八苦している。進路未定になるリスクの高い生徒の将来を本気で心配し、良心的にあたろうとすればするほど、「望ましさ」と「自主性尊重」の二つの要請の間でどのように指導したらいいのかと悩んでしまうに違いない。

政府は、状況の打開に向けてキャリア教育の推進を提唱している。キャリア教育とは、「一人一人のキャリア発達や個としての自立を促す視点から、従来の教育の在り方を幅広く見直し、改革していくための理念と方向性を示すもの」だとされている。ここで前提とされているのは、個の自立であり、そのために期待されているのは、「子どもたちが働くことの意義や専門的な知識・技能を習得することの意義を理解し、その上で科目やコース、将来の職業を自らの意志と責任で選択し、専門的な知識・技能の習得に意欲的に取り組むことができるような」指導である。(2)

だがこうした指導は、偏差値で輪切りされた高校教育の、下位に位置づく学校でどこまで有効だろうか。そうした学校に通う生徒の中には、それまでの数々の失敗や教師からの否定的発言などの学校経験を持つ者が多い。あるいは学習ということには必ずしも適さない家庭環境で過ごしてきた生徒もいる。彼らはこうした様々な理由で、前向きの人生設計を描けないでいるのである。生徒を集めてホームルームや学年集会で一斉指導をしても、そうした生徒に、「自らの意志と責任で選択し、専門的な知識・技能の習得に意欲的に取り組め」というメッセージを届けることは難しい。

そもそも、「科目やコース、将来の職業を自らの意志と責任で選択」させるという指導が、「意欲格差社会」の下位に位置づく生徒たちへの指導において、どれだけ妥当性があるだろうか。「自立」は教育目標としては正しいが、指導の過程において生徒の自立を仮定して対処することは危険である。

宮本（2004）によれば、同様のことは、イギリスにおける「若者、シティズンシップ、社会変動」と題する政府関係機関の報告書でも指摘されているという。すなわち、「independent learner（＝自立した学習者）というトレンドは、家庭や地域の資源の乏しい若者には適切とはいえない。不利な若者にはもっと〝親密な〟アプローチが必要である。自己選択と責任というレトリックで表現される現在の教育政策は、不利な若者や中範囲の若者（＝家族内で初めてAレベルを取った者など）[3]には不利である」。

しばしば学校は、一見望ましいかに見える言説を用いて、生徒への指導や支援を放棄する。筆者は、不登校問題に関しても、いくつかの調査や地域での不登校対策の立案に関わってきたが、不登校の生徒にはむやみに登校刺激を与えてはならず、待ちの姿勢が必要であるといった言説により、自治体は、適応指導教室にも相談機関にもフリースクールにも繋がらないでいるケースを数多く生じさせている。生徒がどこにいても必ず支援し、かれらの学習の機会を保障するという意識が希薄なために、いったん学校を離れてしまうと、多くの生徒が指導の網から抜け落ちてしまうのである（酒井朗「不登校の子供支援　まず〝つながり〟確保」日本経済新聞二〇〇六年一〇月三〇日教育面、および酒井 2006）。教育とは個々人の自立を目指した営みでありながらも、実際の指導においては、先の報告書の言葉を借りれば、「もっと〝親密な〟」、言い換えればある種の「おせっかい」な、より手厚い支援が必要とされているのである。

3　望見商業高校での進路選択支援プロジェクト

商業高校は本来、職業高校（現在は専門高校という）の一つとして、社会の中堅を担う人材を育成するための機関として設置された。望見商もそうした学校の一つである。だが、いわゆる学校階層構造の中にあって、望見商には中学の成績からみて「ここにしか行けない」ということで入学してきた生徒も多い。就職のもっとも厳しかった二〇〇二年三月の卒業生の場合、就職できたのは二割強で、ほかに専修・各種学校や偏差値の低い大学・短大などへの進学者を併せても進路決定者は五割にすぎず、残りの五割は進路未定のまま卒業した。教育研究者の間では、普通科の中で入試難易度が低い学校は卒業後の進路が大学、短大、専各、未定と多様に分かれていることから、しばしば「進路多様校」と呼ばれる。これと同様に、望見商も専門高校ではありながらも、実質的には「進路多様校」化しているのである。望見商は、近隣の商業高校の中でも入試難易度が低く、就職率も高くはない。入学してくる生徒たちはインセンティブ・ディバイドの影響を深刻に受けており、高校に進学した時点で可能性の高い進路に就くことをあきらめており、将来に対して意欲をもって取り組む生徒はごくわずかしかいない。

我々の活動は、こうした生徒たちの置かれた状況を改善する手がかりを得るためのささやかな取り組みとして、その中にいる大学進学希望者、あるいは教師からみて進学を勧めるべきだと判断される生徒に対し、その実現に向けて同校の教師と協力しながら支援をするという活動である。二〇〇〇年からこれまでの七年間にわたる取り組みを通じて、我々は、苅谷が明らかにした「意欲が低い」とされた生徒の意識の背後に何があるのかを深く理解するのと同時に、「意欲が低い」とされた生徒が他者との関わりの中で変化していく姿を見ることができた。また、その一方でボランティアの学生たちがそこから何を学び、どう成長していったのかも、つぶさに見ていくこととなった。

以下では、最初に、望見商業高校に通う生徒たちの進路意識の全体的な特徴を見たあとに、我々の支援活動に参加した生徒が元々抱いていた進路意識とその変化を克明に紹介する。分析にあたっては、様々な属性の生徒がいることに留意した。同じ望見商の生徒といっても、性別や置かれた境遇で、進路に対する考え方は大きく異なっている。また、その一方でボランティアの学生たちがそこから何を学び、どう成長していったのかも、つぶさに見ていきたい。学習とは相互作用の中で生じるものであり、支援活動はボランティアの学生たちにとっても貴重な学びの場なのである。

本書は、そうした様々な若者たちの姿を通じて、格差社会の中での若者のありようと、かれらに対する支援やそれを通じた若者たちの学びや成長について、考えようとするものである。また、七章では、望見商の置かれている歴史的、社会的文脈を俯瞰し、同校が背負っている課題の構図についても理解する。

2　教育臨床社会学の試み

前節で述べたように、本書で紹介する我々の取り組みは、現場に入り問題の解決に向けて積極的に取り組むという点で通常の調査研究とは趣を異にする。一九九〇年代後半以降、高卒無業者の増加を反映して、高校生の進路選択問題は注目を集めてきた。先行研究は、どのような高校生が無業者という進路を選択していくのか、また家計や社会階層要因は、かれらの進路選択にどのような影響を及ぼしているのかといったテーマについて、豊富なデータを収集し分析を行ってきた。しかし、苅谷他（2003）が指摘するように、「従来の研究のなかでは、進路活動に乗ろうとしない高校生の意識がどのように構成されているのか、生徒たちの生活とどのように関係しあっているのかといった問題は十分解明されることはな（三四頁）」かった。そして、そのこともあって、先行研究は、学校現場は、今後、高校生に対する進路指導をどう改善していけばいいのかといった実践的課題に対して、必ずしも明確な指針を示せないでいる。

学校現場が抱える問題と、それを捉えて分析しようとする研究との関係をどのように反省し、新しい関係を編んでいくか。このことは、教育社会学も含めた、教育学の各分野で論じられている問題であり、「意欲格差社会」の現状に関する研究においても重要な課題である。

こうした動きの背後には、教育学研究の実践への寄与をめぐる外部からの批判がある。その端的な例は、「国立の教員養成系大学学部の在り方に関する懇談会」が二〇〇一年一一月に提出した「今後の国立の教員養成系大学学部の在り方について」の報告書に見られる。この、いわゆる「在り方懇」の報告書は、その後現在もなお続く、教員養成系大学・学部の統合再編の動きの発端となったものであり、この報告書で強調されているのが、「教員養成という立場から学校現場をフィールドとしつつ、子どもたちに目を向けた実践的な教育研究が推進されること」である。そこには、これまでの教育学が現場の実状をふまえた議論になっていないこと、実践性という点で課題が残されていること、などの多くの問題を抱えているという批判がこめられている。なお、ここでいう実践性とは、有用性、つまり役に立つという意味合いだと思われるが、それは現場を丹念に理解し、そこで学ぶ子どもや教師の生活や意識をふまえることが前提とされている。現在論議されている教職大学院構想の背景にも、同様の問題意識がある。

この中で教育学の領域でいま注目を集めているのが、「臨床」という概念である。「臨床」とは、外部社会からの批判に答え、現場の諸問題に対する何らかの方向を示すだけの実践性を備えた学問研究を目指す上でのキャッチフレーズである（酒井 2002, 2004）。その流れに即して、教育社会学の研究を進めていくことを、我々は「教育臨床社会学」とか、より学校教育に限定して「学校臨床社会学」と名付けている（酒井 2007）。教育（学校）臨床社会学は今日の学校教育や児童生徒が抱える種々の問題の理解だけではなく、それに対する対応や支援の取り組みにも目配りし、かつその意義と課題を検討しようとする。研究者は自らの専門的知識を土台にしつつ、現場のスタッフと協力しながら対応や支援の在り方を模索していく。さらに、こうした学校や児童生徒の問題群とそれへの様々な対応を、社会学的視点や方法から理解することを目指す。

ただし、「臨床の学」は単なる応用研究ではない。臨床社会学を唱える大村が指摘しているように、臨床の原点はアートとしてのケアの心だとしながらも、臨床の学が応用的な学問としてではなく、その営み自身の中に理論的な示唆に富む学問であるためには、サイエンスとアートの間に緊張感を持って立つことが重要である（大村 2000a, 大村 2000b）。そして大村は、社会学の場合、そのサイエンスとしての意義は、生活現場の中にある種々の思いこみを異化する点にあると述べている（大村 2000b）。この指摘は教育臨床社会学においても同様であろう。我々も望見商の生徒の進路意識やその変容過程をつぶさに見る中で、かれらのような進路多様校の生徒に対して世間が抱きがちなイメージとは異なる生徒の姿を見て取ることができた。

本書は、このような意味合いの教育臨床社会学の視点から、格差社会において不利な立場に立たされそうな若者の進路選択をどう支援するかという問題に迫ろうとしている。

3　アクションリサーチとしての支援

教育臨床社会学においては、現場との関係を変えていくための様々な研究手法が提起されている。その一つはフィールドワーク、つまり学校現場に赴き、そこでの観察やインタビューによりそこで学ぶ生徒や教師の姿を映し出すことを主眼とするものである。しかし我々の試みは、たしかに学校に出向くとはいえ、それは単なる観察者としての関わりではない。むしろ、現場の生徒にじかに関わり、かれらの進路意識に影響を及ぼそうとする試みである。

ハマスリー&アトキンソン（Hammersley & Atkinson 1983）は、フィールドにおけるリサーチャーの関わり方には、「完全なる参加者」から「完全なる観察者」までの両極のどこかに位置づけられると指摘し、大半の研究は、その中間にある「参加者としての観察者」か「観察者としての参加者」のいずれかに落ち着くと述べた。前者と後者を分けるのは、対象に対する関与の度合いであり、参加者としての観察者は主観的、心情的に対象にコミットし、観察者としての参加者は対象をむしろ突き放して眺めようとする。こうした意味では、我々は現場に赴くボランティア集団として、その場のメンバーではないが実際に生徒の進路選択に関わり、心情的にもかれらの支援をしようと強く関与している。その意味で、それは「参加者としての観察者」にあたる。しかも、我々のプロジェクトは現場の課題に対し、対象校の教員と共同で支援することを通じて研究的に関わった。この意味合いでは、それはもはやフィールドワークの範疇を超えて、アクションリサーチと言えるだろう（酒井他 2004）。

アクションリサーチとは、「社会的な課題や問題に応じて実施され、その成果がその状況を改善するために利用されるような、社会的に有益でかつ理論的にも意義がある研究の総称」だとされる（鹿毛 2002 一六〇頁）。研究者は研究プロセスをともにする共同研究者を意味するものとなり、現場とは縦の関係ではなく、むしろ参加者の一員であるとみなされる。鹿毛は Stringer（1999）を引用して、現場教師との対等な関係を強調する場合の研究者のスタンスをコ・アクションリサーチャーと呼んだ。本書は、こうしたスタンスをとるものであり、佐藤学（1998）が指摘するように、「アクションリサーチを推進する研究者は、自らが『場』に関与している事実を積極的に肯定し、その関与の事実も組み込みながら『活動』と『場』の変容の過程を観察し記述する」ものである。

プロジェクトの詳細は次章で説明するが、我々は望見商において、学生や大学院生のボランティアを組織し、三年生の大学・短大進学の支援を行った。同校側は川崎教諭（仮名）が取り仕切っており、同教諭と連携してプロジェクトは進められた。大学院生を含めて本書の執筆者の多くがこのプロジェクトに関わり、記録を作成し、検討を進めた。会合では基本的に、対象となっている生徒の進路選択をどう支援するかを議論し、年間の活動が終了したあとに、そこから得られた研究的な知見について議論を進めた。

4　理論枠組みとしての社会構成主義

進路選択を支援していく際の、また、そこでの生徒の進路意識やボランティアと生徒との相互作用を通じての彼らの意識変容を理解する際の理論枠組みとして、我々は、社会構成主義（構築主義とも言う、social construction-ism の訳）と、それに依拠して発展したナラティブ・アプローチの考え方を採用している。

1　進路の物語

進路選択には様々な「物語」が伴う。高校生はなぜ自分がある進路を選択するのかを自分自身に問い、納得し、あるいは教師や親を説得するために話す。進路選択の自由が認められた現代社会において人々はなんらかの意思決定をして進路を選択しなければならず、それが青年期に集中的に課されているのである。とりわけ、望見商業高校のように、卒業後の進路が、就職、フリーター、専修・各種学校への進学、そして少ないながらも存在する短大・大学などへの進学と多岐に分かれている場合、個々の生徒は進路の問題について考えることを迫られるため、より多くの「進路の物語」が噴出する。(4) ナラティブ・アプローチとは、このように「語り」と「物語」という視点から眺め直す方法である（野口 2002）。その基盤には、「言葉」の力への強い関心と期待があり、それを支柱に据えるために我々は社会構成主義の考え方に依拠した。

社会構成主義は、社会学や心理学の様々な領域に浸透して多様な展開を見せているが、千田（2001）の整理に基づけば、それは次の三点に集約される。第一に、それは社会を知識、つまり言葉の観点から検討しようとする指向性を持つ。野口の平易な説明を援用すれば、つまり「言語が世界を作る」のであり、「言葉がなければ、世界を表現したり伝達したりすることはできないという意味で、たしかに言葉が世界を作っている」と見なすことができる。第二にそれらの知識（言葉）は、人々の相互作用によってたえず構築され続けているという点を重視する。第三に、その知識は、広義の社会制度と結びついている。

こうした考え方を進路選択の領域に持ち込もうとした場合、一つにはガーゲン（1998）の議論が参考になる。彼は心理学に社会構成主義を導入して、心的過程のダイナミズムについてそれまでの論理実証主義を批判した。すなわち彼は、意識は社会的、文化的、歴史的背景によって変化するものであるが、論理実証主義は、根本的に人間の行動が安定しており、主体的に変化しないものだという前提に立っているという。第二に論理実証主義は、経験する個人と経験される対象とを分離する、二元論という心理的前提を内包しているとガーゲンは指摘した。旧来の心理学や行動科学では、外界の刺激によって心的プロセスが規定されるという前提にたって、人間活動の原因を環境に求め、外的要因を原因とする因果論が支持されてきた。教育社会学における従来の先行研究もまた、人々が社会階層や学校のトラッキングシステムに生徒の進路が規定されていると捉えてきた。たしかに、これらの要因に注目することは重要である。しかし従来の研究が、このような論理実証主義のパラダイムを支持してきたことにより、個人が、受動的な一定のパターンにそって進路を決めていくものとして描かれ、行為者の主体性や自律性が軽視されてしまうという問題がある。

それに対しガーゲンの説く社会構成主義では、普遍的な心的プロセスが存在するという前提を否定し、人間は、活動のパターンの安定・持続を打ち破る生得的な性質、つまり再帰的能力と、既存の選択肢に加えて新しい選択肢を創り出す能力を持っていると考える。人は、常に現在という地点において、再帰的に過去を意味づけ、現在の活動の基礎となるような概念活動を行っている。それゆえ、概念とは変わりうるものであり、自己内の語り直しと意味の変更によって、刺激の規定的な影響から解放されうる。また、人は既存の選択肢を不変なものとして受け入れるのではなく、主体的に新たな行為のパターンを創りだすことができる。そして、このような従来の人間観の転換の上に、進路におけるキャリア・カウンセリング理論を提唱したのが、コクラン（Cochran, L 1997）であった。

このように社会構成主義は、従来の論理実証主義に依拠して仮説検証型の方法で進路選択や進路意識を理解することを疑問視する。本研究もまた、現代の高校生の進路意識がどのように構成されているかを明らかにするためには、社会構成主義の立場にたち、高校生が、自分が生きている現実をどう構成しているか、つまり生徒がどのように進路選択の主体として自己を組み込み、各種の要因が、個人の中でどのように解釈され、結びついて、意識として構成されるかを知ることが重要であると考える。

2　ナラティブ・アプローチによるキャリア・カウンセリング

さらに我々は、社会構成主義に基づいて、進路選択への支援にも取り組んだ。コクラン（1997）のナラティブ・アプローチによるキャリア・カウンセリング理論は、社会構成主義の立場から、進路選択において「語ること（ナラティブ）」が果たす役割を重視している。コクランは、従来支配的であった特性因子型のキャリア・カウンセリングが、個人の適性と労働需要の適合（マッチング）のみに焦点を当てていたことを批判し、人々の主観的なパースペクティブを射程に入れたカウンセリング理論を提唱している。

ここでの、カウンセリングの目的は、望ましい結果を成し遂げ、仕事を遂行するための手段としての能力という感覚（sense of agency）を高めることにある。コクランは従来のマッチング方式のカウンセリングを論理実証主義に基づくものであると批判する。そこでは、人間を属性の集合と捉え、それらの属性が進路選択という結果に結びつくと考えるため、主体が選択肢に付与する「意味」が無視されてしまう。このことは、キャリアに関する決定に障害が生じた場合、その原因を人の属性の欠陥（例：自尊心の欠如）によるものと考え、内的要因に帰することを意味する。

これに対してコクランは、主体が語りによって、自らをキャリアのストーリーの主人公として組み込みながら将来を描くという見方をとる。人はその選択肢のリアリティを理解するやり方で、キャリアのストーリーを描き、そのプロットを生きる。それゆえ、個人の特性と需要の間のマッチングが成立しても、当人がその選択肢に対してネガティブな意味づけをした場合、その人はネガティブなプロットを生きることになる。このように、氏は人々の描くストーリーの意味を重視し、マッチングではなくemplotment（プロットを組み立てること）がカウンセリングの課題であると考えた。そこでは、キャリア決定における障害は内的要因によるものではなく、ナラティブのプロットの組み立て方によるものであり、このプロットの変化が、解釈と行動の基礎を変化させ、新しい意味を生きることを可能にすると考えられている。

将来のストーリーには主観が入り込む（自己投資的である）ため、将来の描きかたは多様なものになる。その最も基本的な区分が、agent（結果を自己に起因するものとする）か、patient（結果を外的要因に起因するものとする）かという違いである。コクランは、人がpatientとしてではなく、agentとしてのプロットを組み立てることによって、将来を生き抜いていくための意味ある将来の語りを、カウンセラーとクライエントが共同構築することができると考えた。もし、人が価値ある目標への有意味で効果的な行為を行う主体として、説得力のある自己のナラティブを形成していれば、人は強いsense of agencyつまりagentであるという意識をもつ。つまりsense of agencyは、ナラティブの中で形成されるのである（杉原 2004）。

実際のカウンセリングでは、語り手のライフヒストリーを探ることが出発点となる。ライフヒストリーにおいて、経験が選択され、組織化されるやり方が、人生におけるストーリーの統合を表現している。そこから、ナラティブに現れるパターンを発見し、将来の目標と現在の決断に関連したライフ・テーマを確定する。解釈に歪みが見られた場合は、カウンセラーはそれらを修正し、クライアントの長所や価値、興味を強調することによってナラティブに内在するポジティブなストーリーの基礎を適切に解釈する。ライフヒストリーを構成することは、キャリアのナラティブにおけるagentとしてのプロットの土台を作ることである。つまり、ライフヒストリーの構成を通して、カウンセラーは、クライアントの過去の経験を適切に解釈し、その有意味性を強調する。それによって、sense of agencyを高め、アイデンティティを統一し、将来のナラティブの構築に寄与するようなエピソードへと橋渡しをするのである。

我々のプロジェクトはこうした考え方に基づいている。ただし、コクランが規範的に目指すようなsense of agencyへと高めることは容易ではないし、後述するように将来を具体的に思い描けないでいる生徒たちが、sense of patientという意識であるというわけでもない。しかし、我々もまた、将来への進路にむけてかれらの語りが変わることを目指した。

また、ガーゲンにせよコクランにせよ心理学系の社会構成主義では、主体の能動性が強調される傾向にあるが、一方で社会学系のそれ（その場合は構築主義という表現が多いが）では、社会全体を覆う知識が日常の常識を形成する上で大きな役割を果たしている点にも注目する。望見商の生徒は、専門高校の生徒に予定される進路、入試偏差値の低い進路多様校の生徒に予定される進路、あるいはジェンダーにより予定される進路（女子生徒の進路に対する社会的期待など）などに関する「常識的理解」によって縛られている。そうした様々な常識の中で、かれらがどのようなナラティブを紡いでいけるかが、実践的にも、理論的にも重要なのである。

5　臨床研究のスタンス

最後に、本題に入るにあたり、本プロジェクトが臨床的な活動として重視した、研究のスタンスについて触れておきたい。

第一に、分析的であることは必ずしも現場の改善にとってポジティブな影響を持つとは限らないということである。元来、教育社会学では実証的なデータに基づく分析と考察が重視されてきた。これまで多くの研究者が生徒の進路意識や学業に対する意識を分析してきた。たしかに統計的な解析をすれば、八〇年代初頭の高校生と現代の高校生との間で学習時間が大きく減っていることも事実であろうし、社会階層により学習意欲に差が見られるのもそうだと思われる。

しかし、研究成果が実践に与える意味や影響を重視する臨床の視点から考えると、そうした言説が単なる研究上の知見というレベルを超えて社会的意味合いを帯びていく点を同時に考慮しなければならない。階層間格差が拡大しているという指摘は、それがマスコミで喧伝されるに従い、「動かしがたい現実」として人々の「常識」を構成する。したがって、研究が単にそうした構造の指摘だけに終始し、その打開策につながるヒントを併せて提示するのでなければ、それは人々をペシミズムへと追い立てることとなり、格差社会の中で負け組にならないようにと、人々を駆り立てることとなる。

最近、格差社会において「勝ち残り」を図るための教育戦略を論じた雑誌がいくつも刊行されている。二〇〇五年に創刊された『プレジデント Family』はその代表格であろう。第二号（二〇〇六年三月発行）のテーマは「頭のいい子の生活習慣〜才能は親が伸ばす」である。特集記事の一つは、「開成、桜蔭、筑駒、神戸女学院——超難関校に合格した子のお宅訪問」である。研究成果は格差社会の実態を読み手に提示するが、それを理解しうるだけの教養と財力を有する人々はそれにおののき、格差の下半分に落ちないようにと駆り立てられている。それが中高一貫校人気に拍車をかけ、こうした雑誌の売れ行きを支えている。研究者の意図とはかかわりなく、研究成果はこうして格差社会の実現に逆説的に寄与するだけの社会的影響力を有している。研究が社会的言説として持つ意味を意識しながら研究をしていくことが必要なのであり、前述のような事態を回避するには、研究そのものの中に、それを克服するための手がかりやその可能性を示すような記述を含めることが重要である。これが本書をまとめる上での第一のスタンスである。

第二は、それと関連して、我々は教育学的な見地から、人間形成の過程にある子どもや若者を対象としているということである。先のような「学習意欲低下」とか「学力格差」という言説は、ともすれば「偏差値の低い高校の生徒は意欲が低い」という断定的なメッセージとなる。しばしば研究者の間では、高校には上位と下位の「ランク」があるとされ、入試偏差値の低い学校は、「下位ランク」と呼ばれる。そうした学校に通う生徒たちは意欲が低いとか、享楽的でその日が楽しければそれで良いと考えているとか、そうした指摘がデータに基づいて論じられがちである。

調査をすれば、たしかに入試偏差値で上位の高校に通う生徒の方が学習に意欲的な回答を示し、反対に偏差値の低い学校に通う生徒たちは意欲の低さを示す傾向が見られる。しかし、だからといって、そうした生徒の意欲の低さは固定したものではないし、そう考えるべきでもない。学習意欲の低い生徒が意欲を高めることを目指して、あるいはそれを信じて関わるところに教育の営みがある。こうした規範性を有しているのが教育の領域であり、それを欠落させてしまうと、寒々しい現実を示すだけの証拠として、数字が一人歩きすることになる。

こうした愚を回避するための一つの手だては、進路や学習に対する生徒の意識を継続的に追跡することである。たとえ、教育社会学者のいう「下位ランク」の学校に入学した生徒でも、何割あるいは何パーセントかは意欲を持ち始めて希望する進路へと進んでいく。かつて竹内（1991）は、日本の選抜システムは「御破算」システムだと指摘した。つまり、日本では、次の学校に進学するといったんそれまでの成績はご破算となり、改めて選抜がなされるというのである。そこには、こうした挽回のチャンスの可能性が含まれている。我々が本書で紹介する望見商は、これまでの分類で言えば、「下位」に位置づく学校である。入試偏差値四〇前後、中学校の成績は五段階中二くらいの生徒が多く通っており、退学者が毎年三割程度に達してきた。しかし、それでもかれらの中から大学に進学する生徒もいるし、我々のサポートのなかで意欲を高めて勉強に励んだ生徒もいる。

以上の二点を基本的な研究上のスタンスとして、続く第一章では望見商業高校の詳細なプロフィールと我々の進学支援活動の概要を説明する。第二章では、望見商の生徒の進路意識の特徴を他校の生徒のそれと比較しながら押さえる。第三章から後が、いよいよ我々の取り組みに参加した生徒の進路意識とその変容過程に関する詳細な分析である。第三章では、まず活動における生徒の変容の全体的な特徴を描き、続く第四章、第五章で、ジェンダーとエスニシティの観点から分析を試みる。第四章では、活動に参加した女子生徒には進路意識にある種の転機がしばしば見られることに注目し、その社会的な意味を考察する。第五章では、我々の活動に参加した中国系ニューカマーの生徒の進路意識を取り上げる。いずれの章も属性カテゴリーが進路意識にどのような影響を及ぼすかを解明するとともに、それぞれの属性の生徒への支援の必要性やそのポイントを確認する。

第六章では、望見商での進路選択支援活動が、支援にあたるボランティアのメンバーにとってどのような学びと成長の機会となりえているのかを解明しようとする。

第七章では望見商が二〇〇〇年の時点で選択した指導方針を、同校の置かれた歴史的、社会的文脈の中に位置づける。同校が学校として存立しうるためには、生徒の自主性や選択を尊重した進路指導を選択せざるを得なかったこと、しかしその中で多くの生徒が進路未定のまま卒業していったことを確認するとともに、こうした学校の在り方は他の多くの高校でもあり得ることを指摘したい。終章では、高校生の進路意識とそれを規定する要因という、教育社会学で多くの研究の蓄積があるテーマに関して本プロジェクトから得られた知見を整理するとともに、進路未定になるリスクの高い生徒への指導や支援にあたって考慮・配慮すべき点についてまとめる。また、アクションリサーチの有効性や、教育臨床社会学の在り方についても再度検討したい。(5)

注

(1) インセンティブ・ディバイドの概念は、デジタル・ディバイドをもじった苅谷の造語である。ただし、両者は意味合いが少し違うことに留意されたい。デジタル・ディバイドは、まさに情報機器へのアクセスに格差が生じてしまうことである。これに対して、インセンティブ・ディバイドとは、インセンティブがディバイドしているというよりも、興味・関心に基づく指導という新たなインセンティブによって惹起されるはずの学習意欲が分化している状況を指す。インセンティブ・ディバイドには「意欲格差社会」という日本語が当てられているが、それはこのような意味合いを日本語で表現しようとした結果である。

(2) キャリア教育の推進に関する総合的調査研究協力者会議報告書「児童生徒一人一人の勤労観、職業観を育てるために」の骨子（二〇〇四年一月二八日）。

(3) Aレベルとはイギリスの大学入試資格試験のことで、この文章ではそれをとるための中等教育コースを指す。

(4) その意味から言えば、ほぼ一〇〇％近い生徒が大学に進学する学校では「物語」の必要性が低い。有名大学や医学部などへの進学に極端に偏っていたり、エスカレーター式に進学できる学校ではさらにその必要性が低くなる。人々は、そのことを判断することが切実な課題である際に、その判断の妥当性を説明したり納得させたりするために物語を紡ぐ。進路多様校は、しばしばやる気のない生徒の集まりだとか、進路について考えない生徒の集まりだといった見方がなされるが、次章でくわしく説明するように、むしろそこにこそ、きわめて多様な物語が見られ、しかもそこにはいくつかの鋭い洞察が隠されている。それはまさにウィリスの描いた「野郎ども」の洞察に近い。

(5) なお、本書は章ごとに、あるいは節ごとに執筆分担が細かく分かれている。しかし、本書の内容の大半は以下で紹介する進学支援プロジェクトを通じて得られたものであり、執筆者全員がこのプロジェクトに関わっている。編者である酒井は、本書全体が内容や表現の上でできるだけ一貫性を持つように努めた。

（序章1～3、5節：酒井　4節：杉原）

第一章　望見商のこれまでと進路指導の取り組み

一九九〇年代以降、急速に進行した高卒労働市場の変化は、大都市部の下位に位置づく商業高校を直撃し、入学してくる生徒像を変貌させた。その変化のスピードは、学校組織の対応能力をはるかに超えるものであり、数年間のうちに以前とはまったく異なる学校が誕生したかと思えるほどであった。本章では望見商に起きた、この変化の過程をあきらかにするとともに、その中での学校の進路指導の取り組みと、大学進学に向けた我々の支援の取り組みについて紹介したい。

本章は、同校での生徒の観察記録や教職員や生徒の語り、職員会議資料[1]、進路指導部資料[2]、生活指導部資料[3]などに基づいている。生徒の状況の具体的な調査のデータとしては、一九九六年度にＰＴＡがおこなった生徒の生活実態調査（ＰＴＡ調査）[4]、二〇〇〇年に三学年が実施した進路調査（学年調査）[5]、毎年、進路指導部が実施した調査（進路部調査）[6]及び進路の手引きの進路統計のデータ[7]を利用した。生徒の語りについては、おもにインフォーマルインタビューの形式で一九九九年から二〇〇五年までの在校生約二〇〇名分について作成されたデータの一部を利用している。

1　進路多様校に位置づく望見商

1　進路多様校としての専門高校

望見商業高校（以下望見商）は大都市中心市街部にある、一学年四クラス、定員一六〇名ほどの比較的小規模な全日制商業高校である。校地校舎は狭隘で広いグラウンドやプールはないが、閑静な住宅街の一角にある。交通の便も良く、本来であれば、このような周辺環境や利便な交通網は、学校の魅力を高め入試難易度を上昇させるのであるが、望見商ではその逆に、低学力の入学者が、商業科だけど通いやすいからと遠隔地からも広く集まるようになった。とくに同ランクの普通科は不便なところにしかないような、遠方の地域からも多くの生徒が入学してくることとなった。そして、いったん下位校のイメージがつくられると、優秀な生徒が敬遠し、そのイメージの固定化が進行していった。

学区の拡大もまた、望見商には逆効果であった。名門公立進学高校は優秀な生徒を広く集めることとなったが、望見商に限らず入試難易度ランクの低い高校は、より広い範囲から中学時代に学力の身についていない子どもたちが多く入学してくることとなった。

入試を勝ち抜くだけの学力のない低学力の子どもたちにとっては、課程や学科を選んでいるような余裕はない。「とにかく入れる高校」ということで、中学校の進学担当者は、たとえ将来大学や専修・各種学校に進学を希望している子どもでも、中卒進路未定者を出さないためにと、合格させることを第一目標にして専門高校への受験を指導している。その結果、入試難易度の下位校では、商業科、工業科といった専門学科の高校であっても、必ずしもその学科の内容を学びたいということではなく、普通科には合格できないので入学してきたという生徒が少なくない。

とくに商業科の、いわゆる下位校にはその傾向が強く、入学直後の進路希望調査では、就職希望以外にも大学や専修・各種学校への進学を希望する生徒も多い。中には看護師、保育士、栄養士といった、商業科の学習内容との関連性の希薄な専門職を志望する生徒も一定の割合でみられる。したがってこのような専門高校は、専門教育をおこないつつ、生徒の多様な進路希望にも対応することを迫られている。この結果として、専門高校であっても、いわゆる「進路多様校」の様相を呈するようになり、進路選択をめぐる様々な課題が集中して発生することとなっている。

2 進路多様校化への過程

望見商もかつては平均的な商業高校であった。それが進路多様校化してきたのには、いくつかの要因が重なったことによると考えられる。その一つ目は高卒就職先の変動である。これについては第七章で詳しく説明するが、その端的な例は、九〇年代以降、それまで成績優秀者を採用していた都市銀行、大手保険・証券会社といった優良企業が、あいついで高卒採用を中止したことに示されている。毎年作成される進路の手引きによると、望見商では金融関係では九五年に都市銀行の採用がなくなり、二〇〇〇年には信用金庫や中小の証券会社といった企業の採用もなくなって、逆に消費者金融など従来は考えられなかった企業の進出がみられた。

二つ目の要因は、校則の甘い学校という風評が中学生のあいだに広がったことである。望見商は小規模校で、「生徒全員の顔がわかる学校」という家庭的な雰囲気を持っていた。また、職員の人権意識も高く、その延長として頭髪やスカート丈、アクセサリといったセクシャリティにかかわる校則指導は比較的緩やかであった。そのため、いわゆる「ギャル」にあこがれる女子中学生の間に人気が出て、反対に普通の生徒たちは敬遠し始めた。

九五年度の卒業アルバムに、初めて茶髪とミニスカートの姿が掲載されたが、そのわずか三年後の九八年度の卒業アルバムでは、茶髪、ミニスカ制服、ルーズソックスが生徒の大部分を占めるという状況に様変わりしていた。

3　二〇〇〇年の学校の状況

一九九七年に入学した生徒は二〇〇〇年三月に卒業したが、その人数は約八〇名であった。入学定員一六〇名のうち三年間で約半数が途中で退学をした結果、入学者に対する卒業者の割合は五割、二人に一人しか卒業できなかった。とくに男子については、四〇名の入学者に対して、卒業できたのはわずか四名に過ぎず一〇%の生徒しか卒業に至らなかった。当時の学校の雰囲気は、朝の始業時に教室にいる生徒は半分ほどで遅刻は当たり前、授業中もおしゃべり、飲食、ケータイ操作、化粧などが平気でおこなわれていた。授業中、生徒の机の上には、教科書、ノート、筆記具はなく、奥にかばんを置き、その手前に鏡、化粧ポーチ、ケータイ、飲み物を半円形に配置するのが標準的なスタイルで、何か開いて見ていると思えば、プリクラ帳かファッション雑誌であった。

定期試験のときには、試験の時間内座っていることができずに騒ぎ出したり歩き回ったりする生徒がいるので、クラスによっては職員室に応援を求めることができるように試験監督を二名つけるという体制がとられていた。

部活動や学校行事も極めて低調で、毎日、六時間目の授業が終わって三〇分ほどたつと、ほとんど全員の生徒が下校してしまい、まるで休日の学校のような雰囲気であった。授業の欠席扱いにならない文化祭は、登校しない生徒が二割前後に達した。欠席すると体育の四時間分の欠席扱いになる体育祭では、運動場には来るものの、自分の競技の順番がきてもまったく認識がなく、出場する生徒を担任が見物席から見つけ出すといった「借り物競争」を一日中やっているかのようであった。

4　生徒の意識と生活

望見商は推薦で定員の二割、一般受験で定員の八割を入学させている。入試倍率は二〇〇〇年から二〇〇五年の五年間では、前者が二倍、後者が一・一倍程度で推移している。入学当初に実施する進路部の調査では、望見商が第一希望であったと答える者が多い（二〇〇三年度入学者の推薦入学者の九割、一般受験入学者でも八割）。だが、実際にその年に入学した生徒二八名から直接話を聞くと、本当に望見商がよくて入りたくて来たという生徒はわずか二名に過ぎなかった。以下の生徒たちの回答のように、残りの生徒の多くは、高校ならどこでもよかったとか、望見商がいいと言われたからといった理由をあげ、積極的に選択している者は少なかった。

私、中学の先生から望見商じゃなかったら、〇〇区の〇〇校しか行けないっていわれたの。あそこはうちから遠くて不便だし遊ぶとこないし、なんかやばい先輩しか「オナ中」（同じ中学校）から行ってないかんじだから、望見商にしたの。ほんとは普通科がよかったんだけど、どうせ進学するお金もないから同じかなと思って受けたの。（二年女子　エリ　二〇〇三年五月一六日、フィールドノーツ）

お母さんが〇〇商業出身だから、いいよって言われて見に行って、冷房やエレベーターとかあってすごい立派でよかったけど、推薦取れないし成績的にもムリっていわれたから、望見商かなって。でも、見に来て狭くて古い感じでいやだったけど、電車一本で楽だからまあいいかって。（二年女子　ユリ　二〇〇三年五月二〇日、フィールドノーツ）

つまり、望見商を選んだのは、合格するためにいわゆるランクを下げた結果の選択であり「潜在的」な不本意入学者といえる。他の高校を受験して不合格になったために、やむなく望見商に入学したという「典型的」な不本意入学者はごく少数にすぎない。ただし、「潜在的」な不本意入学者は、しかたなくて望見商に入学したという意識はあるものの、本来、希望する学校イメージも強固なものではないことが多い。いわば高校で勉強するということ自体がある意味において不本意であるといえ、学校側が課す学習に対する意欲は低い。

また、以下の男子生徒が言うように、望見商は中学の基礎的な学習内容をほとんど習得していなくても、ある程度の能力のある生徒であれば、数ヶ月間、真剣に受験勉強に取り組めば合格可能である。しかし、その数少ない受験勉強の貯金でよい成績をとった生徒自身も、それを維持しようという気持ちは持っていない。これらの生徒の語りからも窺えるように、望見商には学校全体の雰囲気として学習しようという意欲が低いようにみえる。

　三年の秋までほとんど（中）学校いってなかったから、担任が一覧表にのる調査書出せないから高校行くなら定時制しかムリって言われて、そこからまじ勉強した。あんなに、一日三時間とかやったのは小学校でもなくて、塾にも行って先生からとにかく何もわからないから、一人だけでほんと始めから習った。そのおかげで（一学期の）中間（試験）クラスで五番だった。でも今は全然勉強はしてない。（一年男子　コウジ　二〇〇三年六月一七日、フィールドノーツ）

次に学習時間を見てみよう。学習時間について、苅谷は意欲の変数として分析をおこなっている[8]。そこでは、この一〇年以内の変化で高校生の学習時間は大きく減少したと指摘されているが、少なくとも望見商では、九〇年代後半からの一〇年間に大きな変化はみられない。三つの調査の結果からわかるように、望見商では一九九六年、二〇〇〇年、二〇〇三年に、自宅学習しない者と週当たりのアルバイト日数のアンケート調査を実施してい

図表 1-1　望見商 3 年生の自宅学習しない者とアルバイトの状況

年　　度	1996 年	2000 年	2003 年
調　査　名	PTA 調査	学年調査	進路部調査
自宅学習しない者	76.4%	80.7%	75.4%
週当たりバイト日数	3.5 日	3.8 日	3.7 日

るが、大きな変化はみられないのである（図表 1-1）。このことから、少なくとも望見商のような、大都市における進路多様校においては、すでに一〇年ほど前には、現在指摘されるような意欲格差や努力の変容は生じていたと考えることができる。

2　進路選択支援のためのボランティア導入まで

1　後手に回った生活指導と進路指導

かつては望見商にも、頑張って優秀な成績で卒業し、銀行や保険など優良企業に就職を目指すという進路展望を持った生徒が多くいたが、九五年以降そのような生徒は稀有な存在となった。また、そもそも目標であった優良企業からの高卒求人自体が全滅に近い事態に陥った。このような状況のもとで、潜在的不本意入学者と商業の学習に興味を持たない生徒の急増がもたらされたのであるが、学校側の対応は鈍かった。

望見商の校則は他の商業高校と同様に、同じ公立の普通科高校に比べれば厳しいものであった。しかし、九五年頃から増加した頭髪を金髪にしたり異装したりする生徒に対しては、口頭で注意する程度で実質的には黙認に近い指導であった。ただし、こうした対応は決していいかげんなものではない。校内的には、生活指導部を中心に十分検討された生徒の人権や主体性重視の方針に基づく指導の一環としておこなわれたものであった。そのことはこの時期、犯罪に関与した生徒に対する指導方針にもあらわれており、結局は生徒の方から自主退学したものの、処遇決定後の受け入れについても職員間で合意形成が計られていた。つまり、学校側は生徒の変化に対して、それを個性として受け入れながら、たとえ生徒が大きな逸脱をおかした場合でも、それを排除するのではなく更生させようという姿勢を保持していたといえる。

一方進路指導については、バブル崩壊後の求人数の減少と優良企業の採用停止により、学校推薦により採用されるいわゆる「パイプ企業」あるいは「実績企業」と呼ばれる相手企業の激減に対する対応に迫られた。学校側は、数少なくなったパイプ企業を温存させるとともに、就職試験を通じて学校の評判が低下しないように受験する生徒を厳選するという方針をとった。しかし、こうした努力の結果は、就職者数が最も落ち込んだ二〇〇二年三月に卒業した学年では、就職者数は二三名で全体の二割強でしかなかった。進学の三割弱と合わせても約五割で、残りの五割は卒業時進路先未定となった(9)。

2　改革の手がかり――進路指導のイノベーション――

望見商の生徒の急激な変化に対し、意思決定に時間がかかる学校側の組織的な対応は遅れ、事態の深刻化を招いていた。だが、二〇〇〇年頃から徐々に、生活指導および進路指導の両面において、様々な対策が講じられるようになった（図表1-2）。生活指導面では、校則遵守の指導法が具体的な手順を定めたものとなるとともに、生徒会活動や部活動、さらにはボランティア活動などの特別活動の充実が図られていった。

進路指導面については、大学進学者を増やす取り組みが二〇〇〇年から開始され、同年五月には三年担任団のなかでAO入試対策をおこなっていくことが合意された。その後、一〇月には大学生ボランティアの派遣が大学教員（酒井）に依頼され、AO試験に向けての小論文対策が始められた。この活動がこれ以降継続され、序章でも紹介したボランティアによる進路支援活動へと発展していったのである。

この結果、大学進学実績は確実にあがり、二〇〇一年T大学法学部、二〇〇三年W大学教育学部、二〇〇四年

図表 1-2　望見商の進路指導と生活指導の変化

年　度	生活指導	進路指導
1999年	校則違反に対しての指導方法の統一性がなく、生徒の不満や不公平感が多い状況。頭髪については下校指導をおこなっていた。	「就職は無理には勧めない、推薦もしないという方針」。進学も大学は無理という前提で、指定校推薦で1名だけが中堅私大を受験し合格。
2000年	頭髪違反者に対する再登校指導を導入など、指導の統一性をはかり組織的な体制を確立して公平性を高める指導をおこなう。	就職は無理には勧めないという方針を維持。大学生ボランティアによるAO入試対策支援の活動がはじまる。大学合格者7名となり過去最高。
2001年	生活指導のほか、ボランティア活動を進め生徒会が教育委員会表彰を受ける。頭髪指導などは継続しながらも柔軟な指導を志向。	実績関係を重視した就職指導をおこなうが、金融の合格が0名となる。大学生の支援を受け、自己推薦入試で、難関私大商学部に初の合格者。
2002年	生徒会合宿等を活用し行事運営を生徒主体に切替え、アットホームな学校づくりをすすめる。頭髪等の指導も再登校指導は最低限に抑える。	就職者数が最低となるが、就職希望者数自体が少ないので就職率は高く、未定・フリーターが増加。進学も本人まかせの傾向が強く大学合格4名。
2003年	謹慎指導となる指導件数が減少し、暴力行為等はなくなり落ち着く。授業をきちんと受けさせるといったことが指導の重点になってくる。	就職は無理には勧めないという方針を転換。公務員に初合格。金融（信金、信組）への合格者が復活。自己推薦入試で最難関私立大学教育学部合格。
2004年	頭髪指導の二重基準(1)の差を減少し、就職指導に入りやすいようになった。遅刻指導(2)についても生活指導部がかかわるようになった。	就職をうまく勧める指導が定着。金融関係も継続採用される。大学生の支援を受けて、特別入試により地元難関公立大学経営コースに合格。

注 (1)　頭髪指導の基準について、校内での学校生活を送る生活指導基準と就職の学校推薦を受ける進路指導基準に差があり、二重基準となっていた。

(2)　これまで遅刻指導は学年の担当で、生活指導部には指導をおこなう余裕がなかった。

X大学経営コース、二〇〇五年X大学経営コースと難関大学に毎年、合格者を出すようになった（図表1-4）。この間の大学生ボランティアの活動については以下で詳しく述べる。

一方、就職指導については、新たに取り組んだ大学進学の指導にくらべて、ノウハウの蓄積や伝統がある分、逆に対応が鈍く、学校側の方針は二〇〇三年になってようやく転換された。バブル崩壊後の就職難の中で、望見商では一九九七年、就職指導について「無理には勧めない、推薦もしない」という原則を確認していた(10)。しかし二〇〇三年には、それまでの方針に代わって、就職を「うまく勧める」という方針への転換がおこなわれたのである。「無理には勧めない」から「うまく勧める」という進路指導方針の転換は望見商の進路指導におけるイノベーションともいうべき転換であった。

この方針転換の証左は、夏季休業期間中の指導内容の違いに端的にあらわれている。二〇〇二年までは、進路志望未定者に対しての学校側からの呼び出し指導は一切おこなわれておらず生徒自らが就職の斡旋依頼をしてきてはじめて対応するというものであった。だが、二〇〇三年からは、夏季休業に進路未定の生徒を電話で呼びだしては、教員間では「営業」と名付けられた個別面接指導をおこなった。また、一学期中は隔月、二学期以降は毎月、三学年担任と進路指導部の合同会議をおこない、個々の生徒の進路指導状況についてカンファレンスをおこなうようになった。二〇〇三年の最終的な就職試験の合格者数は四三名で、四〇名を超えたのは一九九七年から六年ぶりのことであり、前年の六割増という結果をだすことができた。また就職者の内訳も、記録のある過去二〇年間ではじめての公務員合格者や前年は皆無であった信金・信組、証券の合格者を四名だすなど質的な向上も果たしたのであった。

3　大学進学支援活動のきっかけ

こうした望見商の進路指導のイノベーションは、商業高校として計画的な指導パターンが固定化されている就職指導よりも、ＡＯ・自己推薦入試の拡大など、指導方法の蓄積が少ない進学指導の方がそれらの新しい入試に対応しなければならないため、一歩先に始められることとなった。だが、商業高校であるため、進学については方針を切り替えても、それを実行し維持する時間や人といった様々な資源が用意されていなかった。

望見商は通常の生活指導だけでも大変で、喫煙、万引き、暴力行為などで謹慎をともなう特別指導となる生徒が年間数十人いる。望見商の教師集団が生徒の状況がやや落ち着いてきたと認める二〇〇二年度[11]でも、入学式で新入生が喫煙行為で謹慎になってから六月末まで八〇日間も常に生徒の誰かが謹慎指導を受けているという状態が継続していた。このような状況のなかで、生徒の進路に対するモチベーションを高めて維持するのは容易ではなく、たとえ「うまく勧める」ことによって生徒がその気になっても、実際の進路実現までの道のりは遠いのである。

それでも、就職についてはステップごとに細分化した指導ノウハウが蓄積されていて、叱咤激励しながら就職活動を維持させることが可能となっていたが、進学指導、それも一九九〇年代後半に導入拡大されてきたＡＯ入試や自己推薦入試については、まったく想定されていなかった。

そのような状況のなかで、一九九九年一二月、最難関私立大学の一つであるＷ大学に、人気タレントの高校三年生が自己推薦入試で合格したことが大きな話題となった。このことがきっかけとなり望見商でもＷ大学に自己推薦入試でチャレンジすることに、当時の生徒会長カオリが次のように名乗りをあげ、挑戦がはじまった[12]。

川崎先生、私、やってみます。Ｗ大学なんて、だめだと思うけど、受けられてちょっとでも可能性あるなら。だって、こないだ大学の相談に進路室いったら、(進学担当の)〇〇に、『あなた、そんな言葉遣いじゃ、受かる大学なんて無いわよ』なんて言われたの、ふつうに言ったのに意味わかんない、だから、私、くやしくて！　進路室にはもう行かないから、先生にめんどうみてもらうから、よろしく（二〇〇〇年七月、フィールドノーツ）。

カオリの話を聞き、担任の川崎教諭が大学への進学指導について進路部に確認すると、就職指導と大学の指定校推薦で手一杯だから、AOや自己推薦は学年で対応して欲しいとの話であったので、学年会において対応が協議された。その結果、進学指導は学年で対応することになり、川崎教諭が担当することとなった。

川崎教諭が本書の編者である酒井に依頼し、大学生ボランティアによるAO・自己推薦入試の小論文講座を企画し、参加する生徒を募り実施したのが活動のはじまりであった。

3　支援活動の概要

1　活動の開始

支援活動は、二〇〇〇年九月に、望見商から、大学進学を考えながらも諸事情から学校の進路指導に乗れない生徒に対して進路選択支援をおこなう大学生ボランティアを派遣してほしいという要請を受けて開始された。すでに述べたように、望見商の二〇〇〇年三月の状況は、卒業までに半数が中途退学するという状況であり、「大学進学なんて無理」という認識が生徒と教師の双方に共有されていた。活動は、AO入試や自己推薦入試にチャレンジさせ、大学合格実績をあげることによりこの状況を変えようという、三年を担任していた川崎教諭の発想から開始された。

当初は大学教員の酒井がゼミなどで声をかけ学生を募り、活動内容も高校側と大学教員の設定したものであったが、年毎に大学生の主体的な活動へとシフトし、二〇〇二年には大学内でサークル化され学生主体の活動へと移行した。さらにサークルとして活動するなかで、より充実した効果的な活動を展開するために、二〇〇四年にはＮＰＯ法人格を取得した。

2　ＮＰＯ法人としての組織と対象

設置されたＮＰＯ法人は青少年の進路選択支援をおこなうことを目的に設立され、役員は活動開始時から関わっている大学研究者、高校教員、専門職、大学院生などが中心であるが、法人設立時に活動経験のない研究者・教員にも役員就任を依頼している。

日常的な活動をおこなう会員は、二〇〇六年現在で、約二〇名である。会員の多くは教育系、社会科学系の大学生・大学院生である。参加のきっかけは、サークルの新入生勧誘ビラや授業で配られたチラシを見て連絡してきて参加する場合と、この活動に既に参加しているメンバーに勧誘されて参加するという二つのパターンがある。このほかにも、活動を新聞などのマスコミで知って参加したいと連絡してきた社会人のメンバーもいる。

定款上は広く青少年を支援の対象としているが、二〇〇六年現在は公立高校二校、私立高校二校の計四校で定期的に活動している。支援の対象としている生徒の数は、四校合計で二〇数名である。なお、公立高校のうち一校は望見商であり、もう一校は普通科の進学校である。また、私立二校はコース制の普通科女子高校である。

二〇〇四年の法人設立までの支援対象はほとんど望見商の生徒で、何らかの支援をおこなった生徒数は約五〇名である。対象とする生徒は、主として三年生であったが、最近では早期から進路意識を喚起することをねらいとして二年生の希望者も対象としている。

参加する生徒は、学校側が募集もしくは生徒に声をかけて集めているが、中には生徒同士で誘い合って参加するケースもみられた。

3　活動内容

活動内容は、開始当初とＮＰＯ法人として認可された後で、基本的には変わっていない。支援対象の生徒本人とともに進路選択について考えていく個別的な支援（パーソナルサポート）を基本とする。具体的には、進路選択の相談や学校が提示する進路先などについての検討などをおこなうとともに、小論文・面接、基礎的な学習などの支援も実施している。

活動パターンは学校ごとに異なるが、週一、二回、一回二〜三時間、校内の学校側が用意した教室でおこなうのが通例で、毎年、ＡＯ・推薦入試がスタートする秋から一二月頃までが活発になる。

望見商での支援内容の枠組みは、おおむね図表1-3に示した三つの形態の支援で進められる。実際の活動では、一つのパーソナルサポートが実施されることもあれば、三つのパーソナルサポートが混合されて実施されることもある。また、サポートの内容が段階的に変化していくこともある。

具体的な内容は以下の通りである。

①パートナーサポート

学習の努力をしない生徒はもちろんのこと、努力してもなかなか成果が上がってこない生徒の悩みや、進路自体どのように選択していけばよいのかわからないといった生徒に対する支援を想定している。これは、本来、保護者の援助による領域であるが、家庭環境が複雑であったり、進路先である学校や企業が複雑になったりしていて、保護者もどのようにアドバイスしてよいのかわからない生徒を対象としている。

図表 1-3　高校生の進路選択に対するサポートの概要

支援形態		支援対象	支援内容	支援者	
パーソナルサポート	パートナーサポート	思い迷い悩んでいる・わからない	ピア・カウンセリング的、おしゃべりしながらともに考える	家族	NPO
	コーチングサポート	方法・手段がわからない	小論文・面接対策・基礎学習・勉強のしかたなどの具体的な個別サポート		
	コンペティションサポート	きちんと評価されたい	外部評価を得るための各種コンペなどへの応募サポート、プレゼン・面接対策		
グループ		目的意識・進路目標がある	習熟度・進度別の講義や演習	学校	予備校

パートナーサポートは、そのような生徒に、指示するのではなく、わからないもの同士で納得できるまでともに話し合いながら、調べたり考えたりしていく場を提供する。したがって、サポートの形態は個別的なかたちが多いが、場合によっては友達同士や同様な悩みをかかえる者同士のグループに対するサポートもおこなわれる。

②コーチングサポート

この形態の個別的な指導は、基本的には学校現場で通常に個別指導としておこなわれているものと同一である。そのためにこのようなサポートの必要性を疑問視することもあるが、実態としては生徒のなかには「先生じゃいやだけど、大学生なら教わりたい」ということもあるので有効に機能しうる。また、個別指導を熱心におこなっている教師のTA（ティーチングアシスタント）として参加すれば、より多くの生徒に対するサポートが可能となる。

このサポートは個別でも、同じ課題をもった小グループを対象としたサポートでも可能であるが、内容・教材について学校と打ち合わせが必要になる場合がある。

③コンペティションサポート

ＡＯ入試や自己推薦入試では、学力達成以外の能力を重視した入試がおこなわれている。その際に学力以外のメリトクラティクな内容をどのようにアピールできるかが合否の重要な要素になっている。その方法は多様だが、例えば各種のコンペやコンクールに応募して実績を評価してもらったり、活動の記録をプレゼン資料にまとめたりするといったことが考えられる。

このような作業は、生徒が積み上げてきた活動以上に重要なことになるのだが、多くの学校では本人任せになっているので、その部分をサポートする意味は大きい。実際に、ＡＯ入試や自己推薦入試で多くの実績を上げているのもこのサポートによる面が大きい。

4　標準的な活動パターン

活動は、決められた曜日の放課後に一〜三名の大学生が高校を訪問するという形でおこなわれている。学校に着くと決められた教室に行くが、予定の時間になっても生徒がなかなか来ない時があるなど、生徒のペースでスタートする。小論文の練習、漢字の勉強といったおおまかな予定はあるものの、試験や願書の締め切りが近いといった場合を除けば、おしゃべりが活動時間の半分以上を占めることもみられる。

机で向かい合いながらマンツーマンで活動をおこなうこともあるが、学生一人が二、三人の生徒を指導することもあり、参加する生徒と学生の人数は、事前にある程度は調整するものの流動的である。

また、その日の活動内容は、参加した学生からメーリングリストに流され、それが引き継ぎとなっており、参加する学生は事前に目を通しておくようになっている。さらに月一回程度、活動に参加しているボランティアと大学教員（酒井）、高校側の担当教員（川崎教諭ほか）が集まり支援の中身を具体的に検討するカンファレンスを

図表 1-4　望見商での実績（00-05 年の一部）

（○合格、△1 次合格、×不合格）

大学名	学部名	難易度	入試方式	受験結果
準中堅私立 N 大学	商学部	41	AO	○○×○○
準中堅私立 O 大学	経営学部	44	AO	○
準中堅私立 P 大学	外国語学部	45	AO・自己推薦	×○××
中堅私立 Q 大学	商学部	48	AO	○
中堅私立 R 大学	経済学部	48	AO	××
中堅私立 S 大学	社会・法Ⅱ部	44	AO	○○○
難関私立 T 大学	商学部	58	自己推薦	○
難関私立 U 大学	商学部	58	自己推薦	×△△
難関私立 V 大学	キャリアデザイン	55	自己推薦	○×△
最難関私立 W 大学	教育学部	63	自己推薦	×××○×△
地元難関公立 X 大学	経営学系	58	特別推薦入試	○○
私立 L 女子短期大学	生活系	—	特別推薦	○

＊難易度は某大手予備校の難易ランクによる

おこなっている。

5　活動成果

望見商業高校では一九九九年までは大学進学を目指す生徒はほとんど見られず、学校側もあきらめていたが、本活動により大学進学者が毎年、輩出されるようになった。二〇〇〇年以降に望見商で大学進学を果たした生徒の八割は、なんらかのかたちで本活動にかかわる支援を受けている。なかでも自己推薦入試・AO入試などで、W大学、T大学、X大学などの難関大学にも、同レベルの高校では例のない合格実績をあげた（図表1-4）。

三～五章で、望見商における支援の実際をみていくことにする。

注

(1) 職員会議で各分掌が業務の計画や内容を職員に周知させるために配布した資料で公式性が高い。
(2) 進路指導部の就職、専修・各種学校進学、大学・短大進学、指定校といった各係担当が作成した部会資料と進路指導部と三学年とで概ね月一回開かれる合同会議で用いられる個々の生徒の進路状況資料。
(3) 週一回開かれる生活指導部部会での記録および生活指導の具体的なマニュアル的な資料。
(4) PTA機関紙の企画として実施されるもので、生活面、学習面での質問が多い。PTA役員から委託を受けて、担任がHR等で回答させるので回収率は高く、八割程度である。
(5) 二〇〇〇年四月に、三年担任団が三学年の生徒対象におこなった調査。当時は進路指導部がおこなう調査に生活面の項目がなかった。
(6) 毎年、五月に三年対象におこなう進路希望調査。二〇〇三年からは生活・学習面の項目も入れ総合的に調査している。
(7) 毎年六月に三学年の生徒全員に配布される。内容は就職では心構え、スケジュール、職種と会社選び、評定、履歴書の書き方、面接対策、過去の実績データなどで、進学は、心構え、専各・大学短大の説明、指定校推薦、公募・AOなど入試の仕組み、過去の実績データなどである。
(8) 苅谷剛彦『階層化日本と教育危機——不平等再生産から意欲格差社会へ』有信堂、二〇〇一年、一五三—一五八頁。
(9) ただし、このときの就職率は、頭髪や書類提出などをクリアした者だけを就職希望者と見なしたため就職率は九割を越えていた。就職率は、こうした意味合いでの「就職希望者」に対する就職先決定者の割合を指す。このため、卒業時の未定者が増加するにもかかわらず、就職率は高くなるという事態が生じることがある。
(10) 一九九七年以降二〇〇二年まで、就職指導における「無理には勧めない、推薦もしない」という方針は、年度当初に職員会議において、進路指導部から報告される進路指導計画に記載され配布されていた。
なお、進路の手引きなど、生徒、保護者に配布される資料、説明にはこの内容はない。
(11) 二〇〇一年三月、年度末の職員会議でおこなわれた生活指導部の総括報告のなかで、生活主任は生徒の状況が対教師への反抗の激減などを挙げ、著しく改善されたと述べている。
(12) 二〇〇〇年七月、カオリに川崎は実際に前年度に合格したタレントの名を挙げて、W大学自己推薦入試の受験を勧めている。また、酒井に大学生ボランティアの派遣を依頼する際にも、「第二の〇〇（タレント名）計画」だという趣旨の説明をしている。

（一章：千葉）

第二章　望見商生の進路の物語

1　進路の物語

第一章では望見商のプロフィールと、そこで我々が行った進学支援プロジェクトの概要を説明した。本章では、この望見商に通う生徒たちの進路意識がどのような特徴をもち、それが進路決定行動にいかなる形で結びついているかを明らかにする。本章は、我々の進路支援プロジェクトが、どういう状況の中で実施されるようになったかを理解するための基盤となるものである。

序章で述べたように、人生全体の意味は個々の出来事をどのように関連付け、組織立て、筋立てるかによって左右され、それによって進路決定行動も大きく変化する。生徒たちは、進路という、これから先の人生に関しても、過去の出来事と同様に様々な事象を関連づけて、一種の物語（ナラティブ）、すなわち「進路の物語」を構築している。

この物語の特徴を明らかにするために、本章では、進路について「何が語られたか」という語られた内容に注目するだけではなく、「いかに語られたか」という語りの構成にも注目する。つまり、ナラティブ・データを形式と構造の特性に焦点を当てて分析する。とくに、将来のことを語る際に、過去、現在、未来をどのように意味づけるか、また、それぞれの時間軸をどのように語りの中でつなげていくのかに注目する。分析においては、ナラティブとしての進路の語りの分析に、カテゴリー分析を加味した方法を採用する。

同時に、本章では、そのような語りが生産されるコンテクストにも注目する。桜井（2002）は、個人的な語りが構成される時には、時代の状況に適ったモデルとされるような「一般的な語り」があること、また、時代の変化とともに新しい語りが登場し、今度はその新しい語りが社会の変化をうながすことを指摘している。個人や集団の語りは常に、こうした既存の語りを模倣することによって成り立っている。

以上のような観点から本章では、語りの構成様式の違いがどのような文脈の違いにおいて現れるのか、またどのような他者との相互作用のなかで生産される語りであるのかに注目することで、個人的な語りをより広範な社会的文脈に位置付けて解釈し、望見商において特徴的な進路の物語を描き出す。

2　起点・テーマ・対比

本研究ではこのような理論枠組みから、進路の語りを分析するにあたって以下の三つのポイントに着目する。

（1）「起点」

進路決定に際しては、過去を振り返り、現在を見つめ、将来を予測するという過程が存在する。心理学における時間的展望の理論とは、このような「時間的存在としての人間」に注目し、人間の行動を、過去・現在・未来の力学的な相互作用の中で捉え、理解するという視点をもたらした。

しかし従来の研究が、将来を起点とした展望のあり方のみを想定していたことを指摘しなければならない。時間的展望に関する先行研究では、将来の目標から進路や現在の行動を決定するという展望のあり方を本質的とみなし、ゆえに、より長く、より広い展望を持つことが、よりよい進路決定につながるとしてきた。将来のゴール（目標）の概念においても、人間の行動を目的的行動であると仮定し、将来のゴールとプラン（手段）との関係から現在の行動を理解しようとするものであった。しかし、このような展望のあり方が万人に共有されたものだとは考えにくい。実際には、歴史的、社会的変化によって人々の行動や時間的展望のあり方は変わりうるし、将来の目標を起点としない展望のあり方や、進路決定行動を想定しうるからである。

この点でライフヒストリー論や物語論は、多様な時間軸のありかたを想定しうる。物語の時間とは、クロノロジカル（年代順）な時間とは異なり、多様な時間軸の構成をもち、どのように過去・現在・未来を結びつけて語るかは語り手次第であると仮定するのである。多様な形での、時間軸の構成を想定することによって、我々は、個々人の中で、過去や未来がどのように現在の意識に組み込まれているのかに焦点を当てることができる。

そこで、こうしたライフヒストリー論の知見をもとに、ここでは、従来の時間的展望の理論を批判的に検討しつつ、「どの時間軸を基準として将来を語るか」という、「起点」の概念を提起したい。個々人の進路の物語の「起点」を見ることによって、過去・現在・未来をその個人がどのようにつなげているかを明らかにすることができる。起点とは、進路を語る様式を規定する一つめの概念である。

（2）「テーマ」

前述のように、「時間的展望」に関する先行研究は、将来を起点とした展望のあり方のみを想定し、将来の目標が進路選択を決定するという展望のあり方を本質的とみなしてきた。人間の行動を目的的行動であると仮定し、将来のゴールとプランとの関係から現在の行動を理解しようとするものであった。

しかし、動機づけに関する研究（Lens 1994）が明らかにしたように、「将来」が動機づけとはならない場合があること、また、人が進路を決定する基準が、職業や社会貢献といった一定のものに限定されないことから、より多様な進路選択のあり方を捉える概念として、「テーマ」という概念を提起する。コクラン（1997）は、進路の語りにおいて、語り手を、ストーリーを決めていく主人公として位置付け、語り手がどのように経験を選択し編成して語るかが、その人の進路の物語に表れていると指摘する。そして、その物語における「ライフ・テーマ」、つまり人生の物語に対する意味付けを確定することが、キャリア・カウンセリングの実践においては重要であると述べている。

進路とは個々人の、過去・現在・未来を通じたライフ・テーマによって選択されるものである。本章では、それぞれの「進路の物語」が有する「テーマ」を抽出し、分析する。各人がテーマを基に進路の物語を統合するやり方の中に、その人の進路を決定する過程を見出すことができると考える。

（3）「対比」

進路選択に影響を与える個々の要因を、個人がどのように結び付けて意識を形成していくのかに注目して、個人が進路を選び取っていくプロセスに焦点を当てた研究はいくつか見られる（新谷 2002、佐々木 2000 など）。しかし、そこでも個人がある進路を選択し、他の進路を退けるなかで生じる迷いや葛藤は見過ごされがちであった。コクラン（1997）によると、進路の物語は、客観的に選択肢の中に存在するのではなく、その選択肢のリアリティを人々が理解するやり方に投企されたものである。つまり、個人が選択した進路とは、個人の適性や需要との適合性だけではなく、かれらが主観的にその選択に対して付与した正当性によって裏付けられている。このように、可能性として想定される多様な選択肢と現実的な制約の中で、個人はその人なりに整合性のあるストーリーを紡ぎながらひとつの進路を選び取っていく。つまり、進路を選択するプロセスには、いくつかの選択肢が登場し、それらを互いに対比させることによって、迷いや葛藤を経験しながら、個人はある進路を選択する意味を模索していくのである。言わば、人々は「対比」というレトリックを用いて、主観的、客観的に説明力のある物語を紡ごうとするということができる。

このように、「進路の物語」は、「起点」「テーマ」「対比」という三つの要素によって構成されているとみることができる。以下の分析では、これらの要素のあり方の違いによって、どのように語りの構成の仕方が規定されているのか、そしてそれがどのように実際の進路選択と関係しているのかを見ていく。

3　インタビュー調査の概要

このような目的にもとづいて、望見商業高校では、三年生一五名（うち男子八名、女子七名）にインタビューを実施した。また、かれらの進路の語りの特徴を、比較分析から理解するために、美鈴総合高校（仮名）の三年生六名（うち男子三名、女子三名）に対してもインタビューをおこなった（図表2-1）。望見商では、生徒の多様な進路先を考慮して、大学、短期大学、専修・各種学校、一般企業、公務員、進路未定など様々な進路志望の生徒を対象とした。

なお、本章を担当している杉原は、望見商での活動に大学院生ボランティアとして従事しており、その点で望見商でのインタビューでは、ある程度内部の状況を理解していた。インタビュー対象者のうち、二名は三章以降で紹介される本活動の参加者であり、支援を通じて進路意識が変容する場合も見られた。しかし、本章でのインタビューはかれらが活動に参加する前に実施されたもので、活動の効果が出現する前の段階である。また、残りの者は、同校の教員や活動に参加した生徒からの紹介で集められた生徒であるが、活動自体には参加していない。

図表 2‒1　インタビュー対象者のプロフィール

(1) 望見商　17 名（男子 8 名、女子 9 名）

		性別	志望進路
1	A	男子	専修学校→ホテルマン
2	B	男子	未定。希望としてはスポーツの技術専修学校だが就職？
3	C	男子	ショップ店員志望
4	D	女子	就職・販売。フリーターでも。
5	E	女子	進学（専修か短大で悩んでいる。）→　舞台照明のスタッフ
6	F	女子	就職：販売。アルバイトでも。
7	G	女子	公務員（税務）
8	H	女子	公務員（税務）
9	I	男子	進学（四年制大学：商・経済系）
10	J	男子	進学（四年制大学：商・経済系）
11	K	男子	就職（警備、トラックの運転手など）
12	L	男子	就職（内装）
13	M	男子	進学（四年制大学：商業系）
14	N	女子	就職・販売
15	O	女子	専修学校（美術）
16	P	女子	進学（四年制大学：商・経済系）
17	Q	女子	就職と専修学校で迷っている

(2) 美鈴総合高校　6 名（男子 3 名・女子 3 名）

18	R	男子	四年制大学：薬学部→企業で研究職に就く
19	S	男子	四年制大学：法・経済系→警察官
20	T	男子	四年制大学：心理学部→カウンセラー
21	U	女子	短大（3 年）：看護・医療系→看護師
22	V	女子	四年制大学：英語を勉強したい
23	W	女子	専修学校：美容系→メイクアップアーティスト

本章では、理論的サンプリングの観点から、データ収集と分析を並行しておこなった。すなわち、生徒の進路の物語の特徴に関して、最初の数事例のデータから浮かび上がってきた仮説との関連性から、さらにデータを増やしていくという形でインタビュー調査を進めていった。

なお美鈴総合高校は、関東にある公立高校である。開校から約二〇年と新しく、三つの学科が併設された、総合学科の前身のようなタイプの学校である。二〇〇三年度の進路状況は、四大・短大併せて六七%、専修・各種学校一四%、就職五・七%で、その他が一三・三%であり、多くの生徒が大学に進学している。

調査対象者には、両校の教師を通じて調査依頼を行い、協力者を募った。インタビューはすべて校内でおこない、協力してくれた生徒にはインタビュー前に調査の趣旨や、プライバシーの保護を説明し、賛同してもらった場合のみテープに録音した。それ以外の場合は、インタビュー中にメモをとることを許可してもらい、記録した。

実際のインタビューでは、進路志望(高校卒業後の進路、遠い将来の希望)、その志望を持った理由やきっかけ、その進路によってどのような人生を実現したいか、学校での生活についてなど、いくつかの項目を用意したが、語り手の話の流れ(話し手がどこから話しはじめ、どのように物事が進展し、締めくくるか)を尊重した。調査期間は、二〇〇三年七月下旬から九月上旬にかけてである。

4 三つのタイプの物語

先に提示した分析枠組みにそって対象者の語りに見られる進路展望のあり方を分析したところ、望見商と美鈴総合高校の生徒の進路の物語は、大きく三つのタイプに分類することができた。

第一のタイプは、「将来に起点がある物語」であり、これを「将来起点タイプ」と命名する。具体的な将来の目標を持っており、それによって現在の行動が動機づけられている。彼/彼女たちは比較的遠い将来の目標や理想とする自己像が明確で、それに到達すべく、卒業後の進路や現在やるべきことを決定している。

第二のタイプは「過去に起点がある物語」であり、これを「過去起点タイプ」と名付ける。このタイプの特徴は、過去、または過去の積み重ねとしての現在(「過去〜現在」)を起点として将来を語るということである。つまり、これまでの生活や自分の経験(過去)や、その蓄積としての現在の自己を中心に考え、それを基準にして将来を語るという構成の仕方である。かれらは、高校卒業後や遠い将来においても、現在の自己でありたい、また現在の生活を維持したいと考えている。

第三は「現在に起点がある物語」であり、「現在起点タイプ」と呼ぶ。このタイプは、就職や進学先でやりたいことや、将来の夢の実現よりも、「とりあえず進学／就職する」ことを重視しており、目下の課題である「進路の決定」が第一目標となっている。将来起点タイプにくらべ、語りには、具体的な将来の描写や目指す自己像などのテーマがあまり登場せず、将来が現在の動機づけとはなりにくい。

将来起点タイプが将来の夢や目標を起点として語るのに対し、この現在起点タイプは、遠い将来のことは「まだわからない」「そのときになってみないとわからない」というように、「今、ここ」において、そのつど短期的な見通しを形成している。

このうち、望見商ではすべてのタイプの語りを見ることができたものの、美鈴総合高校の生徒と比較すると、いくつかの特徴が見られた。望見商において最も典型的だと思われたのは、現在起点タイプの語りである。つまり、具体的な将来の描写があまり登場せず、テーマも希薄なタイプである。将来起点タイプの語りも見られたが、後に詳しく紹介するように、美鈴総合高校の将来起点タイプの生徒は、非常に明確な目標を掲げ、それにむけて努力していくタイプであったのに対して、望見商の生徒は、目標は掲げながらも、その中身を聞いていくと、決して明確ではない語りになっていった。さらに、過去起点タイプの語りは美鈴総合高校では見ることができなかったのに対して、望見商では数名がこのタイプにカテゴライズされた。

以下では、まず現在起点タイプの語りの実例を紹介した後に、過去起点タイプ、将来起点タイプの順番に望見商と美鈴総合高校の生徒の進路の物語を見ていきたい。

1　現在起点タイプの物語

望見商でしばしば見られた現在起点タイプの語りをまず紹介しよう。このタイプには、Dさん（望見商）、L君（望見商）が当てはまる。以下では、この二名について紹介する。

（ケース1）　現在の生活中心のDさんの語り

Dさんは、高校卒業後は接客業に就きたいと考えているが、まだ学校の求人を見ている段階で具体的な就職活動はしていないという。彼女は就職したいという希望は持っているものの、面接のために髪の毛を切るかどうかといった、かなり早い段階でつまずいてしまっている。


（聞き手）　今具体的に自分の進路のことで行動したりしてることとってある？　なんかあったら教えてください。

（Dさん）　あ、学校で配られた求人のとかは結構七往復くらい見てる、でもなんか、見てる段階でしかできないんで、私はもう。頭髪を直してないんで。先に進めないんですよ。

（聞き手）　面接ができない？

（Dさん）　面接の練習もできないし、あと、その希望する企業も提出できないし。うん、そんな、ただ見てる段階です。

（聞き手）　ごめんね、えっと、髪の毛、直そうとか思わない？

（Dさん）　ああ、思います。今日までお金ないんで。明日からお金があるんで。

Dさんは、明日アルバイト代が入ったら頭髪を直して就職活動の準備をするつもりだと語った。次に紹介する過去起点タイプの生徒に比べると、現在の自己を変えることにそれほど強い忌避感は持っていない。しかし頭髪を直したり、面接の練習をすることが「めんどくさい」と感じられることもあり、「フリーターのままで卒業していいかな」と思うこともあるという。

なんか友達とかと話してると、なんかやっぱ遊びたくなっちゃうし、高校卒業できればいいかなって思っちゃうし、でも親と話すと、なんだろ、もうこんな家にいたくないとか思って、やっぱ就職しなきゃとかいって、焦っちゃうし。でも、実際はもう学校とかすごい今、うるさい、うるさいって。言っちゃあれだけど、髪の毛直せだとか、面接の練習だとか、夏休み来いだとか、すごい大変だから、そういうの考えるとまたフリーターのままで、卒業していいかなとか、ぐるぐるしてる。よくわからない。

望見商に通う生徒の中には、Dさんのように、「就職しないと」という焦りを感じつつも、現在の自分を改めずに「就職モード」への切り替えができないまま、ずるずると進路未決定のままで卒業していく生徒が多い。Dさんが「やりたい仕事があっても学校のやつ（求人票）に来ない」というように、学校にきている求人には魅力を感じず、就職活動にもやる気がもてず、ましてや大きな将来の目標や展望など持てずに、「先に進めない」という「あきらめ」の状況に陥っている生徒がたくさんいる。

Dさんは、望見商に入るまでは「高校に入るので精一杯」で特に将来のことを「考えていなかった」という。望見商に通う生徒の多くがそうであるように、Dさんは本来望見商ではなく別に行きたい高校があったが、成績の面から見てなんとか入れた高校が望見商だった。そして、現在週四日やっている接客のアルバイト経験から、

「接客業に就こうと思った」と語っている。

進学ではなく就職を志望する理由については、独立して、一人暮らしがしたいからであり、その先の将来については、「一人で生活できてればいいかなって」「今はもう、就職できるかどうかだし、もし就職したら、うーん、今の状態で職に就いたとしても、その仕事がちゃんと続けられるかどうかっていうのもあるし」と述べている。彼女の語りは全体を通して、将来の希望や夢からではなく、きわめて現実的な現在の生活を中心に語られている。また、過去起点タイプの生徒と同様に、Dさんも現在の自己を変えられないでいる。しかし、Dさんは「変えなきゃ」という意識は持っており、比較的過去へのこだわりは弱い。こうしたところから、Dさんの物語は、「現在を起点とした物語」であるといえる。

（ケース2）　テーマ性の弱いL君の語り

L君も望見商の生徒である。中学の頃から高校を出たら就職をしようと考えていたが、高校一、二年の頃はギターに熱中し、フリーターとしてギターを続けることも考えていたという。三年になってからはやはり就職することにし、インタビュー時点では、両親から紹介された内装業の仕事に就くことを決めていた。L君は、内装業への就職の理由を、過去起点タイプの生徒のように、過去から現在の自己の経験をもとに語ることをしない。内装業への就職を決めたのは、たまたま両親から内装の仕事を紹介され、「なりたいのとかなかったから」である。以下の語りは、L君の「働くこと」への意味づけを聞いた部分である。

（聞き手）　働くことによって、自分の生活って変わると思いますか？

（L君）　変わりますね。やっぱ今親に食わしてもらってるけど、やっぱ自分で食っていきたいし、一人で住んでみたいし、みたいな。

（聞き手）……今自分の希望する進路に進むことが、あなたの将来にとってどういう意味を持ってると思いますか？

（L君）……。

（聞き手）……どういう生活がしたいとか、こういう風になったらいいなとか。

（L君）まあ、今決まってる就職で、ずっとやっていければいいかって、単純にしか思いませんけど。

（聞き手）何のために働くんだと思いますか？

（L君）何のために……。

（聞き手）一番大事にしたいこととかありますか？

（L君）別に……あれですね、ただ、まあ……、親がたまに腰悪くて働けないときとかあるから、そういうので助けてあげたいってのもあるんで、それはそれでまあ、あと自分のしたいことがしたいから、金もほしいっていうので、働きたいだけですね。

以上の語りから分かるように、L君も、自分の進路や仕事に対してこだわりや強い意味づけを持っていない。言い換えると、彼は「テーマ」によって進路選択を説明しない。その背景として、彼はもともと、中学の頃から、高校を出たら就職をしようと考えており、大学や専修・各種学校への進学は考えていなかったことが関係していると思われる。L君は、職種や「やりたいこと」にこだわるよりも「就職すること」を重視しており、また、当然そうするべきだと考えているため、「なぜ就職するのか」を説明する必要がないのである。また、彼の場合は縁故採用のため、とくに採用試験に向けて気持ちを切りかえる必要もなかった。

次に、彼の語りを「対比」という観点からみていこう。L君の語りには、自己の進路を他の選択肢（対比項）から意味づける部分が見られなかった。それは、L君がもともと「高校を出たら就職する」ものだと思っており、現時点で「内装業に就職する」ことを唯一の選択肢だと考えていることが関係していた。現在のL君には進路選択のゆらぎや悩みはみられない。「悩みとか不安なことはありますか」という質問に対しても、「あー、今はないですね。今は卒業して、自分で働けるようになりたい、それだけしか思ってません」と答えている。

また、L君は、就職してからのことや、その先の人生などの遠い将来については、「今決まってる就職でずっとやっていければ」と語り、職業以外の人生設計は「ない」と答えた。「仕事して大変なことがあると思うが、それについてはどう思うか？」という質問に対しても、「ああ、そのときになんないと、どうするかはわかんないんですけど、そういう壁にあたったら乗り越えていくしかないなあってだけですね」と語る。遠い将来のことを見通して現在の行動を決定するというよりは、その時々で短期的な将来を予測し、行動したり、物事を解決していくという展望のあり方である。ただし一方では、彼は就職することで、自立ができたり、親を助けたりと、肯定的に変化することを想像している。就職という「進路の決定」を起点として、短期的な展望ではあるが、自分の将来に対する意味づけを構成している。

2　過去起点タイプの物語

次に、過去に起点がある物語を紡ぐ生徒の例を紹介する。調査した限りでは、このタイプは美鈴総合高校には見られず、望見商の生徒にのみ見られた。

事例に挙げたのはC君であるが、ほかにも望見商のJ君がこのタイプとしてあげられる。

（ケース3）「遊んできた」過去を起点とするC君の語り

望見商に通うC君は、美容系の専門学校への進学を希望していたが、経済的な理由から、就職を勧められ、先輩が働く「ショップ」の店員として働きたいと考えていた。そのことを、彼はこれまでの「遊んできた」過去から現在までの生活を起点として語った。

正直言うと、もうちょっと遊びたいんですよ。正直、ぶっちゃけると。でもまあ、それって言えないじゃないですか、やっぱ、男の子だし。だから、まあ、ぶっちゃけ働くんですけど……。その働くのも、サラリーマンとかあるじゃないですか。いっぱいそういう企業、に、行くと、やっぱり、なんつーか、まあ規則とかしないといけないんですけど、それは当たり前じゃないですか。髪とか黒くして、ピアスとかちゃんとしないで、とか。そういうふうに、今高校までずっと遊んできて、いきなりそんな、出ろっていわれても、たぶん自分できないと思うんですよ。いきなりそんな明日からスーツきて、みたいな。だから、ファッションとか、そういう、なんつーか美容師じゃないですけど、そういう系の、ま、服を売りたいんですけど、一番は。服を売る、ショップ店員みたいなのなりたいんですけど、そういうのもなかなか今ないじゃないですか。そういうのやりたいんですけど、希望としては、その専門学校行きたいんですけど、でも親がもう。（中略）でも、そう、会社とか行ってもいいんですけど、でも、続く気がしないんですよ、いやほんと、気合いいればやれると思うんですけど、まじで気合いいれれば。でも、そんなやりたくもない仕事を、やって、続く気がしないっつーか、だから、どうしようかな、みたいな。

C君は、「高校までずっと遊んできた」生活や、頭髪・ピアスといった外見を改めることに抵抗を感じ、「明日からスーツ着て」という生活を「続く気がしない」と語る。

また、C君は「成績」ではなく「人間性」で自己を評価してほしいと考えており、それが将来を見通す上での起点となっている。彼は成績は「毎回ぎりぎり」だと語ったが、それによって自己を低く評価することはなく、また、成績を上げなければという焦りも感じてはいない。彼が成績を気にするのは、卒業できるか否かという点でしかない。

しかし同時に、C君がそのような価値観を持つに至った背景として、「彼の成績が下位である」という事実があるともいえる。C君は他に行きたい高校があったが、学力が足らなかったため不本意ながら望見商に入学したという。また高校での成績も「ぎりぎり」である。このような背景が、C君が「成績」を重視せず、また成績を媒介とした地位達成を志向しない理由となっていることが推測される。また、話を聞いていくと、C君も自分の進路に対する考え方が社会からずれているのではないかという不安を持っていることがわかった。

俺は、いろいろ理想をいってるんですけど、それは、ほんとに、社会出てみて、俺のその考えが全然何かも通じなくて、全否定されて、何も俺の意見が通らなかったときに、働くすべもなくなったときにどうしようかなみたいな。結局はもう、フリーターでしかなくなって、もうあとはそのちゃんとした会社に、やっぱもう、頭まるめていくしかないのかなってなったときに、どうしようかな、みたいな。自分の、やりたいっていう夢が全然かないそうもなくて、みたいな。だからそういう時とか、考えるとどうしようかな、みたいな。

C君は、今の自分の考えが「理想」でしかないことや、「頭まるめて」普通の会社に行くことを予測している。

過去から現在までの自己を起点とした進路展望であるがゆえに、社会では「通用しない」ことを恐れとして感じているのである。

次に、C君が自らの希望する「ショップ店員」という進路をどのように意味づけているかを見ていく。以下の語りでわかるように、彼は「ショップ店員」を、サラリーマンとは違い、「やりたいこと」「好きなこと」をやってお金を稼いでいる仕事だと考えている。

（ショップ店員を希望した）きっかけは、自分が服買いに行った店の店員さんが、すっげーかっこよかったんですよ。なんか、生き方みたいなのが。だから、なんか、超遊んできたんだけど、今はその、自分で店もって、服売って、楽しいみたいなこと聞かされて、あー、いいなと思って。その、自分のやりたいことやってるみたいな。好きな事やってお金稼いで、みたいな。だから、それを見て、あーいいなあって。

（中略）でなんか、サラリーマンとかなった人とかも見てるんですけど、まあそれは、普通にいいんですけど、疲れてるんですよ、全体的になんか。すんげーなんか。精神的に、なんかもう、疲れた、みたいな。そういうの見てて、自分は、あんまりこっちはできねーかもしんないな、みたいな感じです。

このように、C君は、自分の希望する進路を、「やりたいことをやっている、生き方や中身がかっこいいショップ店員」と「疲れたサラリーマン」という対比によって意味づけている。しかしながら彼は、「ショップ店員」の就職が容易ではないことも自覚しており、「フリーター」になるかもしれないとも予測している。この「フリーター」について、C君は次のように語っている。

一人の先輩は、ホストで大成功してて、超やばいんですよね、金とか超持ってるんですよ。なんか、車とか超持ってるんですよ。（中略）地元の先輩で。なんかわかんないけど、その人はじめ、俺が高二の時に、その人が俺ホストになるわ、みたいなこと言い出して。え、まじすか？　できるんすか？　みたいな。やるわ、みたいな。そん時は、うわーこいつ何いってんだよ、みたいな。あほじゃねえのみたいに思ったんですけど、成功したのみて、みたら、うわー、ホストってやっぱフリーターみたいな感じじゃないですか。

だから、フリーターでもこうなるやついるし、あと先輩とかは、何もなくて、家にいて、フリーターやってるんだけど、その人はもうなんかだらだらだらだらしてるんですよ、ずっと、遊んでばっかりだから。だから、そういう人もいるし、フリーターもいろいろいるじゃないですか。すごい成功する人もいるし、だらだらしている人も。

C君は、自分の進路としてフリーターになるのは「避けたい」としながらも、「成功したフリーター」と「遊んでばっかりのフリーター」を対比させて「フリーター＝ダメ」とする社会の風潮に疑問を呈している。またC君は「目的のあるフリーター」と「どうしようもなくてフリーター」を別のものとして捉えている。現在、彼は経済的理由から専修学校への進学を断念し、また、希望する「ショップ店員」への就職も難しいと感じている状態である。「成功したフリーター」を「遊んでばっかりのフリーター」と対比させることで、正当化しているとも考えられる。

C君の語りに「よい／わるいフリーター」の対比が登場する背景にあるのは、学校内外のネットワークである。彼は身近に「フリーター予定」の友人や、「フリーター」「ホスト」として働いている先輩がいる。それによって、自分の進路にも「フリーター」が想定されやすい。さらに「フリーターもいろいろ」というように、「フリーター」に関する知識が豊富になり、細かな区別を生じさせていると考えられる。

また、下記はC君が、どのような人生を実現したいかについて語っている部分である。

俺は、なんか、平凡な人生じゃなくて、波瀾万丈が楽しいと思うんですよ。なんか、すげーつらいことあったり、楽しい事あったりしたいから。有名になりたいですね。とりあえず、なんか、なんかで。なんでもいいから。変な事じゃなくて。なんか有名になりたいですね。

「平凡ではなく波瀾万丈」という部分からは、彼が対比項として登場した選択肢（普通の会社、ちゃんとした会社、疲れたサラリーマン）を「平凡な人生」だと見なし、そうではない「波瀾万丈」な人生（ショップ店員やホスト）を送りたいと考えていることが分かる。C君が想定する進路は、「波瀾万丈な人生を送る」というテーマによって、一貫した意味を与えられているといえよう。

なお、このように、過去起点タイプの生徒はテーマを明確に指摘するが、テーマ内容はほかにも人間関係を大切にしたいといったものもある。別の生徒（J君）は、自分が今まで充実した「人間関係」を築いてきたと答えた。「俺、すっごい人と話すのがすごい好きで。ていうか、なんつーんですかね、人と触れ合ってるっていうのがすごい好きなんですよ」と、「ふれあい」や「人と話す」という言葉が彼の語りにはたびたび登場した。

3　将来起点タイプの物語

最後に紹介するのは、将来を起点とした語りである。比較対象の美鈴総合高校では、R君のような語りの中に聞くことができた。望見商の事例を紹介する前に、まずR君の語りを見てみよう。

〈ケース4〉 **薬によって多くの人を救いたいR君の語り**

R君は大学では薬学を専攻し、修士課程まで進み、将来は企業で研究職に就くという希望を持っている。このように、R君は、「薬学部への進学」によって、社会に貢献して、苦しんでいる人々を助けたり、薬や人体の不思議な現象を自分の力で解き明かし、役に立つという将来を実現したいと考えている。R君の将来は、「人を助ける」という側面と、そのための研究自体の楽しさという面から構成されている。次の語りは、「薬学部の進学」によってどのような人生を実現したいかについて述べた部分である。

……なんていうんだろう、自分の好きなことに、自分の好きなこと……今だったら、化学を使って薬学に行くっていう、企業に入って研究するっていうのが一番の望みだから、それができるような人生だったら、たぶん自分の好きなこと、やりたいことだから、たぶん時間がたつのも忘れて研究にのめりこんでるんじゃないかなって思うんですよ。そういうのだったらいいなあなんて、思ってます。

以上の語りから分かるように、R君は大学卒業後の将来についても、詳細な展望を持っている。R君は、研究すること自体が「好きなこと、やりたいこと」であり、それによって、多くの人の命を救うことになると考えている。

以下の部分は、インタビューの最後に、あらためて「なぜ進学するのか」について答えてもらった部分である。

高校と大学ってもう義務教育じゃないじゃないですか。いわゆる勉強したくて来てるっていうことを前提に来てるから、自分のやりたいことっていうのが勉強だっていうのが、たぶん心のどっかあると思うんですよ。勉強が好きではないけど、でも勉強はやっときたいと。別に嫌いじゃないし。たぶん勉強好き……あ、好きかな、好きじゃねえや。普通だけど、勉強やりたくて、やっぱ自分の知識の幅を広げて、それを知っとくことで、専門的なこと知っとけば、薬剤師っていう資格とって、社会に貢献、奉仕できるし、今勉強すれば、後の自分のため、薬剤師になるっていう目標の成功になるじゃないですか。

それで、えっーと、それで、その知識を身に付けて薬剤師っていう国家資格とったら人にも奉仕できるし、それで多くの人の命が救われるんだったらってやっぱ考えると、今勉強しとけば、自分は、たった一人の人間が、何千人とか分かんないけど、すごい数の人を救えるって思うんですよ、僕は。そういうやっぱすんごい可能性をやっぱ信じて勉強してるから、その可能性を信じて勉強をもっとしたいなって。やっぱこうランクの高い、こういうどんどん専門性のある勉強していきたいなって思うから、自分は進学したいんだよ、って僕は言うと思います。

この「薬によって多くの人を救う」「社会に貢献する」という将来像は、インタビューの中でも、もっとも彼が強調し、自分の進路について説明する際の鍵となっている部分である。彼は中学生の時からこのような将来を意識し、現在それはより明確な自己の将来像となり、実現しつつある段階である。つまり、この部分が、彼の将来を語る際の「テーマ」になっている。

また、この語りから、R君は、現在勉強することは、将来薬剤師になるという目標を達成し、それで多くの人の命を救うために必要なのだと考えていることがわかる。彼は、そのような可能性を信じて、現在、勉強しているし、これからももっと専門性のある勉強を続けたいのだという。

これらのことから、R君の進路展望のあり方は、将来、つまりどのような自分になりたいか、また、どのようなことを実現したいかを起点としていると言える。現在勉強していることや、自己の特性は将来活用すべき資源であり、卒業後の進路（大学進学）は自己の描く将来を実現するための手段である。

〈ケース5〉　将来像の曖昧なI君の語り

一方、望見商に通う生徒の中にも、将来を起点とした展望を持つ生徒もいる。望見商の生徒の多くが不本意入学をしてきているのとは違い、ここで紹介するI君は中学生のころから商業高校に行こうと考えていたという。I君が希望する進路は四年制大学の商学部に入ることである。理由は、将来知り合いの先輩に誘われた会社（文房具の会社）で働きたいからだという。

将来は知り合いの先輩の会社でちょっと働いてほしいって言われてるんでそこでまあ事務的なことをやりたいと思っています。そこで働くにはちょっと大学の大卒の資格がいるんで、そこで一応大学を出とこうかなと思っています。

このように、「先輩の会社で働く」という将来の希望が、現在の「大学（商学部）への進学」の起点となっており、I君の展望も将来を起点とした展望であるといえる。また、I君は大学でやりたいことを次のように語る。

高校で学んだ商業科目の延長上みたいなことをやってそれプラスまあ簿記とかそういう資格をもっととって、あとは普通にサークルに入って楽しみたいですね。

先輩の会社で働くという将来の希望を叶えるために、商学部で勉強し、資格をとる、というように、I君の語りは一貫しており、一見明確な進路展望を持っているように思える。しかし、将来彼が働きたいという会社については、「普通の文房具の会社です」と述べるにとどまり、その会社での自分の将来像も「事務的なことをやりたい」というのみであった。大学生活についてもさほど具体的に語ることはなく、先に紹介した美鈴総合高校のR君と比較すると、I君の語りに登場する「将来」の部分の記述は曖昧な部分が多く見られた。

5　タイプによるナラティブ構造の違い

これまで「起点」「テーマ」「対比」を分析概念として、生徒の進路の語りを三タイプに分類し、それぞれの代表的な語りを見てきた。以下では、まずそれぞれのタイプの語りの構成の仕方の違いをまとめ、次に、それに影響を与えている社会的文脈を考察し、なぜ望見商に現在起点タイプや過去起点タイプの語りが多いのか、将来起点タイプの語りであっても進路展望が不明確なのかについて考察する。

前節の各タイプの語りの構成を、図にしたのが図表2-2から2-4である。「未来」という時間軸は、「卒業後の進路」と「その後の将来」というカテゴリーから構成される。現在起点タイプの語りでは「卒業後の進路」についてでは語られるが「その後の将来」についてはあまり語られず、一方将来起点タイプでは「その後の将来」の部分が語りの中心になるなど、タイプによって、どの時間軸までを語るか、またどの時間軸についての語りにもっとも重きが置かれているかにも違いが見られることがわかった。

①将来起点タイプについて（図表2-2参照）

このタイプは遠い将来の職業や目標が起点となっていた。高校卒業後の進路は、その目標を達成するための場と位置づけられ、現在の行動は将来によって動機づけられている。将来の目標は、心理学におけるゴール理論のゴール（目的）に相当し、高校卒業後の進路はそのゴールが達成されるための手段（プラン）に相当する。かれ／彼女らが将来を起点とする裏付けとなっているのが、学業達成の度合いや学ぶ内容に対する興味関心である。「現在」「卒業後の進路」「将来」は自分が実現したいテーマによって統合されている。自分が選択した進路は、他の進路（フリーターなど）との対比によって、強い意味づけを与えられている。

②過去起点タイプについて（図表2－3参照）

過去から現在までの自己の経験や狭い範囲での交友関係を中心に将来の展望を形成している。テーマ性が強く、それによって遠い将来まで見通している。しかし、卒業後の進路に関しては、過去から現在までの生活を変えることへの忌避感や、自分のテーマへのこだわりの強さから限定された狭い選択肢になってしまう。それは、このタイプの対比項の特徴として表れており、「どのような」就職先か、「どのような」フリーターかという、主観的な区別による意味づけがなされていることによって、多くの対比項が登場する。また、このタイプには美鈴総合高校の生徒は含まれていない。

③現在起点タイプについて（図表2－4参照）

「現在」を起点として、そのつど短期的な展望を形成している。図に示すように、現在から卒業後の進路までの展望はもっているが、「その後の将来」の展望は、「そのときになってみないとわからない」と語られる。このタイプは、他の二つのタイプに比べ、テーマ性が希薄である。進路を選択した理由について、L君のように「特になりたいのがなかったから」とか、美鈴総合高校のある生徒が「しょうがない」と語ったように、彼／彼女らは、自分の意志で進路を切り拓くという語り方をしない。テーマ性の希薄さは、自己や職種、大学名といった進

図表 2–2　将来起点タイプ　R 君のナラティブ構造

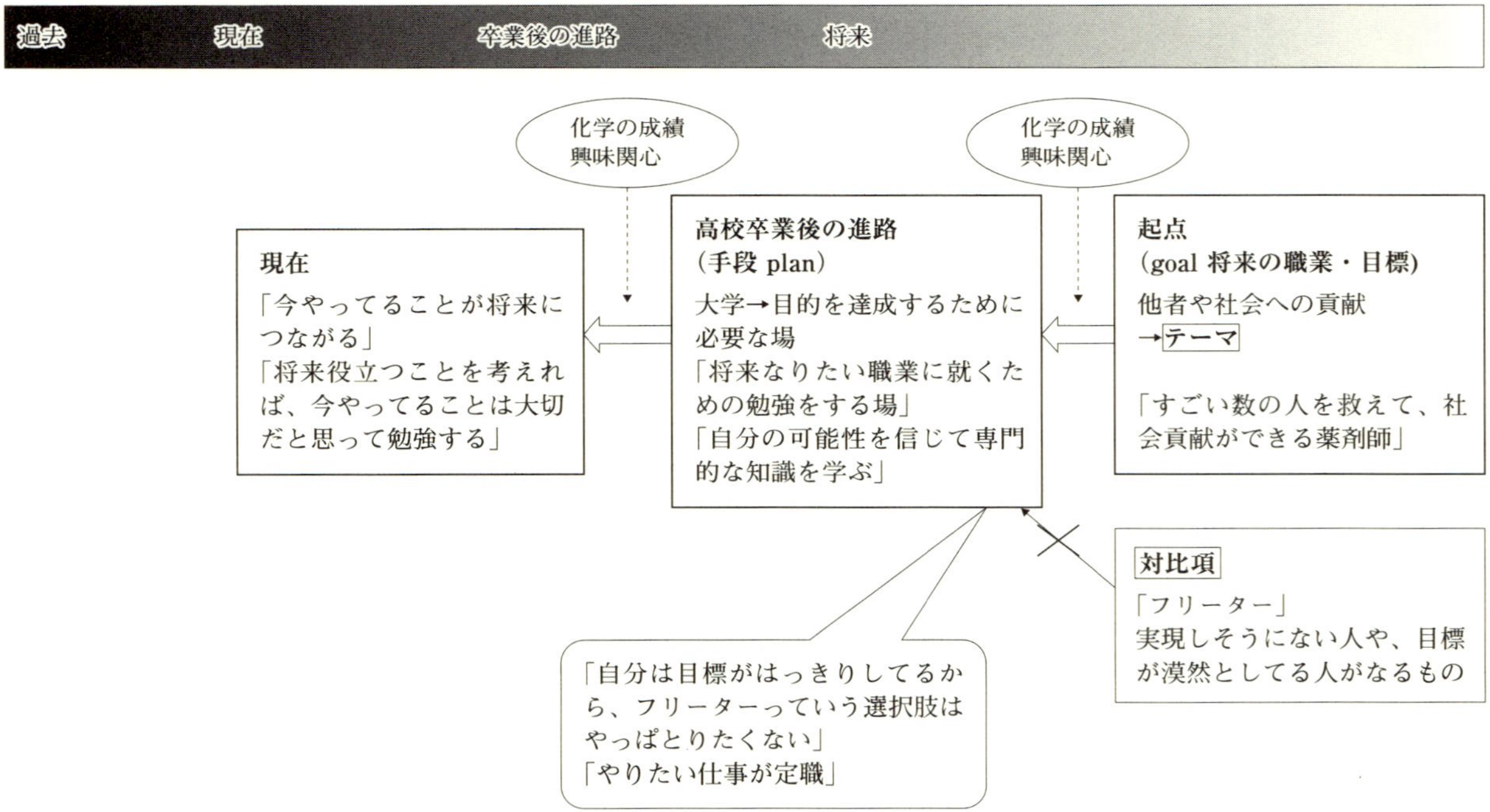
過去
現在
卒業後の進路
将来
化学の成績
興味関心
化学の成績
興味関心
現在
「今やってることが将来につながる」
「将来役立つことを考えれば、今やってることは大切だと思って勉強する」
高校卒業後の進路
（手段 plan）
大学→目的を達成するために必要な場
「将来なりたい職業に就くための勉強をする場」
「自分の可能性を信じて専門的な知識を学ぶ」
起点
（goal 将来の職業・目標）
他者や社会への貢献
→テーマ
「すごい数の人を救えて、社会貢献ができる薬剤師」
対比項
「フリーター」
実現しそうにない人や、目標が漠然としてる人がなるもの
「自分は目標がはっきりしてるから、フリーターっていう選択肢はやっぱとりたくない」
「やりたい仕事が定職」

図表 2-3　過去起点タイプ　C君のナラティブ構造

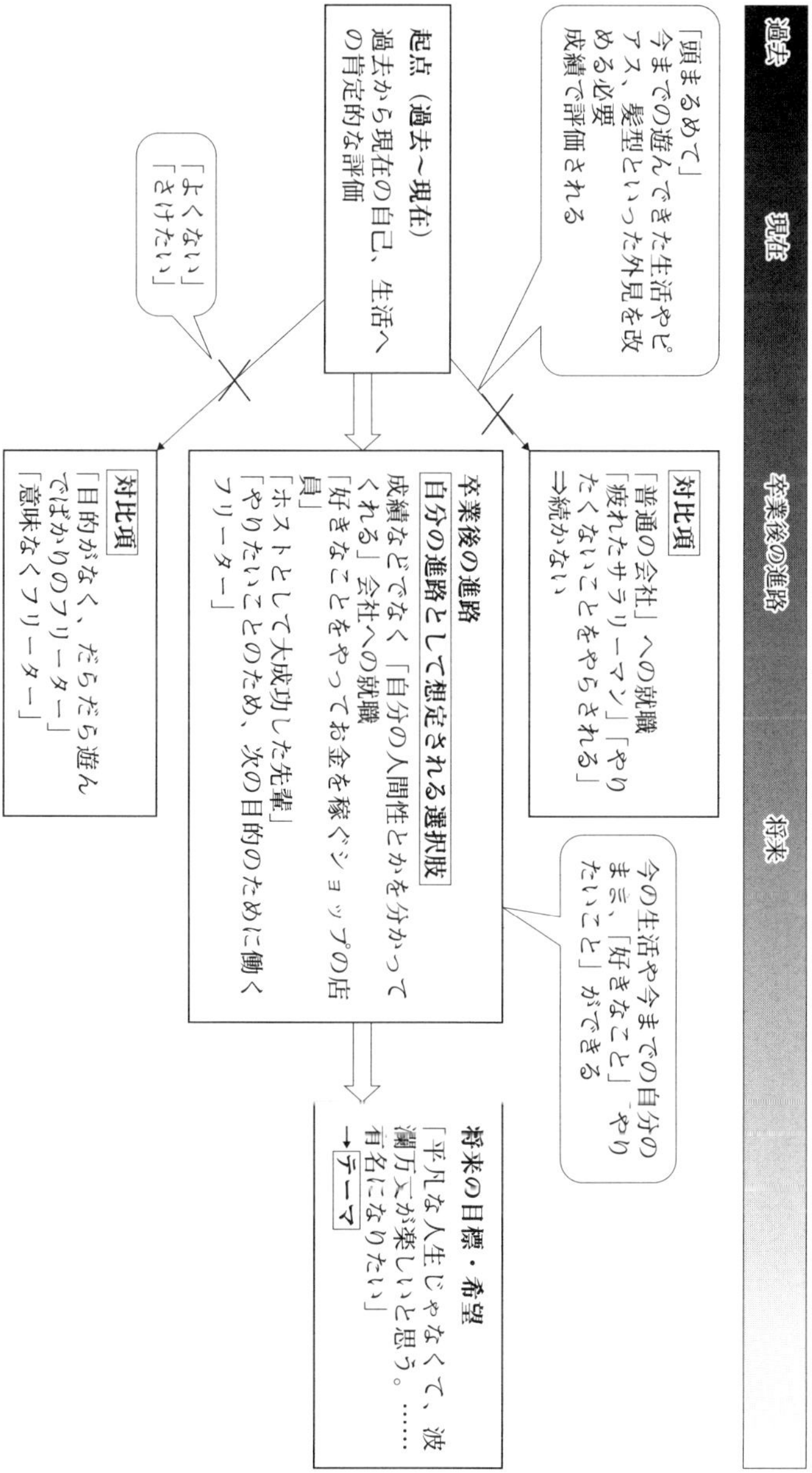
過去
現在
卒業後の進路
将来
「頭まるめて」今までの遊んできた生活やピアス、髪型といった外見を改める必要
成績で評価される
起点（過去～現在）
過去から現在の自己、生活への肯定的な評価
「よくない」
「さけたい」
対比項
「普通の会社」への就職
「疲れたサラリーマン」「やりたくないことをやらされる」
⇒続かない
卒業後の進路
自分の進路として想定される選択肢
成績などでなく「自分の人間性とかを分かってくれる」会社への就職
「好きなことをやってお金を稼ぐショップの店員」
「ホストとして大成功した先輩」
「やりたいことのため、次の目的のために働くフリーター」
対比項
「目的がなく、だらだら遊んでばかりのフリーター」
「意味なくフリーター」
今の生活や今までの自分のまま、「やりたいこと」「好きなこと」ができる
将来の目標・希望
「平凡な人生じゃなくて、波瀾万丈が楽しいと思う。……有名になりたい」
→テーマ

図表 2-4　現在起点タイプ　D さんのナラティブ構造

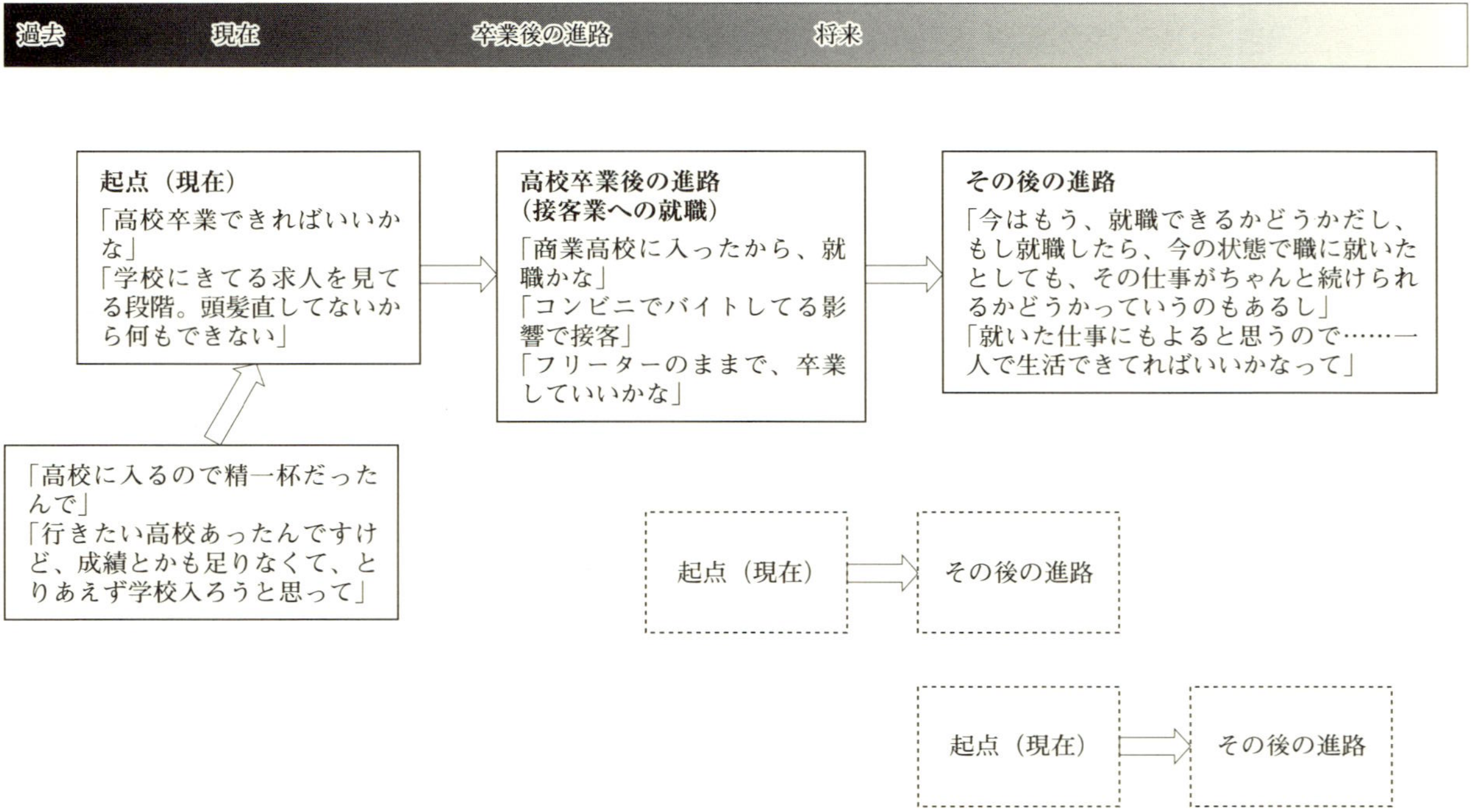
過去
現在
卒業後の進路
将来
起点（現在）
「高校卒業できればいいかな」
「学校にきてる求人を見てる段階。頭髪直してないから何もできない」
高校卒業後の進路（接客業への就職）
「商業高校に入ったから、就職かな」
「コンビニでバイトしてる影響で接客」
「フリーターのままで、卒業していいかな」
その後の進路
「今はもう、就職できるかどうかだし、もし就職したら、今の状態で職に就いたとしても、その仕事がちゃんと続けられるかどうかっていうのもあるし」
「就いた仕事にもよると思うので……一人で生活できてればいいかなって」
「高校に入るので精一杯だったんで」
「行きたい高校あったんですけど、成績とかも足りなくて、とりあえず学校入ろうと思って」
起点（現在）
その後の進路
起点（現在）
その後の進路

図表 2-5 「進路の物語」のタイプ

タイプ	将来起点	過去起点	現在起点
起点	将来	過去、過去〜現在	現在
テーマ性	強	強	弱
対比項の数	多	多	少

路へのこだわりの低さや、自己や状況の変化への柔軟な態度にも表れている。それゆえ、進路決定の遅延には陥りにくく、高校卒業後の展望はとりあえず確保できる。このタイプは、将来の希望はある程度固まっており、他の選択肢と迷ったり、揺らいだりということが少ない。彼／彼女らは、「就職」や「進学」といった、自分が選択した進路を「当然進むべきもの」として捉えており、他の選択肢を想定していない。

三つのタイプの違いをまとめたのが図表2-5である。進路の語りは起点の違いによって分類され、それに応じて、テーマ性、対比のあり方によって特徴づけられる。

6 「進路の物語」にみる望見商生の特徴

1 将来の目標で動機づけられないタイプの存在

心理学におけるゴール（目標）研究や動機付けに関する研究は、人間の行動が目的的行動であると仮定し、未来が行動を動機付けるという観点から、ゴール（目標）とプラン（手段）によって進路決定行動を理解しようとした。このような研究を理論的背景とした進路指導では、より遠くの未来を具体的に見通すように促すことで、進路へと動機づけようとしてきたといえる。

本研究においても、美鈴総合高校のR君のように、遠い将来の目標を起点とし、そのゴールを達成する手段として就職や進学という進路を選択するという、「将来を起点とする」展望のあり方は確認できた。しかし、同時に分析から窺えた特徴的な知見の一つは、将来の目標では動機づけられない過去起点タイプや現在起点タイプの存在であり、そうした生徒が望見商でしばしば見られたのであった。

過去起点タイプの望見商のC君は、現在の生活や現在の自己を変えることに対する忌避感を持っている。かれらは現在の自己や生活スタイルを維持することが、進路を選択する基準となっている。この語りは、将来起点タイプのR君らが、目標とする将来に向けて努力し、今の自己を変化させていくことに肯定的なのとは対照的である。

過去起点タイプの生徒や現在起点タイプのような展望をもつ生徒は、従来「フリーター」の増加を問題視する議論の中で「今さえよければいい」という考えをもった「現在志向型」として解釈されてきた層であると考えられる。しかし、過去起点タイプの生徒は、今まで大事にしてきた「人間関係」や遊びをさらに充実させた人生をおくるという将来展望を持っており、自己の選択する進路もそのテーマとの関連で意味付けられている。このように、かれらは過去や過去からつながっている現在へのこだわりを起点として、将来を思い描いている。また、「現在」を起点として語る現在起点タイプの語りもまた、望見商に特徴的に見られたタイプで、将来の目標を起点とした語りとは違う構成の仕方である。かれらは、「現在」において、語りを紡ぎながら、そのつど短期的な見通しを形成しているといえる。

2　進路の物語を紡ぐ過程におけるゆらぎの存在

二つめの特徴は、生徒の語りに進路選択過程における迷いや葛藤、すなわち進路意識のゆらぎがしばしば見られたことである。これは美鈴総合高校でも見られたものであり、望見商だけに特徴的なものではないが、進路の物語を特徴づける大きな特性である。

従来の進路研究は、学業成績や学校のタイプ（トラッキング）が進路を規定することを明らかにしてきた。そこでは、個人がそれらの要因から自己の進路を見通すことによって、一定の進路へと水路づけられていくとされてきた。本研究においても、こうしたトラッキングの影響が確認できる。例えば、C君は、家庭の経済的要因から専修学校への進学をあきらめ、就職を選択したと答えていた。また、事例では報告していないが、美鈴総合高校に通う男子生徒も進学を自明視しているものの、「しょうがない」「そういう時期なのかな」というように、そこには強い意味づけはないまま進路を決定している。こうしたことからも、学校のタイプがトラッキングとして生徒の進路を規定していることがわかる。この生徒のように、自分の意志によって説明しない語りは、コクラン（1997）の理論の区分によると、patient（結果を外的要因に起因するものとする）としての語りということになろう。

しかし一方で、就職を選択した理由に経済的要因をあげていたC君は、それによって生じた「就職」という選択肢の中で、自分のテーマや他の職業との対比から「ショップ店員」を目指すことに対して強い意味づけを与えていた。「フリーター」という進路に関しても、今回のインタビューの中で、「今さえよければいい」から「フリーターになる」という語りは見られず、「目的のあるフリーター／ないフリーター」のような対比によって、その人なりの意味づけがなされていた。このように、背景的要因は直接進路選択に結びつくのではなく、それらの要因を個人が解釈する過程が介在している。

このことは、それぞれの学校に予定された進路を選択しない生徒が生じることからも窺える。美鈴総合高校のWさんという生徒も経済的な理由からではなく、自分なりの基準から、在籍する高校の大多数の進路とは違う進路を選び取っていた。Wさんは美鈴総合高校について、「この学校に行くと、基本的に（大学や短大に）進学するのがあたりまえみたいな空気があって」と指摘し、「先生も高一とかの時はやっぱり、ほんとに専門でいいのか？　みたいな感じだったんですけど」「やっぱり大学に行く友達がすごい多くて」という状況にもかかわらず、自分なりの基準から専修・各種学校への進学を決定していた。

Wさんや C 君のように、進路の決定を外的要因からではなく、自己の意志として語るやり方は、コクラン（1997）によると agent としての語りということになる。進路選択が適性と需要の適合から決定されるだけでなく、agent としての語りへと向かうには、本章において一部の生徒の語りに見られた、「進路選択過程におけるゆらぎ」が重要である。それは、かれ／彼女らが自分の選択肢への意味を模索し、自己や他者に対して説得力のあるストーリーを紡ぎながら決定していくための過程に位置付きうる。

次章から詳しく紹介する我々の進路選択支援の取り組みは、こうした進路意識のゆらぎを重視しつつ、そこに序章で述べたような「望ましい」進路への動機付けを高めていくことをねらっている。ともすれば、生徒はトラッキングに沿った進路へと促されていく中で――それは望見商では、進路に高い展望を持たずになんとなくフリーターになっていくことにつながるが――そうした状況の中に迷いや葛藤を持ち込み、自分なりに進路の意味を問い直し、新たな語りを生み出すことが、支援のための一つの手だてだと考えた。それが agent としての物語の第一歩だからである。ただし、繰り返すが、そこには一定の規範的なメッセージが伴っており、C 君の言うような「成功したフリーター」へと主体的に動機づけられていくことは、支援の方向性としては予定していない。その意味で、本プロジェクトは多分に教育的な支援なのだと言える。

7　語りの違いをもたらす文脈

1　学業達成の度合い

「進路の物語」の起点やテーマの違いをもたらす要因を探る上でまず注目すべきなのは、望見商と美鈴総合高校で語りのタイプの分布に偏りがあるという点である。過去から現在を起点とした過去起点タイプに分類される生徒は望見商でしばしば見られ、一方、将来起点タイプの中でも、将来の語りが最も詳細なR君やWさんは美鈴総合高校に通っている。ここから、学業達成の度合いが、起点やテーマの違いをもたらしている要因のひとつであることが予想される。

一章で説明したように、望見商への入学者の多くは、中学時代の成績が中位以下である。また、C君は高校でも「毎回ぎりぎり」の成績をとっている。C君が内申点や成績が評価されるような「普通の会社」への就職ではなく、彼の「人間性」で評価してくれる会社に魅力を感じていることの前提となっているのは、C君の成績が「毎回ぎりぎり」であるという事実である。それに対し、美鈴総合高校のR君の薬剤師になるという展望は、薬学を勉強するのに必要な「化学」の勉強が得意であるという事実に裏付けられている。

また、現在起点タイプのDさんのように、成績が下位であるため、目下の課題をこなすことで精一杯で遠い将来のことを考える余裕がないという生徒も多い。Dさんは、中学時代は行きたい高校があったのだが「高校に入るのが精一杯」だったため、とりあえず望見商に入り、それより先のことは考えていなかったという。現在は就職を目指してはいるものの「高校卒業できればいいかな」という状態で、「フリーターでもいいかな」と思うこともあるという。この場合、遠い将来を見通すことなく、今の状態から進路を展望し、またその展望は短期的なものとなる。

このように、起点やテーマの違いには学業達成の度合いや学校の入試難易度が大きく関係しており、それが進路の物語の学校差となって表れているといえる。

2　多様化する選択肢

しかし、望見商の生徒の語りに注目すると、商業高校に通っているからといって、必ずしも就職を自明の進路とするわけではないことがわかる。就職率の低下やそれにともなう進路指導体制の変化、高校生全体の進学率の上昇や大学受験制度の易化、多様化によって、望見商の生徒が可能性として想定する進路は多様化している。その中で一つの進路を選択することによって、自分が選択した進路を、他の選択肢と対比させ意味づけていく必要性が生じる。

また望見商には、「私の友達は結構周りがフリーターとか、なんか働きたくないみたいな感じで、あと自分のやりたい仕事があっても学校のやつに来ないみたいな感じで、だからフリーターが多いかもしれない」（Dさん）、「先輩とか、ハンパじゃない、フリーターだらけ」（C君）というように、「フリーター」予定の生徒が多く、学校外の知り合いや先輩にも「フリーター」が多く存在する。当然、かれらの進路には「フリーター」という選択肢が想定され、また「フリーターもいろいろ」（C君）というように、「フリーター」に関する知識も豊富になる。

これに対して、美鈴総合高校の生徒にとって「フリーター」は新聞やニュースのトピックである。それは「なんか安定した職をもたないで、いつまでもアルバイトとかでなんか稼いで、で、親にお世話になってるっていう若い人が増えてる、ってすごい新聞とかテレビとかでも言ってるんで。」（Uさん）、「この前も新聞に入ってたんですけど、やっぱフリーターが若者に増加してるって……」（L君）という語りに表れている。

このように、フリーターとの接触の度合い（学校外文化の違い）もまた学校によって分化しており、それがC君の「（目的のある）フリーター」への肯定的な意味づけに影響を与えていることは見逃せない。我々の支援活動は、フリーターに代わって、大学や大学生との接触の度合いを高めることにある。生徒の中には「大学生なんて遊んでばかり」というステレオタイプ化されたイメージしか持たない者もいる。これはフリーターに比べて、大学に関する情報が少ないことに起因している部分が大きいため、大学生と接触することで「大学生もいろいろ」であり、自分が選択しても良いと思う「大学生像」を培うこともまた、重要な支援の手だてだと考えた。

3　余裕や自信のなさ

望見商の生徒はなぜ、「将来」を起点として語ることが少ないのだろうか。また、一見将来を起点として語っているように見えても、美鈴総合高校の生徒のように、明確かつ具体的な目標を掲げ、それに向けて努力するという語りがなぜ見られないのだろうか。

現在起点タイプの語りから見えてきたことは、かれらには大きな夢や高い目標を実現するだけの余裕や自信がないということである。望見商の生徒は、美鈴総合高校の生徒にくらべ、家庭環境が複雑であったり、経済的にそれほど余裕がない場合が多く、他に気にかけるべきことも多い。それだけ自己の将来について思い描く機会は少なくなる。「自立したい」「親を助けたい」という言葉がかれらの語りにしばしば登場するが、かれらの価値観からすると、長い時間をかけて自己実現をすることよりも、はやく自立したり、家族やその生活を助けることの方が大事である。また、それほどの時間やお金をかけたところで、成し遂げる自信がない。先に述べたように、かれらの多くは中学時代から学校の成績がふるわず、やっと入れたのが望見商であり、目下の目標である「卒業」や「就職」をクリアするだけでも精一杯である。かれらにとって将来とは希望どおりになるものではない。そして非常に見えづらいものであるだろう（だからこそかれらは「そのときになってみないとわからない」と語るのだろう）。もし仕事が決まれば、決まった仕事をずっと続けていくことが、かれらが着実に人生を歩んでいくための最善の方法のように思えるが、それも簡単なことではない。就職しても続かないかもしれないし、そもそも就職が決まらないという可能性もある。かれらはかれらのネットワークの中でそのような事例を多く見てきており、ひとつの目標を強く掲げて生きていくよりは、与えられた環境において、ひとつひとつ目の前のことをこなしていくほうが現実的だと感じている。かれらの進路展望のあり方は、決して余裕があるわけではない生活の中で、世の中の情勢や価値観の変化に対処していくうちに形成されてきたものである。

しかし、かれらが人生をより豊かにし、意味あるものにしていくには、これまでにつくられた見方にゆさぶりをかけることでかれら自身が人生に意味を見出し、自分なりのテーマを模索する、という過程が必要である。そうでなければ、進学するか就職するかフリーターとなるかは環境や状況次第であり、自らの意志が関与しない人生になってしまうだろう。まずはそのような機会や場所を与えること、そしていかにしてかれらの語りにゆらぎを持ち込み、自らが進路の物語の紡ぎ手と感じられるような語りへと変えていけるかが課題となるであろう。

一方、成績の低さや経済的な状況から、学業達成を通じた成功は望めないにしても、これまでの自己の経験や人間関係から、かれらなりのテーマでもって人生を意味づけようとしているのが過去起点タイプの語りである。かれらはかれらをとりまく状況やおかれた立場というものを実際には理解している。だからこそ、学業達成を通じた将来展望や夢の実現はかれらの語りには登場せず、学校における評価とは別の次元で将来を語ろうとする。それはかれらなりの価値観や正当性によって選択された進路ではあるものの、時として客観的な視点からは支持しにくいものであったり、教育的に「望ましくない」場合がある。しかも多くの場合、そこでかれらに必要な情報や、相談できる人、場所――といったものが圧倒的に不足している。かれらのテーマを実現する手段を一緒に考え、現実的なアドバイスを与え、より望ましい方向に導くような支援の仕方が必要となるだろう。

8　かれらは投げやりか？

本章を書くにあたって、筆者が望見商の生徒たちにインタビューをしたり、ボランティアとして生徒たちと関わるようになってすぐに、強く感じたことがある。望見商のような進路多様校の生徒は、しばしば将来に対して無展望であったり、投げやりであると考えられている。確かにかれらの進路への考え方や行動は、そこだけ切り取ってみれば理解しづらい場合もある。しかし、かれらの学校での話や家族の話、これまでの歴史など、ライフヒストリー全体としてみると、非常に納得がいくのである。各自の進路展望を持つにいたる過程や背景が明らかになるにつれて、それらの言説がまったくかれらに当てはまらないことがわかってきたのである。

望見商の生徒の進路の語りは、テーマ性が強いもの、弱いもの、対比項が多いもの、少ないもの、さまざまであった。しかし、それらの語りには二つとして同じものはなく、自分なりの価値観や経験が反映されたものであった。それは必ずしも「望ましい」進路選択行動を伴っていないにせよ、ストーリーとして、聞き手に対し、説得力をもつものであった。おそらく、進路選択を支援することは、ここからはじまるであろう。つまり、まずかれらの意味世界を理解すること、そして、かれらとともに、将来の方向性の指針となるような力強い語りを再構成すること——これまでの経験や人生に意味（テーマ）を見出し、自らが物語の紡ぎ手として、テーマを実現するための手段を獲得していくこと——である。

（二章：杉原）

第三章　進路意識の変容――「あきらめ」・「考えない」から「ゆらぎ」へ

1　継続的な関わりから見えてきたもの

望見商では、前章でみたように過去起点タイプや現在起点タイプの進路意識を持つ生徒が多い。こうした中で、我々の活動は開始されたが、継続的にかれらと関わることを通じて、生徒にはどのような進路意識の変容が見られただろうか。本章では二〇〇二年度の活動をとりあげ、そこに参加した四名の生徒の事例を詳細に分析することを通じて、この点を解明する。

この課題遂行のために、我々は毎回の活動に関するフィールドノーツの作成や、ボランティアと生徒のメールやボランティア間の活動報告メールを収集・記録し、かつ、活動に参加した生徒に対する事前と事後のインタビューを実施した[(1)]。そこから、以下の三つの問いについて検討する。

(1)　継続的な関わりから見えてきた、生徒たちの進路意識の特徴は何か。

進路選択とは、長期にわたってなされるものであるものの、先行研究ではその選択を「過程」として理解するには至っていない。我々は、実際に生徒の進路選択に関わることにより、その過程をつぶさに見る機会を得た。ここでは活動を通じて収集した豊富なデータに基づいてこの点を解明する。

(2)　生徒の進路選択には、いかなる要因がどのような形で影響しているのか。

先行研究では、家庭の経済状態や青年文化の影響が指摘されてきた。また、イギリスの未熟練労働者の子弟の進路選択問題を扱ったウィリス（1985）は、階級文化に裏打ちされた反抗的な生徒文化に着目している。これらの要因のそれぞれがどのように彼らの進路を規定しているのか。また併せてこれら以外に重要だと考えられる要因についても検討する。

(3)　進路指導のあり方を再考する上での、本プロジェクトの実践上の意義は何か。

最後に、こうした検討を経てなされた支援活動を通じて、現代高校生にどのような働きかけが求められているのかについて検討する。

本章では、前記の問いについて検討する上で、以下の三点に留意した。第一は、序章で紹介したコクラン（1997）が指摘するように、人々は行為や経験をストーリーとして構成しながら意味づけていくという点である。前章では望見商の生徒の進路の物語の特徴を描いた。では、活動に参加した生徒はどのような進路の物語を持ち、そして、その生徒はボランティアの学生・大学院生との関わりの中で、どのようにその語りを変えていくのだろうか。その物語には誰をどのように登場させるのか。

第二は、高校生とは人間形成の途上にある可塑的な存在だという点である。生徒を対象としたアンケート調査は、その時点での、しかも用意された選択肢の枠組みでみた場合の彼らの意識の断面を描き出す。しかし、人間は常に他者と相互作用する中で自己を確認しつつ、他者に対して自己を提示していく。生徒は相互作用過程を通じて、ボランティアや教師に対して進路の語りを紡ぐのであり、その語りはその生徒の置かれた状況や相手により変化することが十分予想される。学校教育とは、この相互作用を教育的に編制して、より望ましい進路の語りを紡がせるように働きかける営為だと言え、我々はこの点に力点をおいて支援を試みた。

第三は、よりマクロな観点の導入である。社会的構成主義は、相互作用過程における行為者の主体性に着目するが、その一方でそこでの相互作用を枠づける言説の構成を問題にする。我々は、生徒へのインタビューやかれらとの支援を通じての関わりから、かれらが問題を自分の問題として語る様子を見てきたが、そこには進路についてそのように語らせる社会的な権力作用が作動していると見ることが出来る。ドイツの社会学者ベック(1998)は、「個人化」という概念を用い、階級や地域社会や家父長的なジェンダー関係が提供していた伝統的なアイデンティティが崩れた現代社会においては、進路が個人の自由選択に委ねられるとともに、ある進路を選択した場合に伴う社会的不平等や失業の危険などの問題も個人的問題として捉えられるようになったと指摘している。我々は、生徒とボランティアとのミクロな相互作用過程に注目する一方で、それをとりまく、このような時代的なコンテクストにも目を配るように留意した。

2　女子生徒の進路選択過程

それでは、二〇〇三年三月に卒業した女子四名のケースについて、最大七ヶ月間の活動の結果を報告しよう。図表3-1は四ケースの概要を示すが、氏名はいずれも仮名である。このうち、最初の三ケースは大学、短大に進学した事例だが、最後のミキは大学進学希望を途中で放棄しフリーターの道を選択した生徒である。また、図表3-2には各ケースの生徒がプロジェクトに参加した日時を示す。表中の○は通常の参加で△は活動の場に「顔を出した」程度の参加を示す。

図表 3-1　ケースの概要

	氏名	欠席	成績	参加以前の志望	参加後の志望	最終的な進路
1	リエ	10 日	C段階	就職	大学	大学（2 部）
2	ヒロミ	数日	A段階	就職	大学	大学（2 部）
3	アスカ	40 日	C段階	就職	大学	短大
4	ミキ	40 日	D段階	フリーター	大学	フリーター

図表 3-2　活動参加状況

月	9	9	9	9	9	9	10	10	10	10	10	10	10	10	10	10	10
日	5	18	25	26	27	28	2	3	7	9	10	11	16	17	18	23	24
リエ	○		○		○	○	○	○		○		○	○	○	○	○	
ヒロミ		○	○	○			○	○	○	○	○	○	○	○	○	○	○
アスカ	○	○						○			○					○	
ミキ	○	○	○				○					○	○		○		

月	10	10	10	11	11	11	11	11	11	11	11	11	11	11	12	12	回数
日	25	26	30	6	7	8	13	14	15	20	21	27	28	29	4	6	
リエ	○	○	○	○		○	○	○	○		○	○		○	○	○	25
ヒロミ		○	○	○	○	○	○	○	○		○	○		○	○	○	27
アスカ			○	○	○	○					△						9
ミキ	○	○				○	△		△	△			△				10

注）「○」は通常の参加、「△」は「顔を出した」程度の参加を示す。「回数」は○の合計

（ケース1）　リエ

（聞き手）　まず、どういうきっかけでここに来ようと思ったのかな？

（リエ）　あー、何か川崎先生が「あっちに大学生（学生ボランティア）がいるから行け」って。

（中略）

（聞き手）　希望する学科とか分野とかは？

（リエ）　さっき決めて、評定平均聞きに行ったら三・二しかなくて。それで何か「ここいいんじゃない？」って思えるところは三・五以上のところが多くて。そしたらY大学の推薦が三・二以上で、ボランティアの証明書があれば行けるみたいな。「ここはどうか？」って言われて。それも文学部と法学部し

かなくて。

（聞き手）　やむを得ずって感じかな？　でもそういうの関係なしにしたら、やってみたい勉強とかは？

（リエ）　えー、特にない。

前記は、本活動参加時（二〇〇二年九月五日）のリエのインタビューである。リエは、大学進学の意欲も学びたいこともなく、ただ「行け」といわれたから、本活動に参加してきていた。進路決定後のインタビュー（二〇〇三年三月一一日）でも、「（高校に入る前は高校を出た後のことを）全然考えていなかった」、「（高校一年の時は）進学とかはまったく考えてなくて、絶対就職。なりたいものとかもなくて、とりあえず就職できればいいかなって」と語っており、二章の分類では、将来が現在の動機づけとはなりにくい「現在起点タイプ」の進路展望を有していた。

リエは、両親と弟の四人家族で、両親は飲食店を営んでおり、それほど経済的な余裕があるわけではない。進学の費用に関して母親は、多少の無理をすれば出せないこともないが、大学に行ってどうしてもやりたい勉強があるのでなければ就職したほうがいいと言っていた。リエは入学当初は就職志望だったが、二年になり「すごい遅刻が多いので、就職できないな」と思っていた頃、川崎教諭に「おまえも（進学に）するか？」と言われ、就職は無理だからという理由で進学を希望した。三年の五月から塾に通い始めたが、勉強の仕方が分からず、川崎教諭の勧めで本活動に参加した。

高校に入った時は、いっぱい資格をとろうと思って、商業の。でも全然取れなくて。すごい遅刻が多いので、就職できないって思ったんですよ、二年生の終わり頃。こんなに遅刻が多くて、絶対私は就職無理だと思ったんですよ。で、川崎先生が（「おまえも進学にするか?」と）言ってたから、あーそうか、進学かって。でも、うちの学校は進学校とかじゃないし、勉強とかも全然……。（二〇〇三年三月一一日、インタビュー）

活動開始時、進学という方向性は決まっていたものの、なかなか自分から動くことができず、志望校について「自分のことなんだから自分で探しなよ」というボランティアの言葉に対して「そう思うけど、何していいか分からないから何か指示して」と答えるような状態だった（二〇〇二年一〇月三日、フィールドノーツ）。活動の進行とともに、次第に志望校選択にも受験勉強にも積極的になっていき、大学へ行きたいという気持ちが「どんどん強くなっていった感じ」だったという。

しかし一方で学習習慣が身についておらず、勉強に集中できなくなった時期があり、母親から「そんな態度なら（塾を）やめれば」と言われたことで塾をやめたりもしている。

（聞き手）　塾やめちゃったじゃない?　あれ、結局なんでやめちゃったの?

（リエ）　ちょっと勉強に身が入らなくなってきちゃって、ずっと英語ばっかりやってて。受験勉強だから、多いわけじゃないですか、やることが。全然できなくて。ちょっとなんか、お母さんが、「そんな態度なら（塾を）やめれば」って。（二〇〇三年三月一一日、インタビュー）

また、家計への配慮も常にあり、「おねえちゃんが大学行くなら自分は行かない」という弟の言葉に考え込む様子もみられた。

リエさんの弟は「おねえちゃんが大学行くなら自分は行かない」と言っているらしい。おねえちゃんが行かないなら行くらしい。リエさんの弟は家のお財布を気にしているのだろうか。（二〇〇二年一〇月三〇日、フィールドノーツ）

一一月、第一志望のY大学（中堅私立）を受験中にM大学（中堅私立）の願書を出そうとしたが、「（何校も違う学科を受験して受験料を無駄にして）やりたいことがはっきり決まっていないなら進学しないほうがいい」「Y大学がだめなら就職しなさい」と両親に言われ、受験料をもらえなかったために出願できなかった。その後、Y大学が不合格となり、本人は進学か就職かで深く悩んだ。その際、一昨年度に生徒として本活動に参加した先輩と進路について話し合ったことが、リエにとって進路意識が大きく変化するきっかけ、すなわち転機となった。この時、先輩に「働きたいかもう少し勉強したいか」と聞かれ、「もう少し勉強したい」と思ったという。

親がY大学落ちたら就職と言っていて迷ったけど、先週、先輩と話した時に「働きたいかもう少し勉強したいか」と言われて「もう少し勉強したい」と思ったそうです。（二〇〇二年一一月一五日、フィールドノーツ）

リエは、中学校の時にあまり熱心に勉強に取り組まなかったことや、高校に入ってからも「資格をたくさん取ろう」と思いながらも取ることができなかったことへの後悔の気持ちをずっと持ち続けてきていた。大学進学は、リエにとって、これまで果たせなかった勉学に再挑戦するチャンスであったといえよう。

（高校に）入ってからこの学校は絶対私には合ってないと思って、もっと勉強しておけばよかったって後悔した。……（中略）……（大学では）卒業した時に後悔しないように、勉強しとけばよかったと思わないように、勉強したい。（二〇〇三年三月一一日、インタビュー）

また、先輩から、二部にすれば学費が半額になることを教えてもらい、両親にそれほど経済的負担をかけずに進学する道もあることを知り、それまで考えていなかった二部の受験を決心する。

（Y大学が不合格になった時は）なんかもう、結構何校か落ちて、受験料も無駄にしてるし、親にも反対されて、本当にどうしようかなぁと思って、でも、行きたいし。っていう時に先輩としゃべってて（中略）二部とかも全然考えてなかったんですよ。でも、先輩が、「私みたいに二部にして、学費半額だし、昼間働けるから、親に負担かけないためにも二部にして……。本当に行きたいんだったらちょっと考えてみな」って言われた。それで、なんかその話を聞いて決心がついたというか、これを最後にして、最後のチャンスを親にもらって、これでだめだったら諦めようって。（二〇〇三年三月一一日、インタビュー）

そして、父親に「これを最後に受験させてください」と頼み込み、受験までの日程も差し迫っていたのだが、願書（志望動機）の作成、面接の練習、小論文の練習などに前向きに取り組み、S大学二部に合格した。

（ケース2）ヒロミ

（高校卒業後の進路については）望見商業に来る前は、絶対就職するって、二年の初めくらいまで思ってた。……公務員は高一か高二くらいであきらめて、でもとりあえず就職だった。……（職業は）事務系とか……

誰でもできそうな感じの……簿記とか……図書館のおばちゃんとか……（大学進学については）川崎（先生）になかば無理やり（勧められて）。……今はもう。途中まではほんとに専門がよかった。高三のはじめくらいまで。（二〇〇二年九月五日、インタビュー）

これは、ヒロミが本活動に参加し始めた頃に、活動参加時の進路意識を尋ねたインタビューで語ったものである。ヒロミは、当初は、就職希望だったと語っているが、特にやりたい職業があったわけではなく、なりたい職業に向けて積極的に動機づけられていたわけでも、行動を起こしていたわけでもない。また、高三になってから、川崎教諭に勧められ大学進学に志望変更したあとも、進みたい大学や学びたい専門が決まっていたわけではない。二章の三分類にもとづけば、将来が現在の動機づけにはなりにくい「現在起点タイプ」の進路志望を有していたといえよう。

ヒロミは、三人きょうだいの真ん中で、祖父母との五人暮らしであった。小学校の頃は成績優秀で大学進学するつもりでいたが、中学校で落ちこぼれてからは「もう商業高校は入って就職しよう」と思い望見商に入学してきた。だが、高二の終わり頃から川崎教諭に大学進学、特に、W大を自己推薦入試で受験することを勧められるようになり、最初は反発していたが、度々説得され、徐々に「たぶん流されるんだろうな（＝大学進学することになるんだろうな：筆者注）」と思うようになったという。

ヒロミは、評定値は四・四で、クラス順位は一、二番である。また、望見商の部活でおこなわれていた地域住民に対するパソコンボランティア活動にも積極的に継続して参加してきた。望見商での授業については「取り組もうとするんだけど、周りがうるさすぎて。もうすっごいうるさいんですよ。もう学級崩壊なみ。自分の周りにうるさい集団がたまってて。とりあえず、でも、ちゃんとやってるつもり」と話しており、勉強に真面目に取り組む姿勢は有している。だが一方で、家庭の経済状況が苦しく、高校の学費と家に入れる生活費を稼ぐために土日は夜中の十二時までバイトをしており、祖母は大学進学について一応賛意を表してくれているものの、「（おばあちゃんは、大学に）行けるんだったら行きなさいよとか言って、お金はなんとかするとからとか言ってるけど、今（高校の）学費を自分に出させてる時点で間違ってるって思う。なんとかしてないじゃん！」という本人の言葉にも表れているように、家計状況が大学進学を躊躇させる最も大きな要因となっている。

ヒロミは、本プロジェクト参加当初から、参加の理由を「川崎（先生）に負けて」と語っていた。特に、川崎教諭に強く勧められていたW大教育学部受験に関しては、忌避する発話を繰り返していた。時には、「V大学（難関私立）でかっこいい名前のところ（学科）をみつけた」と嬉しそうに話し、大学について熱心にボランティアの学生に話を聞くこともあったが、「（自分としては本当は）大学なんて行きたくない」のだと言い続けていた。

このように「大学は嫌」「教育学部は嫌」など頭から全面否定するようなヒロミの言動に対して、我々は、一言で「大学」「〇〇学部」といってもそこで学べることや取得できる資格、卒業後の進路は多様であることを話し、ヒロミの大学に対するイメージを変えるよう働きかけた。このようなボランティアの働きかけと、川崎教諭からの強い説得があり、ヒロミは、しぶしぶW大自己推薦入試を受けることにした。

ヒロミさんは、W大学（最難関私立）のどこにするかまだ決まっていなかったので、教育の中でも社会教育・社会科専修・社会科学専修などを候補にどれが良いか考えた。ヒロミさんは、「教育なんて嫌だ。でも川崎（先生）が言うからそうするしかない」「いちばん教育に遠いところがいい」と言っていたので、社会教育の内容を「高齢化社会とか、社会人の勉強とか……」と説明すると、「だんだん川崎（先生）に近づいている、嫌だし、まったく興味がない。」と言う。「社会科とか社会科学の専修はたぶん絶対先生にならないといけないわけじゃないと思うよ。」と言うと、「じゃあ、そこにする。」と言って、とりあえずそのあたりにした。（二〇〇二年九月二五日、活動記録）

その日に、自己推薦入試の志望動機を宿題として課すと、ヒロミは「面倒くさい」「（大学になんて）行きたくない、興味もないから、志望動機なんてない」と答えた。だが、「無理やり書いてきてね」とボランティアが言うと、次の回には志望動機を書き上げてきて、「変なところがあったら直してください」と積極的に支援を求めてきた。また、宿題にした文献はどんなに難しいと感じても必ず読んでくるなど、行動面では積極的なコミットメントを示した。

一方でまた、その数日後に参加を予定していたW大学のオープンキャンパスがアルバイトと重なっているために行く気をなくし、ボランティアが「将来とバイトとどっちが大切なのー」というと「バイト。お金」と断言した。それでも勧めると「もしかしたら『日曜はバイトできない』ってバイトの人に言ってたかも」と言い、結果的にはオープンキャンパスに参加した。

ヒロミのこのような発言と行動の不一致に関して、我々は、「大学なんて行きたくない」という本人の言葉を「本人の意志」とみなすべきなのかどうかについて確信がもてず、川崎教諭や酒井を交えた話し合いを何度も行った。その結果、「もし本当に行きたくないのであれば指導にも来ないのではないか。現に勧められても専門学校など他の道を選んで指導に来ない生徒もいる。指導に来ているということは行きたいということなのではないか」と考え、我々に参加への強制力がない状態で本人が活動に参加しつづける限りは、「行きたくない」という発話があっても、大学進学を勧める働きかけを継続することとした。

ヒロミは、一〇月以降は受験勉強のためにアルバイトを辞め、「家族にバイト辞めたこと言ってない、どうしよう」「受験終わればまたバイトできるのに」などと言っていたが、進路決定時まで受験勉強に専念していた。出願が迫ってくると、ボランティアの指導に熱心に耳を傾け、積極的に小論文などの課題に取り組むという姿勢も見られるようになった。

Kさん（大学生ボランティア）が、高校時代、最初はやんわりと結論を述べて最後にしっかりもう一度述べろと言われたということを教えてくれた。（中略）ヒロミさんは小論文を書いているとき、はじめと終わりやつながり、接続詞など、いろいろなことを考えており、「ことばがなかなか出てこない」とか「始めにあいまいに書きすぎて話の方向がわからなくなる」とか、あと小論文の本を見ていて、その書き方のところで、悪い小論文の例が書いてあって、「あ、私これだ。腰砕け」とか、自分の文章についてかなり客観的に分析している。（二〇〇二年一〇月一一日、活動記録）

その後もヒロミは、小論文の練習の時には積極的に取り組むが、併願校選びには気乗りせず「大学に行きたくない。それは最初に来た時と変わらない」ともらすこともあった。ヒロミは、「（W大教育学部の自己推薦入試に落ちたら方向を変えて就職する」とも言っていたが、ボランティアが、ヒロミと一緒に受験情報誌を見ながら、志望校の候補について、受験科目や取得できる資格、学部での学問の内容などを詳しく解説すると、自分なりに悩みながらもU大学商学部を第二志望とすることに決め、小論文対策にも最後まであきらめずに取り組んだ。ヒロミの活動への参加率は、参加生徒の中でもっとも高く、最終的には第一志望のW大と、第二志望のU大の二度の不合格を乗り越えて、リエと同様にS大学二部に進学が決定した。

（ケース3）　アスカ

（聞き手）　高校卒業後はどのような進路を希望していますか？

（アスカ）　ここ（＝活動の場）に来る前は何も考えてなくて、どうしようかな〜？と思い始めて、親も大学だし、おねえ（＝姉）も大学だから。（中略）保育に行きたいっていうわけじゃなくて、行きたいところがなかったから、それということで……。（中略）親が保母さんなのと、知り合いの人が、一こ上の先輩の人が、児童館かなんかでアルバイトしていて「すごく楽しい」って言ってた。

前記は、活動参加時（二〇〇二年九月五日）のアスカへのインタビューである。進路については、「何も考えていない」「行きたいところがない」と語っており、そのことに対する後ろめたさも、決めなければならないという焦りも感じられない。だが、アスカは、進路決定後のインタビュー（二〇〇三年三月一四日）では、次のように語っている。

（聞き手）　その頃（望見商に入学が決まった頃）って、今の状態、高校卒業後のことって、なんか考えたりした？

（アスカ）　なんだろうなぁ？　中学生のときは、高校卒業で、結婚するか就職するか。進学は考えてなかったですね。なんか、学生長くしてもしょうがないやって思って。

（中略）

（聞き手）　三年生になった時に、卒業後の進路どうしようかなっていうのは？

（アスカ）　三年に入って、で、なんか、結婚とか言ってたのもなんかこう、そうもいかなくなって、（中略）

就職とか……、こう、バイトとかして……、なんか就職とかまだ無理かなぁと思って……（中略）なんか、大変そうだし。なんかバイトとか行くのめんどくさい、めんどくさいっていうか、いやだから、それが、学校の替わりに毎日だといやだなぁと思って、だったらもうちょい学生でいようかなぁ、みたいな。

アスカは、過去の自己に対しそれほど強い執着を示しているわけではなく、将来に強く動機づけられているわけでもない。今のままの学生生活を続けることを志向しているという意味で、彼女も現在起点タイプの進路意識を有していたといえよう。

彼女は保母をしている母とL女子大学（中堅私立）に通う姉との三人暮らしであった。欠席こそ少ないものの遅刻が多く、成績は下位で、母からは、一貫して大学進学を勧められてきたが、アスカ本人は優秀な姉と比較され続けてきたことから、高校入学時には、「高校卒業で、就職するか、結婚するか」と思っていたという。だが、先に挙げたように、学年が進むにつれ、結婚も就職も実現可能性が薄れていくのを実感する一方で、親からは「専門（学校）はだめ」と言われ、「じゃあなんか大学とか行こうかな」と思い始めたという。三年になり、仲のよい友人たちが本プロジェクトに参加し進学を目指すことを決めていく中、「どうしようかなぁ？」と決めかねていたところに、川崎教諭から「お前も大学行け」ととどめの一言をかけられ、「ああ、まぁいいか」と本プロジェクトに参加することとなった。

「ここへ来るまでは何も考えてなくて」と言うように、自己の評定値も受験の日程や手続き、勉強の方法なども何一つ知らない状態から、彼女への支援が始まった。わからない授業の時間は寝て、学校以外ではほとんど勉強せず、テスト前にはあせって教科書を開いて勉強した気分になり、直前に頭のいい友だちに出そうな部分を教えてもらう、といった形で三年間過ごしてきており、三年の一学期の成績では世界史と日本史が「一」であった。ボランティアに促されて担任教師に聞くまでは、自己の評定値も知らずにいる状態であった。結局、評定値は三・〇であることが分かったが、同時に進路担当の教員には、「一があるから推薦は無理」と言われて進学意欲を削がれた。

だが、それでも大学生ボランティアは「三・〇で受けられるＡＯ入試や推薦入試や大学を探してみよう」と働きかけ、「別に行きたいところもないし……」と決して進学に乗り気ではない状態からの志望校選びが始まった。受験情報誌を一緒に見ながら、条件に合うところを「ここはどう？」「経済はどう？」『英文は？』という感じでしらみつぶしで見ていったが、アスカは、「数学は嫌い、簿記もダメ」という感じで、やりたいことを選ぶというより、嫌なものを消去法で消して行くというプロセスだった。また、母に保育を進められているということで保育を学べるところも一緒に探したりした。

このようになかなか積極的に進学に向かうわけではなかったが、それでもアスカは、「好きか嫌いか」「勉強したいかどうか」と一つ一つボランティアに突きつけられることによって、徐々に自分のやりたいことは何かを意識し始めていくことになったと思われる。アスカ自身、「（進学すると決めてから）勉強しなきゃしなきゃと思いながらも、全然するつもりはなくて、しなきゃって思ってあせってどうしようどうしようと思っているだけでしたね」と語っているように、ボランティアとの相互作用の中でようやく大学進学という組上に乗ることができたといえよう。

（聞き手）　じゃあ、ま、その進学しようかな、とかなんとなく思ってて、で、そのために何かしなけりゃいけないな、勉強しなきゃとか、なんかそういうの考えたりとか……。

（アスカ）　やっぱ、勉強しなきゃしなきゃと思いながら、勉強でき……、なんか、もう、全然、そんな、しなきゃて思いながらするつもりはなくて。もうほんとに、しなきゃって思って、こうあせって、どうしようどうしようって思ってるだけでしたね。

（聞き手）　一応勉強しようとは……。

（アスカ）　しようとは……おも……ん？　思ったの……かな？　どうかな？　みたいな……。どうしよう、どうしようって思ってるだけでしたね。（二〇〇三年三月一四日、インタビュー）

成績の条件に合うところという基準で選んだ結果、アスカはQ大学（中堅私立）とN大学（準中堅私立）に願書を請求した。N大のオープンキャンパスに友人を誘って参加してきてからは、「すごい楽しそうだった」から「行く気満々」になり、川崎教諭からの「近いからいいぞ」という働きかけもありN大を第一志望と決めた。しかし、ボランティアが、「過去問題を調べて傾向に沿った小論文対策をしていこう」という働きかけをしたとたん、「文化祭が忙しいから、終わったら絶対行きますね」とプロジェクトの場に顔を見せなくなった。二週間ぶりに顔を出した時には、「L女子短大を公募推薦で受験することを決めました」と言う。事情を聞くと、姉が通っているL女子大の短大を家族に勧められたからということだった。

その後、ボランティアは、「資料請求のやり方がわからないので誰か暇な人いますか？」とアスカから助けを求められ、アスカと一緒にホームページで資料請求をおこなった。また、アスカが「面接でどんなことを聞かれるかな？」と尋ねるので、一緒にホームページを見ながら、どんなことが勉強できるのかを確かめ、志望理由を一緒に考えた。その翌週には家族にも手伝ってもらったと、ほぼ完成させた願書を持参してきたが、ボランティアに対して、「見ていてくださいね」と一つ一つ確認しながら書類を封筒に入れ郵送しに行った。

アスカさんが来ていて、願書はほとんど完成していた。わたしとKさん（ボランティア）が「お役に立てず……」みたいなことを言うと、「みなさんがいなかったら、たぶん願書見て、あ、やめるって終わってましたよ。」と言ってくれた。（二〇〇二年一〇月三〇日、フィールドノーツ）

アスカは、一週間後に面接を受け合格、仲間の中では一番早く進路が決定した。進路決定後のインタビューで明らかになったのだが、アスカは、川崎教諭から「近いからいいぞ」とN大を提示され、一方で、姉からは「二年間の方がいいかもよ」とL女子短大を勧められ、最初は「え？　わかんない。どうなんだろかなぁ？　全然わかんないや」と途方にくれるばかりであったが、出願締切日が迫るにつれ、「はずれ（郊外）で四年間過ごすのと、都会で二年間過ごすのと（どっちがいいかなぁ?）」、「あまり好きじゃない商業科目の勉強を続けるか、中学の時から好きだったけど高校で勉強できなかった美術系か」と二つの選択肢の間で揺らぎ始める。その結果、彼女なりの判断基準から後者を選択することとなった。

自由意思による自己選択を迫られた際、アスカのように「なるようになるかな」と楽観的に捉えているままの場合は、時間が経過していっても「どうしよう？　どうしよう？って思っているだけ」で、そこから一歩も踏み出せずフリーターへの道を歩むこととなるのではないか。彼女の場合、家族が願書を取り寄せてくれていたり、家で願書作成を済ませてきたりと、家族の支援も得られてはいた。だが、同時に大学生ボランティアが毎週通ってくるサポートの場があり、小さなステップを一つ一つ支援してくれることが、彼女の進学を実現させたと考えられる。彼女は、活動について次のように述べている。

（聞き手）　小論文の練習とかやって、どうだった？
（アスカ）　なんつうんだろう？　なんか、自分じゃやんない、絶対やらないから、こんなこと自分じゃわかんないし、自分じゃそんなやろうとしないから、よかったなって思いましたね。だから、こういう場所があってよかったなって思いましたね。

（ケース4）　ミキ

（聞き手）　高校卒業後の進路は、どういう進路を希望していますか？　大学？
（ミキ）　うん。
（聞き手）　進路志望とか決まってるんだよねぇ。ちょっと言ってもらえると……。
（ミキ）　えっと、S大学が……、滑り止めにK大学（準中堅私立）。学科は、史学か教育。
（聞き手）　卒業後はどんな職業につきたいですか。
（ミキ）　茨城県で、JAにでも。

前記は、本活動参加時のミキへのインタビュー（二〇〇二年九月五日）である。大学名や学科名も具体的に挙げられ、将来の目標に向けて現在の行動が動機付けられる、将来起点タイプの進路展望を有しているように見られるが、「進路についてやることは、他に？」という質問に対しては、「まったくわかんない」「なんか、いろいろ書かなきゃいけない書類とか。いっぱいあった。けどまだ読んでない」という答えで、大学進学という進路志望は、現在の行動の動機付けにはなっていない。ミキも、他の生徒同様、川崎教諭に勧められて本活動に参加しており、大学進学についても、「川崎（先生）が行けって言ったから」と答えていた。

ミキも、進路決定後のインタビュー（二〇〇三年三月一四日）では、「最初（＝高校入学当初）は（進路について）何て（考えてましたか?）、一番初めは何、就職とか?」という質問に対し、「一番最初も、高校でたらフリーターでいいや、みたいな。何か別に就職する気もなかったし、かといって何かしたいわけでもなかったから、フリーターでいっかなあ、とりあえず高校だけ出ればいいや、みたいな」と語っており、現在起点タイプの進路展望を有していたものと考えられる。

ミキは家族関係が複雑で、義理の妹も含めての五人暮らしであった。また、実母と実父も離婚しており離れて暮らしていた。ミキは、欠席、遅刻ともに多く、成績も下位であるが、望見商で行われているボランティア活動には積極的に参加するなど、学校に対して強い反抗心を有しているわけではない。本活動への参加を決めたあと、親や兄も「遊ぶよりはいいんじゃない?」と進学を後押しし、願書作成の支援もしてくれていた。

九月当初には、「大学進学。史学専攻。日本史と世界史は得意。（テストも）九〇点くらい」と語っており、受験校を決定する際にも積極的に情報収集し、志望校としてJ大学（中堅私立）史学科やS大学史学科などを主体的に選択していく。「（大学に入ってから）発掘、修正、古文書解読などの実習が楽しみ。南米は、メキシコあたりに行って土地を買って発掘したい」と熱心に語る一方で、「私入れなかったらどうしよう」と不安を口にしたり、志願先のうちの一校の応募に間に合わないことが判明し、やや焦ったりする様子も見られた。

最初のうちは、「まず志望動機から書こう」とボランティアが働きかけても、「志望動機と言ってもそんなに書けない」と筆が進まなかった。そこで、ミキが楽しげに話す吉村作治の話題などを交えながら、志望理由になりそうな部分をボランティアが取り上げ発展させて箇条書きにするというステップを踏み、四〇〇字書いてくることを宿題とした。だが、翌週ボランティアが「宿題やってきた?」と聞くと、「あーそうだった」と宿題が出ていたことも忘れていて、書き始めてもすぐに「行き詰まった」「書けない」「私、反省文の方が得意だ～。ごめんなさいとか書きそうになっちゃう」と言うばかりであまりはかどらず、同じ課題を再度宿題に出すということもあった。

だが、ボランティアがミキの話に興味を持って耳を傾け、ミキが熱心に語る古代遺跡や土器や仏像の話などをもとに、ボランティアが抽象化したり文章の構成をアドバイスしたりすることを何度か繰り返すうちに、八〇〇字ほどの文章を自力で書き上げることができるようになっていった。

そんな折、家出をしていた義妹が帰って来たことから、川崎教諭宛てに「家を出たいから二部にしたい」というメールを送ってきた。「歴史が好きだから」という理由で選んだ志望校についても、「おもしろくなさそう、入学前に課題を出されるのが嫌だから、受ける気はない」、「（自宅から遠くて）朝から大学に通いたくない」と言い、ボランティアが「一コマ目から始まる授業はそんなに多くないよ」と言っても、浮かない表情をした。また、祖母が亡くなったこともあり、願書の作成なども滞ったまま志望校の出願期日が過ぎてしまった。それでも、一〇月中旬までは頻繁に参加し、AO入試がだめだったから一般入試で受けてみようかというやる気も見せ、歴史や英語の勉強にも取り組み始めた。苦手な英語では、すぐ飽きてしまい他の話を始めたり「私英語向いてないから」と言ったりし、あまり捗らないこともあったが、ボランティアが「アメリカ行くんでしょ。そしたら英語いるでしょ」「（英語より）日本史覚える方がよっぽどすごいよ」と励ますとまた頑張り、しばらくするとまたおしゃべりという繰り返しで、少しずつ問題集を進めていった。

だが、一一月に入るとパッタリ顔を出さなくなり、たまに顔を出してもおしゃべりだけして「バイトがあるから」と帰っていくようになった。ボランティアは、ミキの態度の変化に「入試を今度の日曜に控えており、それへの準備を何一つやってないので、とても心配」と気をもみながらも見守り続けるしかない状態が続いた。

我々は事後報告を受けたのだが、九月頃からディズニーランドでのアルバイトに応募しており、採用され、一一月初旬よりバイトを始めていた。ディズニーランドでのアルバイトという小さい頃からの夢が図らずも高校在学中に叶ったため、大学進学への意欲が急速に失われたものと思われる。一一月中頃以降は、ボランティアに「私、人から自分の将来を干渉されたくないんだ。別に大学出たからって何がすごい！って感じかな？　あたしの人生は一度きりだから好きに生きさせて欲しい」というメールを送ってきた。我々にとっては、ミキの大学進学からの離脱は、あまりにも突然のことであったため、ミキにその理由を尋ねたところ、次のように語った。

（聞き手）　進路はどうするの？

（ミキ）　進路はわからない。わたしの仕事（ディズニーランドでのバイト）は大学出なくてもいいし。大学出ると現場にいられなくなるし。現場がいいんだ。まじで大学出ても入れないし、大学出たら事務だし、そんなのヤダし。事務なんて切ないし向いてないでしょう、わたしに。

（聞き手）　Mさん（彼氏）には進路のこと相談しないの？

（ミキ）　したよ。自分の大学時代の話とかしてくれた。「大学は楽しいんだよ。友だちと遊んだり合コンとかあるし、運転免許も取りたてでドライブ行ったりできるんだよ」それ聞いた瞬間に行かなくてもいいかなって感じになった。彼にもそう言った。だって、大学生にならないとできないことがなかったから。今でもしてるよ、みたいな。（略）Mさんが大学入ってやってきたことは、みーんな高校の時、やってたし、新しいことないし……。

（中略）

今は、大学行かなくても後悔ない。いつでも自分にそれだけの気持ちがあれば、勉強できるから。（略）ディズニー落ちれば大学行こうと思っていたけど、結果が出るまではそっとしといて欲しかっ

た。（二〇〇三年一月八日、インタビュー）

ミキは結局、大学にはどこも出願せず、ディズニーランドでのアルバイトというフリーターの道を選択した。

ミキの場合、大学に関する態度（語り）が、「大好きな歴史を学べるのが楽しみ」というものから、「遊ぶところだから行かなくてもいい」というものへと変化している点に注目せねばならない。生徒は、その時点その時点での自己の選択を正当化するよう語りを紡いでおり、「自己選択」に委ねるということは、この正当化の方便に与することを意味する。

このように生徒の選択とは可変的なものである。それだけに、支援する側としては、ある時点での「希望、自己選択」を固定化したものと捉えるのではなく、変わり得るもの・変え得るものと捉え、揺さぶりをかけ、より安定した将来への語りが紡げるようにと働きかけることの必要性があると言える。

3　進路指導としての評価と可能性

1　進路指導としての評価

望見商は職業高校であるために進学指導に比べて就職指導が重視されており、例えば就職者座談会は開催されるが進学者座談会は開催されていない。したがって生徒は高校では進学した学生たちの生の声を聞くことはできない。また、ＡＯ入試や自己推薦入試など生徒自身が自分をアピールしていく入試の指導についてもノウハウがない上に十分な対応をするゆとりが教員にはなかった。

こうした状況の中で、毎週定期的に放課後、大学生・大学院生が学校を訪れ、相談に来た生徒に対応してくれるということは、進路指導上大きな効果をもたらすものであった。教師がおこなう指導は、生徒の側が進路を考え、相手に相談する意志や気持ちがある程度固まってから、はじめて始まる。これに対して、このプロジェクトでは、生徒がまだ「進路をどうしようか？」と考えるだけの段階で、教員がその生徒に「大学生さんが毎週来てるから相談してみろよ」と促す。つまり、本活動は、進路をどうしようかを考えるプロセスを支援するものなのである。

生徒は「先生には大学進学を勧められたんだけど……」と言いながらも、それを決めかねている理由を大学生・大学院生に語る。その内容は家庭の経済的なことであったり自分の成績の悪さであったり、大学なんか行っても意味ないといった風評に対する不安であったりするのであるが、大学生・大学院生はそれを長時間も聞いてくれる。場合によっては勉強は少しもしないで、先生とは異なる自分たちと同じ目線で他愛のない話も交えた話ができるのである。教員の指導では、生徒から必要な情報を聞きだすとすぐに結論を出してアドバイスしようとするが、大学生・大学院生は、自分の進路選択を一緒に考えてくれると生徒は感じることができ、そこで進路の物語がゆらぎ、新しい物語が生まれるのである。

2　学習支援としての効果

川崎教諭によれば、望見商の生徒には、中学校までの段階のどこかで、何らかの挫折経験や家族や友人関係の悩み、または遊び仲間との交流などから学習が手につかなかったり欠席しがちになったりして、低学力に陥っている者も少なくない。こうした生徒は学習習慣がまったくなく、「勉強する暇があったら、雑誌でも読んでいたほうがまし」などという価値観を所有している。

ところが、本活動のなかでは、宿題の作文はまったくやってこないものの、大学生・大学院生が横にいて書かせたり学習させたりすると、数時間集中して取り組むことができることが確認されている。「うちの生徒は一五分集中するのが限界」と思われている生徒たちが、自分に寄り添ってくれる人がいることによって力を発揮できたと見ることができる。やらされてるではなく頑張ることを身近で期待され、見張られるのではなく見守られて、それに応える努力をする姿がそこにはあるのである。

3　自己の進路展望をもつ

このプロジェクトで教員や大学生・大学院生から生徒に与えられる「大学がいいんじゃない?」という示唆は、「どうしようか?」と漠然としていて何を考えたらよいかわからない混沌とした状況にある生徒に、大学は必要かどうかの判断を迫ることになる。学科調べや小論文対策が進んでいく過程で、生徒の中には大学進学を内面化していくケースと、大学進学ではなく、専修・各種学校や就職・フリーターといった進路に向かうケースと分かれるようになる。だが、後者の場合も、自分の進路を大学進学と対比させながら考えるという意味で、コクランのいうagentとしての語りを持つようになるのである。大学進学以外の進路選択をする場合には、大学進学を勧める教員や大学生・大学院生を納得させるだけの理由が求められるだけに、そこではより明確な進路展望が培われる。

4　ゆらぎに注目した指導

本プロジェクトをおこなうにあたり、望見商は生徒の個人情報について、大学生・大学院生に対し、生徒本人が話すこと以外には学校側からは提供しないことになっていた。

しかし、本プロジェクト通じて継続的に得られた生徒の情報は、学校側が有するよりも多いものであった。教員は三年間で、数回の進路希望調査と、多い生徒で十数回、少ない生徒で数回の面接で生徒の情報を把握する。だがそれよりも、短期間ながら毎週接する大学生・大学院生の方が、進路選択にゆらぐ彼らの生の声をリアルタイムで把握することができたと思われる。これには接触回数の差もあるが、生徒との関係性の差異も大きいと考えられる。教員は「どうするんだい？」と、まず結論を求めるのに対して、大学生・大学院生は、「どうしようか？」といっしょに考えるプロセスを大事にしているのであった。

学校は生徒がどう決めたかの結論を知ってから進路指導を始めるシステムを持ち、その前段階までは担任の個別指導が中心となる。だが、進路指導が強化され、計画的な指導が早期化されるほど、担任はそちらに時間を割かれて十分な個別指導はおこなわれなくなる可能性が高くなる。具体的には、一年次からおこなわれる進路説明会などの全体指導と、アンケートによる進路希望調査がおこなわれることで、教員は早期から生徒を計画的な指導に乗せようとするが、その分、一人一人の生徒のゆらぎは着目されることなく切り捨てられることとなるのである。

このような状況に対して、大学生・大学院生から学校側にフィードバックされる情報は大変重要である。本プロジェクトでは、定期的に教員と情報交換がなされ、生徒のゆらぎを学校側も把握しながら、効果的に進路の自己決定へと指導をおこなうことが可能となった。二章で指摘したように、生徒の進路の語りが agent としての語りへ向かうには、進路選択課程における、こうしたゆらぎが重要である。

ただし、そのゆらぎは多くの場合、単純なものではない。第一にゆらぎの振幅と周期には個人差があるとともに、ゆらぎをもたらす要因も、経済的要因であったり学力・出欠席などの業績であったりと、生徒ごとに異なっている。第二には、生徒が語るゆらぎはいわば屈折したゆらぎであり、例えば、「大学進学は先生に強制されたからで本当は行きたくない」と語るゆらぎと行動レベルとは一致しないこともある。さらに第三に、ゆらぎは自発的には生じにくく、教員の示唆と大学生・大学院生の支援のもとで生起し、維持されて、進路選択という収束へと導かれるのである。

4 「あきらめ」・「考えない」から「ゆらぎ」へ

1 進路の物語の「ゆらぎ」

望見商での生徒への進路選択支援を通じて見えてきたのは、このプロジェクトに参加した生徒の多くは、当初は大学進学を考えていないことである。かれらはこの学校の中でも成績下位であったり、中学の時には落ちこぼれであったりして、進路に対して高いアスピレーションを持とうとはしていないことが分かる。

活動に参加する当初は、生徒の多くは現在起点タイプの進路の物語を有している場合が多い。しかし、前節で指摘したように、そうしたかれらも、本プロジェクトを通じて大学進学を勧められることで、大学について考えるようになり、進学しようかどうしようかと気持ちに「ゆらぎ」を見せ始める。

川崎教諭やボランティアの関わりは、いわば彼女たちにゆさぶりをかけるものだったと言える。本活動に参加したような生徒の場合、このように進路については「あきらめ」とか「考えない」という状態にある。我々の行った支援とは、まずそうした状態にある生徒に様々な働きかけや情報を提供することで、進学についてどうしようかと気持ちを揺らがせるところまで持っていく作業だと言える。つまり、それぞれが有していた進路の物語をいったん溶解させ、葛藤や不安や様々な思いの整理がつかず、あれこれと悩む段階に至らせる作業だと言える。

実はこうした迷いや葛藤は二章のインタビュー調査でも一部の生徒に見い出されたものである。我々の関わりは、かれらの心の中にあるこうした側面を表に出させて、向き合わせることだとも言えよう。そして、場合によっては、最初のリエのように、そこから次の段階に進み、大学に向けてより明確な動機付けが新たに芽生えていくこととなる。

望見商のような進路多様校における進路選択とは、こうした過程のいずれかの段階での中間的な意思決定の産物であると考えたほうがよい。生徒が下す結論は、大学進学へと向かう場合もあるし、ミナのようにそれに対抗して別の進路を選択する場合もある。

ただし、いずれにおいても共通しているのは、可塑的・可変的存在としての生徒の姿がクローズアップされることである。進学校では、大学進学は当然のこととして捉えられ、ゆらぎや可塑性ということは看過されがちである。だが、望見商の場合にはそれらを考慮することが重要であり、それゆえに本プロジェクトのような支援活動の教育的意義が認められるのである。

2 個人・家庭要因と権力作用

生徒たちの進路選択を規定する直接の要因は、しばしば本人自身の成績の低さであったり、学習習慣が身についていないことであったりする。それが基となって本人たちは自信を持てず、大学進学に対して不安を募らせることとなる。

また、そうした個人的要因とは別に、本活動を通じてきわめて鮮明に浮かび上がったのは、家族との関係や家計の状況である。家庭環境と親との関係を聞くと、どの生徒も複雑な家庭環境を抱えていることが分かる。そしてしばしば、親やきょうだいとの関わりが、生徒たちの進路の語りに登場する。

家計の問題も、単純に「お金がないから大学をあきらめる」といった言い方ではなく、「親に迷惑をかけたくない」といった親への気遣いという語りとして登場する。しかもその場合は、往々にして、生徒は自発的な意思として大学に行かないことを語るのである。

このように家族のことは、かれらの進路の語りにしばしば登場するのであるが、それは単純に家族という変数が彼らの進路を規定していると捉えるよりも、自らの進路の問題を家族の問題として語らせる、あるいは家族の問題としてしか語らせない権力作用が働いていることを同時に理解すべきだろう。

たとえば、かれらが親に迷惑をかけたくないとして家計の状況を進路選択の語りに持ち出すのは、実は、国家のサポートがきわめて弱いという日本の政治状況に規定されていることでもある。ジル・ジョーンズらの『若者はなぜ大人になれないのか』(1996) を訳した宮本が、同書の解説の中で、イギリスと対比しながら指摘しているように、「わが国の場合若者の自立を達成するための援助はもっぱら親に負わされており、国家の果たす役割は欧米先進諸国のレベルからみると著しく低い」のである。

生徒は進路選択を家族との関わりの中で語ったり、あるいは自己の成績の悪さなどの問題として語ったりする。いわば「個人的な失敗」や「身内の問題」としてのみ語るのであり、大学に行くための奨学金制度の不整備の問題を批判することもない。

なお、かれらの家族の語りには、その家族が帰属するとされる階級の文化的要素が語られることも少ない。もちろん、大学に行くことを親が勧めないという意味ではその種の文化的要素が見られるということもできる。だが、ウィリスが描いた「野郎ども」のような、労働者階級としての「われわれ意識」に裏打ちされた中産階級への対抗的な語りは、本活動のいずれのケースからも聞かれなかったのである。ここにはまさに、ベックが述べたような、社会的不平等や社会的危険の個人化を反映した状況が生じていると言える。

活動を通じて、もう一つ浮かび上がったのは、大学などの進路に関して生徒が有している情報量の少なさという問題である。情報に関しては、下村 (2002) が苅谷 (1991) をもとに、「高校生は自分がどういう進路に進むことができるかを自分の成績や欠席日数などからかなり正確に予測できる」と述べている。だが、それらの情報はあっても、例えば大学進学に関してかれらが有する情報は極めて限られている。受験情報誌などで学科構成や試験の種類などの大まかな情報はかれらでも入手が可能である。しかし、具体的な大学での勉強の内容や学生生活の様子は分からない。数多ある大学から志望校や志望学科を選び出すのは、本プロジェクトが対象にしたような生徒には至難の業である。親が大卒でない場合、生徒たちは「大学＝レジャーランド」というマスコミが提供してきたイメージだけを有している。それゆえ、ミキが言ったような「大学でやるようなことは高校でやった」という言い方となるのである。

このため本活動では、大学とはどういうところか、どのような学科があり何が学べるのか、入試にはどんな種類があり、どのような準備が必要かといった情報を生徒と一緒に収集する作業にかなりの時間を費やした。情報を得ることで、生徒は新たな進路希望を見いだし、それにむけてはっきり動機づけられていくケースも見られた。次章では、このことを「転機」をキーワードに捉えてみたい。

注

(1)　フィールドノーツは、フィールドワークのトレーニングを受けた大学院生のみが作成した。大学生のボランティアは活動報告をメールで配信することだけが課せられた。

（三章1、4節：酒井　2節ケース1、2：齋藤　ケース3、4：広崎　3節：千葉）

第四章　転機の存在とジェンダーの影響

1　「ジェンダーと進路」研究の新たな課題

前章では、望見商に通う生徒の進路選択にみる「ゆらぎ」の存在と、そうした生徒への支援のあり方について検討した。これをふまえて、本章と次章では、生徒の社会的属性と進路意識の変容の問題についてさらに詳しくみていくことにしたい。

本章はそのうち、進路選択過程におけるジェンダーの影響力について検討する。「ジェンダーと進路」の問題は、これまでも多くの教育社会学者が取り上げてきた問題である。そこでは、女性がなぜ女性向きの進路を選択していくのかというジェンダー・トラックの問題が取り上げられてきた（中西 1998）。女性が伝統的な女性性を内面化していく理由について、たとえば木村（涼）（1992）は、虚偽意識仮説、合理的選択仮説、適合化仮説、の三つを挙げている。こうした一連の研究は、女性がなぜ低位の進路に甘んじるのかという問題設定を立ててきた。

しかし、我々が望見商での進路選択支援活動で見いだしたのは、むしろいったん進学を決めた場合には、女子生徒の方がアスピレーション（語義通りの「野心」）が高く、努力の度合いも高いケースが見られたことである。前章で紹介した四名のうち、リエはその典型例の一人である。親からは「やりたいことが決まっていないなら進学しない方がいい」などと言われながら、先輩との話し合いが転機となり進学に向けて強く動機づけられた。

このように女子生徒にはしばしば転機の存在が認められたのであるが、男子生徒にはそれがあいまいであった。こうした事象を「ジェンダーと進路」研究は、これまで対象とすることはなかった。先行研究では当該トラックに予定された進路をそれぞれの性の生徒がどのようにして選択するのかが説明されてきたのであり、そこから逸脱するケースは看過されてきた。だが逸脱事例であっても、そこに女子生徒の支援の一つの手がかりを見いだすことができると思われる。

さらに、逸脱事例の中にジェンダーによる構造化が見られるのであればそれは説明されるべき事象であるし、またそれは先行研究の前提となる議論に対して、異議を申し立てることにも繋がりうる。今回の事例を通じて痛感されたのは、先行研究は、ジェンダー社会化論に過度に依拠してきたのではないかという問題である。女子は女子向けの進路に就くことが想定され、それが説明の対象とされてきた。だが、女子が敢えて女子向けの進路を選択しない場合にも、そこにはジェンダーの要因が介在している。とするならば、ジェンダーはいかなる要因として、そこに介在するのだろうか。本章はこの点について理論的に検討することも課題の一つとしている。

前章では女子の事例のみを取り上げたため、ジェンダーと進路に関する考察はなされなかった。それは、我々の進路支援のプロジェクトの参加者は女子生徒が圧倒的に多かったからでもある。だが、活動を継続していく中で、男子生徒の参加も増え、この点への分析が可能になると、今述べたような進路選択における転機の存在が、ジェンダーにより構造化されていることを認識するに至った。本章ではこの点について具体例を報告するとともに、その理論的な意味合いを考察する。

転機の問題はデンジン（1992）により「エピファニー体験」としてライフストーリー論の中心課題の一つとして提起されてきた。エピファニー体験とは、「人びとが彼ら自身や彼らの人生設計に与える意味を根源的に変容し、形成する」ような人生における経験を指す。ただし彼の言うエピファニーでは、虐待やアルコール中毒などの問題的状況において発生するものが想定されており、必ずしもここでいう転機と同質のものではない。進路選択における転機とは、氏が想定するほど激烈な経験とは言えないまでも、生徒のそれまでの進路展望や動機付けの度合いが大きく変わるような何らかの経験を意味している。このような意味での転機は、トラッキングシステムのもとにある高校生の進路選択では十分生じることが予想される。なぜなら、各トラックに予定された進路から大きく逸脱して進路を選択することは、きわめて鮮烈な選択として意識されうるし、そこでは様々な物事の意味変容が生じるものと思われるからである。

先に述べたように、我々の支援活動では、進路選択においてこうした転機が明確に見られたのはもっぱら女子であった。反対に活動に参加した男子には転機があまりはっきりとは経験されなかった。女子は多くの場合ある時点から意識の変容をはっきりした形で自覚し、大学進学に向けて、それ以前とは異なった度合いで努力しようとしたが、男子にはそうした転換点は見られなかった。

このことは高校生の進路選択における転機の存在がジェンダーによって構造化されていることを示唆するものであり、それは一つの社会的事実として社会学的に説明すべき事象である。果たして、なぜ転機の経験のされ方に男女で違いが見られるのだろうか。本報告ではこのような問題関心のもとに、具体的には以下の種々の問いに答えることを通じて考察を深めていきたい。

(1) 転機を経験した生徒達は、支援の取り組みの中で、転機としてどのような状況に遭遇し、それをどう受け止め、どう対処したのか。

図表 4-1　ケースの概要

	名前	性別	出席状況・成績	参加前の進路志望
1	カズミ	女	欠席少・遅刻少、成績優秀	専修学校
2	チハル*	女	欠席多・遅刻多、成績悪い	フリーター
3	マコト	男	欠席多・遅刻多、成績悪い	大学
4	ユウスケ	男	欠席多・遅刻多、成績悪い	フリーターかな
5	ヒロシ	男	欠席無・遅刻少、成績優秀	大学だが経済的に就職かも

＊　2003 年 3 月卒業の生徒

(2)　その前後において、支援にあたった我々はいかなる影響を与えたのか。

(3)　その中で、生徒たちは自分が何者であるのか、あり得るのかについて、どのように思いを巡らせたのか。

(4)　転機の存在が明確な形でみられない生徒はどのようにして進路を選択していったのか。

(5)　転機の存在がみられる生徒とそうではない生徒の違いは何によるのか。そこにはジェンダーという要因はいかなる形で介在しているのか。

ケースの概要としては、本章では、二〇〇四年三月に卒業した生徒四名と、二〇〇三年三月に卒業した生徒一名の事例について報告する。名前はいずれも仮名である（図表4-1）。

2　チャレンジャーの女子

すでに述べてきたように、望見商の生徒の中には、学校に対する帰属意識が低く、最も小さな努力だけで卒業さえできればいいという意識が強い生徒も少なからずおり、卒業後フリーターになるのもしかたがないという暗黙の了解が教員生徒間で共有されている。女子生徒の中には、「卒業したら結婚」と考えている生徒も一定数おり、また、家庭の経済的な事情などがある場合には、

「卒業後はキャバクラで働く」と公言する生徒もいる。保護者からも、「女の子で商業高校なんだから、お嫁に行くし大学進学しても無駄」と言われたり、前章のリエのように「大学に行ってどうしてもやりたい勉強があるのでなければ就職したほうがいい」と言われている生徒も少なくない。本プロジェクトでは、そのような生徒たちに対し、大学進学に向けて努力するという価値を積極的に提示しながら、進路選択支援活動をおこなってきた。つまり、女性役割に応じた進路選択をしようとする生徒たちに対し、揺さぶりをかける活動であると言えよう。

望見商は一学年の定員が一六〇人で、生徒の男女比は一対四であるが、大学進学を勧められ本活動に参加した生徒の男女の数はほぼ拮抗している。だが後述のように、男子の場合は、成績・出席・試験日程などの条件に鑑み、自己に見合った大学を選択するケースが多いのに対し、女子の場合、「チャレンジャー」とも呼べるような高望みともとれる進路（当初は教員から勧められたものである）に果敢に挑み、合格を目指し主体的に努力をするという姿勢が見られた。

ここでは、当初は受動的であった進学に対し、ある時点を転機として能動的に取り組むようになった女子生徒二名を事例として新たに取り上げる。

（ケース1）　カズミ

カズミは、進路決定後のインタビュー（二〇〇四年一月二二日）で、「（望見商に進学が決まった頃は、高校卒業後の進路について）考えてなかったけど、働きたくないってことはありました。一八から働きたくねぇっていうのが強かった」と語っている。高校に入ってからやりたいと思っていたことも「特にな」かった。中学三年時は、あまり登校せず年間出席日数は五〇日、評定平均は二で、担任に、「これはもう高校行けないから就職考えた方がいいよ」と言われ、「とりあえず、入りたいだけで必死に勉強して」望見商に入学してきた。

（聞き手）高校三年間をどんなふうに過ごそうかなって、思ってたことがありますか。
（カズミ）中学校でさんざんな落ちこぼれかたをして、授業も全くわかんなくてだめだなーて感じで、高校とかも中学よりも難しいことやるんだから、中学（の勉強が）わかってないんだから、高校でもわかるわけないよって思ってて。卒業さえできればいいなって思ってて。とりあえずバイトしたくて。
（二〇〇四年一月二二日、インタビュー）

このように、カズミの望見商入学当初の進路展望は、現在起点タイプに分類できる。学業面で全く自信がなかったカズミだが、高校入試のための受験勉強が効を奏してか、入学後最初の定期テストで高得点を取ることができ、それ以来、成績は上位を維持し、高校三年時には生徒会長も務めた。高校卒業後の進路について、母親からは、「女の子で商業高校なんだから、どうせお嫁に行くし大学進学しても無駄」、「銀行の仕事がいい」と言われ、一年時には就職志望だった。しかし、本活動の支援を受けた先輩がＡＯ入試や自己推薦入試で大学進学を果たすのを見て、大学進学への憧れも抱くようになっていった。

三年生の先輩が卒業するときに、先輩がＴ大学に行ったんですよ、その年。Ｔ大学に行って、Ｔ大学って何かわからないんですけど、担任の先生もＴ大学ってすごくいい学校だって言って。担任の先生はＴ大学卒だったんですけど。Ｔ大学はいいぞって言って。じゃあ頑張れば行けるのかって簡単に考えちゃって。（二〇〇四年一月二二日、インタビュー）

一方で、好きな絵を続けようと、デザインの専修学校への進学も考えていたが、友人の描いた絵を見て自分の才能のなさを実感し、専修学校でやっていく自信を失くす。三年に進級した当初は、高卒後すぐ就職し一生働き続けていくという将来にも「ぴんとこない」という理由で、消極的な選択として「情けないんだけど進学」を目指すことにした。

ノリコさん（仮名、絵が上手なカズミの友人）には絵の道しかない。（中略）でも、（わたしは）専門（学校）はやってく自信がないし、就職もぴんとこない。一生働かなきゃだから。それで情けないんだけど進学にした。（二〇〇四年二月、インタビュー）

カズミは、三年生の五月から本プロジェクトに参加しているが、その時点では、公務員試験を受験するか大学受験をするかで揺れていた。六月半ば頃に、公務員をやめて大学進学にすると決め、その時から、大学生ボランティアに対しては、「W大学（私立最難関）を自己推薦入試で受験する」と伝えていたが、志望校の選択は、自分の意志というよりも「川崎先生と相談して決めた」もので、川崎教諭に勧められるがままの受動的選択であった。カズミは進路決定後に、この時の気持ちを次のように語っている。

川崎先生に相談して、どこがいいとか。最終的に自分で決めた。川崎先生がW（＝W大学が）いいっていうからそうかなと思った。でも受かるわけないって半信半疑で。先輩たちに悪いけど、望見商からW受けるって言うと何考えてるんだろう？　カネの無駄だよと思ってて。（中略）W受けても無理じゃんみたいな。自分がそういうふうに（＝W大を受験するように）言われるようになって、今年は私だと思って結構憂鬱だっ

たんですよね。（二〇〇四年一月二二日、インタビュー）

だが、憂鬱という気持ちの反面、W大学に対する憧れも強く抱いており、複雑な気持ちが交錯していたといえる。カズミは、望見商で行われているボランティア活動に、高校一年の時から積極的に参加し、そのボランティア活動が母体となって設立されたNPOでも中心的な役割を果たしてきており、高二の秋には、W大学社会科学部のS先生のゼミを訪問し、活動報告を行っている。カズミはその時の感想をNPO便りに次のように記している。

W大学社会科学部のみなさんのゼミに参加させていただきました。NPO設立にあたり、学校・部活・生徒会などとボランティア活動を巡る様々なトラブルがあり、その事を説明したり、それについての意見を伺ったりしました。（中略）その他には現在の活動（年三回のパソコン講習会・社会教育会館でのパソコンボランティア・カンボジア訪問・訪問サポートなど）と、NPOが抱えている理事不足や資金不足などの問題点、それについての解決策をいただきました。高校では決して得ることのできないような貴重な事をたくさん聞く事ができ、とても有益な時間でした。この経験を生かしてこのNPOをますます盛り上げていけたら良いと思っています。（二〇〇二年一一月二七日発行、NPO便り）

この経験もあり、カズミ自身は社会科学部を受験したいと思ったのだが、成績が基準に及ばないなどの理由もあり、教育学部を受験することになった。だが、あまり乗り気ではなかったという。

最初は教育はいやだったんです。先生って感じがして。最初は社会科学部に入りたかった。でも成績が足りなくて、教育になった。（中略）先生にはなりたくなかった。中学にはいい先生がいなかったから。（二〇〇四年二月、インタビュー）

そのため、一学期の間は活動の場に来ても、生徒会の仕事をしたり塾の英語のプリントをしたりしていて、あまり積極的ではなかった。

また、一方で、進路指導部の進学担当の教員（C教諭）には指定校推薦で大学進学することを勧められており、「（指定校で簡単に入学できたとしても）望見商の英語は中学生レベルだから大学に入ってから大変だ」と考え、先走って塾に通い英語の勉強を始めた。塾では、先生にセンター入試を受験するよう勧められ、毎回多くの宿題を課せられたため、カズミは、夏休み中に活動に参加した際にも、塾の夏期講習の宿題や予習をやることが多く、川崎教諭から課せられていた自己推薦入試受験のための資料作成の作業ははかどらなかった。だが、川崎教諭に「誰についていくのか決めろ」と決断を迫られたことをきっかけに、指定校推薦は受験せず、W大学受験に向けて頑張ると決意表明した。

塾の先生は、（カズミに）センター入試を受けさせたいそうで、頑張らなきゃいけないとはっぱをかけられているので、塾の宿題をやらなきゃいけないという話をしていたところへ、川崎先生がやってきて、（カズミに対して）「おまえ、全部はやれないんだから、塾の先生の言うことと、C先生の言うことと、おれの言うことと、全然違うことを言っているんだから、誰についていくのか決めろ」というようなことをおっしゃっていました。カズミさんは、迷わず「川崎先生についていきます」と即答していました。（二〇〇三年八月八

日、フィールドノーツ）

それでも、夏休みが終わり一〇月最初の文化祭が終わるまでは、進路のことに専念できず、「文化祭が終わってからようやく目を覚ました感じで、進路のことで焦り始めた」という。それから願書締切りまでは、十日あまりしかなく、毎日遅くまで学校に残って出願のための資料作成などに取り組んでいたが、「一番初めに願書提出したときはあんまり乗り気ではなかった」し、自分が受験する学科についても「願書提出するまでは生涯学習のことは全然知らない」という状態だった。

しかし願書を作成する過程で、カズミはこれまでの高校生活の中で経験させてもらってきた数々のボランティア活動について振り返り、多くの人との出会いの機会を与えられてきたことや、大学生ボランティアや川崎教諭が応援してくれていることを実感するようになった。最初はW大学を受験するのは憂鬱だったが、次第に「頑張りたいな」と感じたという。

（聞き手）　憂鬱だったのが、気持ちが変わっていったのは何が原因だったの？

（カズミ）　願書の資料集めしてる間に自分が今まで何をしてきたか振り返るんですよ。S先生にすごくお世話になったり、パソコン講習会とか。恥ずかしいけど一番思い出したのは川崎先生だった。一番お世話になったのは川崎先生で。私はこんなに機会をもらっていろんな人に会って、いろんな事をして、最終的に川崎先生が私が大学に願書を出して合格することを応援してくれてるんだと思ったら頑張りたいなと思ってきて。

（二〇〇四年一月二二日、インタビュー）

そして、本格的に小論文の練習などを始め、自分が受験する学科である生涯教育について、大学生ボランティアと一緒に、インターネットで調べたり専門の本を読んだりすることにより、これまで自分が関わってきたボランティア活動につながる勉強が大学でできることを知ることができた。この気づきがカズミにとって最大の転機となり、その後、受験勉強に向けて積極的に取り組むようになっていった。

　願書出した後に生涯学習について（大学生ボランティアの方に）いろいろ教えてもらって、その時から本も読まなきゃっていう気持ちになった。自分が関わっているNPOの分野のことについても、（出願する時は）ただ書類を集めるだけで、全体像はつかめてなかったんですけど、でも、願書提出して、小論文の練習とか始めて、社会教育って自分が今までやってきたこととリンクしてる、自分が関わっているNPOともつながっているってことがわかって、分野として（社会教育が）好きになった。それで、社会教育主事になりたいって思って、社会教育主事に憧れるようになった。（中略）（インターネットを一緒に見ながら、大学での専攻（生涯教育学）を生かせる仕事として）こういうのがあるよって教えてくれたのは、山村さん（仮名、大学生ボランティア）。だから、「これはいい！」って思った。それで、社会教育主事になるっていう将来の目標は遠いけど、それに近づくために、まず、今頑張って大学に入ろう、って思った。目標があるのとないのとって、違うじゃないですか、「これになるから頑張るぞ」って言うのがあったから、頑張れたんだと思う。（二〇〇四年九月三日、インタビュー）

一次試験合格後は、ほぼ毎日のように活動に参加し、専門分野の本を読んだり、かなりの専門性を要求される小論文の過去問題にあきらめずに取り組んだりする姿勢を見せ、その結果、W大学に合格した。

（ケース2）　チハル

（聞き手）　ここ（＝活動の場）に来ようと思ったきっかけは？
（チハル）　えーっとー、なんかー勝手に進路を決められてー。なんか知んないけど勝手に（参加メンバーの中に）入ってたみたいな。
（聞き手）　看護学校っていうのも勝手に決められたの？
（チハル）　うん。
（聞き手）　なぜその進路（＝看護師）を志望しているのですか？
（チハル）　えっとー、ながくなるんですけどー。えっとねー、なんだっけ、まずうちの親がー、病気をもってて、（中略）でもー、ちっちゃいころから、（中略）で、まー（看護師に）なったら、そういう人たちのきもちっていうか、いろいろ知識とかも入ってくるしー、また（母の病気が）悪くなった時にも役に立つかなって思ってー、やろっかなーとか思ってー、（中略）でもなんか大学行ってー、なおかつ何か受けてー、難しいみたいな。（中略）そう。それでー、そんなふうになりたいんだけどーみたく言ったら、だったら、看護師からの道もあるからとか言われて。あーどうしようかなーって。

前記は、チハルが、本活動参加時のインタビュー（二〇〇二年九月五日）で語った将来の夢である。心理カウンセラーという明確な職業をあげてはいるものの、それは、「勝手に進路を決められて」「勝手に（参加メンバーの中に）入ってたみたいな」という川崎教諭の強引な勧誘の結果であり、「看護師からの（心理カウンセラーになる）道もあるから」と言われまずは看護師を目指すことを決めても、チハル本人の気持ちは「あーどうしようかなー」というものである。

チハルは、成績はクラスで後ろから数番目で、遅刻や欠席もクラス一多く、成績判定会議でいつも名前があがる生徒である。高三の二学期のこの時点で、「ほとんど二学期だけだから、学校来ようかなーって。これで最後と思えば、根性も続くかなーって」と語っており、母親の「高校さえ出てくれれば」「個人の人生があるから」「お母さんの意見とかも別にそんな聞かなくていいから自分の好きなように生きて」という期待に応え、「(親の)希望に沿って高校だけは出ようと、必死こいてます」という状態であった。チハルは、本活動参加時には、時折将来のことを意識した発言をするが、実際には当面の卒業に向けて学校に出席することが最優先という、現在起点タイプの進路意識を有していたと考えられる。

チハルは、母子家庭で三人きょうだいの長女であり、母親は病気療養中であった。心理カウンセラーになりたいという希望を高二の頃から語っており、その頃から川崎教諭に「看護師からの道もあるから」と諭されて、興味は感じていたが、金銭的な負担、学業面での努力不足、学校での達成度の低さ、といった諸々の要因から、「わたしには無理だから」と無視しつづけ、高三の二学期に至った。

活動参加時には、先にあげたように「看護学校」という志望を自分でも認めつつも、看護学校への見学や、中学校レベルからの数学の復習などの課題を設定されれば、その場その場では積極的に取り組むものの、「(理科の授業の)カイコの解剖も途中で投げ出したのに、(看護の実習なんて)わたしには無理」「テスト勉強自体したことないから、どうやればいいんだろう?」と自信のなさや不安を口にし、何度も受験から後退する姿勢を見せた。

看護学校見学の感想を聞くと、「無理かも」と言っていた。「血とか無理。私カイコの解剖も途中で投げ出

したもん。授業なのに」と自信なさそうだった。（二〇〇二年九月二六日、フィールドノーツ）

最初はただ（看護学校受験のための）勉強したくなくて、（中略）やっぱしなきゃいけないでしょ、テストがあるから。そんなすぐ入れるようなとこじゃないから。それが嫌で。テスト勉強自体あんましたことなかったから。どうやればいいんだろって感じで。で、まいっかとか思って、ずっとシカトしてたの、先生を。（二〇〇三年三月一四日、インタビュー）

だが、その度にボランティアや川崎教諭がメールで頻繁に連絡を取り続けたところ、ボランティアとの関係を断ち切ること、受験から完全に降りてしまうことには踏み切れず、また活動に参加し、周囲の人に見守られ丁寧に指導してもらえば集中して課題に取り組む姿勢を見せた。

チハルさんには、わたしの家庭教師用の数学の問題集（中学一・二年用）の正負の数の計算をやってもらうことにした。（略）チハルさんは整数の計算の時は順調で、「バカにしないでよぉ」と得意げに言っていた。しかし答え合わせをしてみると二問間違っており、「弟にバカにされる〜」と苦笑していた。しかし分数・小数の計算になると「分母のそろえ方がわかんな〜い」と言ってつまってしまった。（中略）チハルさんは、計算のスピードは遅いものの二時間ほど集中して解いており、集中力はとてもあると感じた。（二〇〇二年一二月一二日、フィールドノーツ）

チハルは、この時の気持ちを、進路決定後のインタビューで次のように語っている。

（聞き手）　大学生と話してて、進路のこととかの考えが変わったところはありますか？
（チハル）　えー、どうだろ。変わったっていうか、自分に関わってる人が増えると、その人たちのこと考えようって思うじゃん。なんか、勉強見てもらって落ちちゃったら、ちょっとかわいそうかなとか微妙かなとか思うじゃん。なんか……。
（聞き手）　悪いなとか？
（チハル）　そうそう。せっかく見てもらってたのにみたいな。

（二〇〇三年三月一四日、インタビュー）

だが、二学期も終わり頃になり、本活動に参加した生徒たちのほとんどが年内に進路を決めた後、三月の看護学校受験を控えたチハル一人が取り残された形になってからは、学校も欠席しがちになり、ボランティアがメールを送っても返事が来なくなってしまった。ボランティアがチハルからの連絡を待ってまた活動日を設定しようとしていたところ、川崎教諭からチハルに対して「（チハルを）三年間見てきて看護師を勧めているんだから（自分の将来を真剣に考えるように）」「興味があるんだったら、それでやる気がでるんだったらいろいろ手伝ってやれるから」という説得があった。それを聞いてチハルは、「そういう（自分の将来を真剣に心配して助言と助力をしてくれる）普通の人は周りにはいないかなぁ」「ありがたい意見かな」と思い、「やると決めたらやりたいの」「勉強するって決めたら全部それに使いたかったの、時間を」という気持ちになったという。

先生たちに、ちょっと説得されたの。K先生と川崎先生からとふたりに。説得されて。（中略）そういうちゃんと職に就いてて、おまえのこと二年間も三年間も見てる人はそういないだろうって。うん、そりゃあねって。で、そういう人たちがおまえは看護とかに行ったほうがいいって言ってるんだぞって。別に考えないで言ってるわけじゃなくて、向いてないと思ったら勧めないし、そういうのに興味があるんだったら、そうやったほうがいいみたいな。それでやる気が出るんだったら、いろいろ手伝ってやることもできるみたいな、ことを言われて、そうだよなぁ、点点点（・・・）みたいな。そうですよねぇ、と思って。そういえばまあそういう普通の人は周りにはいないかなぁっと思って。ありがたい意見かな、とか思って。でなんか、やると決めたらやりたいの。（中略）で、だから、勉強するって決めたら全部それに使いたかったの、時間を。家のこととか気にしないで。（二〇〇三年三月一四日、インタビュー）

川崎教諭からのこの説得がチハルにとって真剣に受験勉強に取り組む転機となり、チハルは冬休み中ほぼ毎日登校し、川崎教諭と二人で数学と国語の問題集や作文の練習という課題に取り組んだ。だが、その矢先の母親の入院により、「どっちをとるかって言ったら家のことでしょ。やっぱ。」と家族を優先させ、また受験を諦めかかった。しかしその際にも、川崎教諭からの「これから山谷あるだろうけど、協力するから頑張りなよ」「自分が頑張る時だから我慢しなよ」（二〇〇三年一月七日）というメールでの励ましがあり、三月の看護学校受験にこぎつけた。不合格となったものの四月からは某大学病院で看護助手として勤務しはじめ、翌年また受験することになった。

3　呪縛の男子

1　「男は大学進学」という価値観

望見商の男子の中には、ほとんど勉強をしないようないわゆる遊びモードの生徒のなかにも、「いまどき、男は大学進学」という価値観のなかで、本人が主体的に進路選択をおこなうというよりは、呪縛的に進路が方向付けられる傾向の生徒がみられる。これらの男子生徒は、進路調査の早い段階から大学進学希望の意向を示すものの、そのための勉強や準備はせず、家庭での学習時間もゼロの者も多い。従来、進路多様校のこのような男子たちは大学進学の意向は示すものの具体的な志望校が決定しないまま卒業したり、受験のための勉強や準備なしに一般受験して不合格になったりして、専門学校へ進学したり、進路未定者やフリーターとなっていった。

しかし、近年の少子化の影響もあり大学に相対的に入りやすくなったことと、AO・自己推薦入試といった多様な入試がおこなわれるようになったため、このような生徒たちにも進路選択支援をおこなえば大学進学は実現する。本プロジェクトでは、二〇〇二年度までは男子の参加が少数であったが、二〇〇三年度はより多くの男子生徒が活動に参加してきた。男子が多く参加した要因としては、二〇〇三年度の男子は二〇名あまりで、大きく二つのグループに分かれていたことによる。グループの一方はサッカー部員とその友人で構成され、部の顧問の女性教諭が熱心に進学を勧めた結果、進学するために少しでも小論文や面接対策をしようという意識がグループ内で高まり、進路選択支援の活動にも数名が参加した。もう一方のグループは相対的に成績優秀な生徒が所属するほぼ同一クラス内のグループだが、担任も含め特にかかわった教師がいなかったために、指定校への大学進学から就職・未定まで様々な進路選択をおこなうとともに、未定率も相対的に高くなった。

ここでは前者のグループに属する三名を事例として取り上げる。

（ケース3）　マコト

マコトは望見商から徒歩一五分の住宅に家族五人で住み三人きょうだいの長男、小中学校ともに地元である。

小学校からカブスカウト、中学でボーイスカウトで活動し、ボランティア経験や異年齢集団との交流経験が豊富である。

中学卒業後、一度、他の高校に入学するが怠学により一年生の途中で中途退学し、望見商には一年遅れで過年度生として入学している。三年間面倒をみた担任はマコトを評して、「あいつはとにかくめんどうくさがり、なまけ者なんですよ。頭だって悪くはないのに努力しない、朝は起きられない、授業にあきたら帰っちゃう、要するに我慢てのができない。だから、中学のときの友達なんかにもばかにされてるんですよ」と述べている。

進路指導部がおこなった進路志望調査ではマコトは、一貫して大学進学を希望している。その理由について進路指導部の川崎教諭には、商業高校だから商学部と語っており、就職は考えていない。

おれ、(ボーイ)スカウトの友達とか先輩とかみんな大学行ってるんですよね。それでやっぱり自分もいくなら大学。で商業だから商学部かなって。だぶってるしバカにされたくないっすから。(二〇〇三年五月一五日、フィールドノーツ)

彼はこう語る一方で過去起点の物語を語る時もあり、一定しなかった。卒業までの一年間彼は、進路決定に向けて、ほぼ学期ごとに決意→挫折→反省→決意というサイクルを繰り返してきた。そしてそのことを進路指導部の進学担当、支援の大学生・大学院生に、何度も表明している。四月の新学期当初には、川崎教諭に対して「先生、おれ今日まで(三日間)遅刻してないんだ。この調子で頑張るから、今度はすごいやる気あるから、たのむよ」と話していたが、翌週から遅刻がはじまり六月の終わりには学期欠時オーバーとなり、卒業見込みの調査書の発行が保留されることとなった。このことを担任から言われたマコトは担任に、「おれ二学期から頑張るから、みててよ先生。」と表明し、川崎教諭にも再度、頑張る決意を告げている。

先生、二学期は大丈夫だから、信じて。大学いきたいからさ。でも自分で何したらいいかわからないし、夏休みもどうすればいいかわかんなくて遊びそう、てか、遊びも必要だしバイトもあるし……（略）……でも、おれ、やる気、超あるから、なんかアドバイスしてよ、先生。（二〇〇三年七月一一日、フィールドノーツ）

そこで、小論文指導に参加することを勧め、夏休み中は五回指導に参加したが、大学生が書く内容などを指示しても自分なりの構成に固執したり、勝手に「じゃあ家でやってきます」などと言っては、おしゃべりに夢中になっていた。また、友人と支援の大学院生をキャンプに誘うなど受験生の決意はまったく感じられない言動や行動もみられ、休み前の決意との一貫性がまったくみられなかった。

二学期も一学期の繰り返しで、一〇月早々に再び欠時オーバーが出て、年明けまで調査書の発行ができないこととなり、推薦入試には出願できないことが決定的となった。したがって一〇月以降は学習支援活動の場にはたまに顔を出すものの、やや居づらそうにおしゃべりをして帰るような状態であった。

年が明けて二月に何とか卒業が決まると、進学ではなく就職試験を受けることとなった。保護者の経済状態を危惧して、夜間に通学できる就職先を探したのだった。しかし、結果は不合格。ここで「もうフリーターでい い」という語りもでたが、担任の勧めもあり、ある大学の二部を受験し、受かれば昼間バイトすることとなった。この間は活動の場に顔は出すものの活動にはほとんど参加しなかったが、試験直前に面接練習をおこなった。

大学生の人たちにはすごい感謝なんですよね。おれみたいなちょっとてきとーな奴にも、ちゃんとめんどうみてくれて、担任もいい先生だけどそこまではってかんじだから。でちょっと（気が引けて）出れなかったけど、まじ、がんばるからさ、みててよ。（二〇〇四年二月二〇日、フィールドノーツ）

結果は合格で、大学の二部に通いながら夜中に居酒屋の厨房のバイトをおこなうこととなった。

（ケース4）ユウスケ

ユウスケは、家が自営業で商店を経営しており、私立高校からY大学（中堅私立）に進んだ兄との二人兄弟である。両親としては、高校受験は失敗したが兄と同様、大学進学してもらうことを望んでおり、六月時点から進路希望調査では大学を希望していた。

しかし、夏休みに入るまで具体的にどの大学をどのような受験方法でなどとは考えていなかった。そのことを心配した担任が電話で学校に呼び出して、進路担当者の方からO大学（準中堅私立）のAO入試の起業・事業経営コースで受験することを勧められ、「おれ別に家は継ぐ気ないんです」というのを、とりあえず入学の手段だからと説明され、志望校が決定した。彼は短期的な展望しかない現在起点タイプだと言える。

大学はよくわからないし、入れればどこでもいいんだけど、うち継がなきゃみたいのは、そんな気ないんで無理ですけど、入試のときだけの話ならそれでもいいです。とにかく楽に入れる方でよろしく。（二〇〇三年七月二八日、フィールドノーツ）

この入試は、家業を継ぐ意志のあることが受験資格の一つであり、志望理由書・保護者の同意書、作文のほか面接が課せられる。ユウスケは夏休み中に、学校見学、志望理由書の提出をおこないAO入試のエントリーを済ませたが、九月からの週二回の活動には試験の直前まで、教員が参加を促しても積極的に参加することはなく、特に努力しなければという意識もなく、どちらかといえばなあなあという様子であった。

ようやく試験の二週間ほど前になり、活動に本格的に参加するようになったものの、数回の指導で本番の試験を迎えることとなった。準備できたのは、志望動機の作文練習と基本的な面接対策だけであったが、川崎教諭の「準備は大丈夫かい？」の問いに本人はいたって楽観的であった。

作文とか今までで一番やって、何度も練習したからばっちりだから！　面接も練習してもらって、かっことかもダサいけどちゃんとしてくから、楽勝ってかんじ。でも少し心配だけど、気合いで何とかなるとおもう。（二〇〇三年一〇月二日、フィールドノーツ）

しかし、試験終了後、報告に来たユウスケは、「面接で髪型を注意されてショックだった。なんで教えてくれなかったんだ？」と訴えた。実際はそれらの注意は事前に再三にわたり、大学生ボランティア、教員からされていたが、それに対してユウスケは「楽勝だからまかせて」「わかってるから」などと答えるものの真剣には捉えていなかった。面接で指摘を受けた髪型についても、床屋に行くように大学生・教員で説得させて行かせたものの見た目はほとんど変わらないような有様で、大学には入りたいがそのために自分が努力することや我慢することが、一般的な考え方としては理解できても自分の行動としてはできないのであった。

それでも結果は合格、本人は大喜びで「あんな（髪型の）こと言われて、絶対だめだとおもったけど、よかった！（入学したら）がんばるから！」と大学生や教員に言ってまわっていた。

〈ケース5〉　ヒロシ

ヒロシは母子家庭で経済的には厳しい状況であるが、母親は三年生四月の時点で「本人がきちんと『大学に行かせて欲しい』と頼んでくれれば、行かせてあげたい」と担任には話していた。一方、本人は一年のときから成績優秀で、担任との面接では、一応、大学進学希望であるが経済的にきついことを心配していた。

どこかある程度いい大学に行きたいけど、経済的に厳しいと思うから、奨学金とかももらって頑張りたいと思う。指定校が楽でいいけど自分の成績じゃY大学は（上位の生徒がいるので）無理だから、どこか推薦で入れるとこ受けたいと思う。（二〇〇三年四月三〇日、フィールドノーツ）

彼も目の前の進路選択のみを重視しており、現在起点タイプといえる。五月の進路希望調査でも大学志望であったが、七月には学費のことで母親と揉めて、進学を放棄し就職希望となる。しかし、求人票閲覧といった就職に向けての具体的な活動はしないまま夏休みに入り九月を迎えた。

母親が金ないっていうから、もう大学は行かない。（お金のことで）ほんとにむかつくから、卒業したら世話になりたくないから、就職して金ためて大学行こうかって思ってる。（二〇〇三年七月一一日、フィールドノーツ）

二学期になって、就職と言いながらも、担任には「働きながら大学行く」とか、「卒業して一年間きっちり働いて金貯めて大学行く」などと語った。その一方で、担任が「親にきちんと大学行かせたいとお願いしてみろ」と言っても、「そんなのは嫌だ、頼まれれば行ってやる」と答えている。
その後、担任も保護者に二、三回電話するなどして徐々に親子間の対立は母親の方が歩み寄るかたちで解消され、一一月にN大学（準中堅私立）を推薦入試で受験できることになった。

べつに自分は（大学は）どうでもよかったんだけど、結局、母親も行っていいというか、行って欲しいみたいな感じでいうから、行くことにした。でも、経済的には楽じゃないことわかるからバイトとかも少しはしたいと思う。（二〇〇三年一一月五日、フィールドノーツ）

そして、数回、小論文指導や面接指導に参加したが、その中では、一学期にみられた自信は消失し、「おれ、昔から作文は苦手なんですよ、ほんとに受かるかな」と不安を募らせていたが、結果は無事に合格した。

2　なんとなくの進学

前章で指摘したのは女子のケースであったが、そこでの生徒たちは就職か進学かと大きくゆらぎながら進路を決めていた。それは本章で紹介した二名の女子も同様である。しかし、男子は活動に参加する当初から、進学という希望をいだきながらも、その実現に向けてあれこれ戸惑うプロセスを経ないでいる。このことについて、男子をおもに支援した、ある大学生ボランティアは、「男子は女子のように揺らいだり悩んだりしないけど、自分から積極的に取り組んだりする向上心はあまりない」と語っている。彼らはある意味では、将来起点タイプの進路の物語を有していると言えるが、二章でみたR君のように将来の目標があって、それにむけて努力するという態度でもない。

望見商のような進路多様校の男子においては、ユウスケのように親から大学に行けと言われ、本人もなんとなくそうだと思いながらも、そのための大学選びからして何をどうしてよいのかわからないというような事例や、マコトのように大学進学を決意しながらも、そのためにやらなければならないことができないという事例が多い。だが、それでも男子の場合は、保護者も大学進学を容認して、あまり高望みしないままで入れる大学に進んでいくのである。これに対して、女子がそのような状態なら保護者のまなざしは厳しく進学など許さないように考えられるし、また、女子自身がこんないい加減な気持ちでは大学には行けないと自己規制してしまうことも多い。端的にいえば、男子は保護者に経済力があればなんとなくといった気持ちでも進学できるが、女子は明確な目的がなければ自他ともに進学が許されないということになる。

望見商は、男子の在籍数が女子の約二割に過ぎない。このことから、木村（敬）（2000）が指摘する「女らしさ」が相対的には強調されない脱伝統的文化的傾向が強い公立女子高に近いものと考えられる。また、いわゆる入試難易度では、望見商は当該地域の中では最下位のレベルにあり、成績などの業績的価値よりも、友人や彼氏彼女といった人間関係などを重視する傾向が顕著である。二章でも指摘したように、現在起点タイプや過去起点タイプの進路の語りを持つ彼らには、「脱近代主義的価値観」（神田・清原 2000）の青年文化が深く浸透していることが、こうした態度を規定しているのだろう。

しかし、このような文化や価値観の状況にもかかわらず、大学進学という進路選択においては、女子には、いわば「説明責任」が求められている。中西（1998）が指摘したジェンダートラックは、進学校から中堅校でのデータに基づいた議論であった。だが、望見商のような、入試難易度が低い進路多様校で、しかも就職を重要な進路目標とする職業高校の場合は、それとは異なった枠組みでの進路選択過程が存在することが考えられる。

一方、男子においては、一九八八年三月卒の時点で、大卒就職者数（三四万八〇〇〇人）が高卒就職者数（三三万八〇〇〇人）を上回るといった高学歴化を背景として、男子には進学がふつうという価値観が、望見商のような職業高校でも形成されていることが考えられる。そして、このことは男子の在籍数が二割であるにもかかわらず大学の進学者数は女子と同数であるという望見商の二〇〇三年卒業生の進路実績にも示されている。

佐藤（郁）（1984）は暴走族のエスノグラフィーのなかで暴走族の『反抗モード』が、多くの場合、数年で落ち着いて、社会に取り込まれていくソフトな力を、「文化の呪縛」と指摘した。これと同様の呪縛が、大学進学というかたちで本人・保護者のあいだで共有されたときには、たとえ生徒自身が脱学校文化的な「遊びモード」「お気楽モード」であっても、このソフトな力が作用する。

従来は受験競争倍率が厳しく、進学するには相当の努力が必要であったため、こうしたソフトな力が大学進学の場面で表出されることは稀であったと思われる。だが、近年の少子化による大学のユニバーサル化によって、外部からのある程度のサポートがあれば、勉強モードではない生徒でも大学進学が可能であるように変化してきている。こうした中で、男子にとっては、佐藤の言う「文化の呪縛」と同様の呪縛が作用し、なんとなく進学ということが生じていくのであろう(1)。

4　アイデンティティ問題と進路選択

望見商の生徒の進路選択を見ていく中で浮かび上がるのは、進路多様校でも性による周囲の期待度が明確に異なっていることである。「ジェンダーと進路」に関する先行研究でも、この点は学校文化のジェンダー・メッセージや子どもに対する親の期待度の性差として問題にされてきた。ただし、そこで問題にされてきたのはそうした期待に沿って社会化されていく過程であり、それを通じて進路選択がいかにジェンダーにより水路づけられているのかが問題にされてきた。

だが、本プロジェクトが明らかにしたのは、そうしたジェンダー・メッセージを受ける中で、あえて進学を目指そうとする女子の存在である。彼女たちは、予定されたトラック（走路）から逸脱した者だと言える。本プロジェクトが見いだしたのは、冒頭でも述べたように、この逸脱の過程においてもまた、女子生徒に特徴的な行動、すなわち進路意識上の転機が見られることである。すなわち、ある時点を境に、しばしば「野望」とも言えるような進路に挑戦すべく強く動機づけられていくのである。反対に少なくともこれまで本プロジェクトに参加した男子生徒には、こうした転機が明確に見られた事例がない。

なぜ、女子生徒には、鮮明に転機が存在するのだろうか？

その答えの手がかりは、「ジェンダーと進路」問題を差別問題として理解するところにあると思われる。女子生徒が男子生徒と大きく異なるのは、社会的に差別されたり軽視されたりする人々が担わされる「存在証明課題」を有するかどうかという点にあると考えるのである。

石川（1992）が指摘するように、人は人生の節目において、自分は誰であるのかというアイデンティティを証明しなければならないが、とりわけ自分の価値を剝奪される傾向の強い人々＝差別される人々は、自分の価値を守ろうとして存在証明に躍起になる。石川はこうして存在証明に人をくくりつける構造的な問題を「アイデンティティ問題」と名付けた。

もともと進路選択とは人生の大きな節目となりうる問題である。進路多様校に通う女子生徒が進路選択上抱えている課題とは、まさに石川の言うアイデンティティ問題の一つであろう。彼女たちは、進路多様校に通う女子であるがゆえに、二重の意味で「大学に行っても仕方がない存在」として価値剝奪を被っている。男子の場合は、男子であるが故に進路多様校においても進学が期待されるため、進学希望を表明してもその理由を説明する必要性は低い。しかし、進路多様校の女子生徒にとっては、大学進学の目的を周囲の他者に対して説得しなければならないことが多い。また、自分自身もその意味や意義を納得しなければならず、まさに「アイデンティティ問題」の一つとなっているのである。

最初に紹介したカズミにとっては、社会教育の分野が、自分が今までやってきたこととリンクしていることが分かり、社会教育主事に憧れていると周囲にも自分に対しても言えるようになったことで、志望大学への動機付けがいっきに高まった。親からは「女の子で商業高校なんだから」と言われ、また中学でも高校でも自尊感情を持てないできた彼女にとって、自分が頑張ってきたことが大学でも続けて勉強できることに、彼女自身の存在証明をみたのだと思われる。前章で紹介したリエにとっては、中学で勉強してこなかったと卑下する自尊心を回復させるための大学進学であった。彼女の、「大学を卒業した時に後悔しないように、勉強しとけばよかったと思わないように勉強したい」という言い方からは、まさに自分自身に自分の価値を再確認させるための手だてとして、進学が意味づけられていることが分かる。さらに、本章の二番目に紹介したチハルも、自分の将来を心配してくれる人がこれまではいなかったという思いがベースにある中で、教員たちの説得が転機となり、「やると決めたらやりたいの」と強く動機づけられることとなった。

本章が提示したのは、被差別者としての女性のアイデンティティ問題が、彼女たちの進路選択を大きく規定しているという事象である。「ジェンダーと進路」の領域においては、こうした事象はこれまでそれほど明確には対象化されてこなかったのではないだろうか。

中西（1998）が整理しているように、高校生の進路選択においてジェンダーと進路の関係が論じられる場合には、学校内部効果やチャーターによる社会化作用が議論のテーマとされてきた。しかし、本章で見えてきたのは、女子生徒へのメッセージは、単なる役割期待というよりは、アイデンティティ問題を生じさせるような価値剥奪のメッセージとして機能していることである。彼女たちに与えられるメッセージにそうした特性があるゆえに、それに対する女子生徒側の主体的な対応の結果として、大学進学に明確な目的が付与され、しばしば高望みともとれるような進路が選択されるケースがあるという事実である。

また、進路選択支援という実践的課題に照らした場合に、本プロジェクトが示しているのは、進路選択を支援する際には、支援の対象者の社会的立場と、その人々の「アイデンティティ問題」の切実さの程度を考慮する必要があるということである。女子においては、進学の意味が自分なりに納得でき、確固とした進学理由を持てることにより、そこへと大きく動機づけられていく傾向が強い。これに対して、男子生徒の進路選択への支援は、支援が彼らの切実な課題に関連づけられないために、困難さを伴うことが多いと思われる。その意味で、男子生徒への進路選択支援にどのような手だてが効果的かを検討する必要がある。

ただし、アイデンティティ問題の切実さは、ジェンダーでのみ構造化されているわけではない。時代を遡り、社会階層により親や周囲の進学期待が大きく異なっていた状況下では、男子生徒にも、ここで取り上げた女子生徒が経験したようなアイデンティティ問題がより鮮明に顕在化したであろう。そのような点から見れば、今の望見商において、もっぱら女子に対して「存在証明課題」が課せられるのは、その層に限定的にこうした問題が色濃く残っているということだと言える。その意味では今後、進学がますますユニバーサル化し、高校進学と同様大学進学が当たり前となっていく場合には、ここで女子に特徴的に見られた現象が希薄になってくることも予想される。

また、ここで見られた生徒の進路選択過程には、外部からの社会的期待に対する生徒の主体的契機が備わっているという点で、ウィリスらの指摘に通じる部分もある。ただ、ウィリス（1985）が、アイロニカルにその主体性の限界を見いだし、再生産過程の説明を展開したのに対して、ここでの我々の関心は、むしろそこからの解放であり、そのための支援にある。ジェンダーからの解放は、この問題の主要なテーマであるが、しかし、我々はそれはジェンダー・フリー教育を通じての社会化作用だけに期待するものではないと思う。むしろ、彼らのアイデンティティ問題の切実さに訴えて、それをバネにより高い望みへと促すことに、ジェンダーと教育の支援上の課題があるものと思われる。

注

（1）　ただし、一方では、このような男子にとっては、呪縛が解ける大学入学以後をどう過ごすかという課題が生ずるとも考えられる。

（四章1、4節：酒井　3節：千葉　2節：広崎）

第五章　中国系生徒の進路意識と進路選択支援の課題

1　「直前来日型」と「早期来日型」

本章では、本プロジェクトに参加した中国系ニューカマー生徒（以下、「中国系生徒」とする）[1]の進路意識と進路選択過程について検討し、かれらに対する支援活動の意義について考察する。望見商には、どの学年にも数名の外国系生徒が在籍している。ただし、同校の入学試験では、外国系生徒に対する特別な配慮はなされていない[2]。自治体作成の資料によると、この自治体の外国人生徒の公立高校進学率は、在日韓国・朝鮮人を含め四～五割で、そのうち三分の一弱の生徒が定時制高校に進学している。全日制高校への進学は、外国系生徒たち、とりわけニューカマー生徒たちにとって、非常に困難なものであるといえる。望見商の外国系生徒は、このような高いハードルを越え、高校進学を果たした者たちである。

望見商に在籍するニューカマー生徒の多くは中国系生徒であるが、これらの生徒は大きく二つのグループに分けられる。一つのグループは中学生で来日し、高校受験時に日本語での学力が不足していたため、望見商に入学することになった生徒である。このグループに属する生徒たちは、言語は中国語の方が優位で、中国で重点中学（進学校）に通っていた場合もあり、潜在的な学力は高い。また、中国での厳しい進学競争を経験するなかで勉強第一・成績至上という価値観を体得し、学歴取得に向けて勤勉に努力する向学校的な生徒文化を身につけている。以下ではこれを、「直前来日型」とする。もう一つのグループは、就学前や小学校低学年で来日し、家庭での言語と学校での言語との不一致などの理由により、小学校低学年から継続して学業不振で、望見商に入学してきた生徒である。以下ではこれを、「早期来日型」とする。

本活動には、二〇〇〇年から二〇〇四年の間に、二名の「直前来日型」と三名の「早期来日型」中国系生徒が参加し、そのうち四名が大学進学を果たした（うち一名は短大進学）。本活動に参加した、中国系以外のニューカマー生徒の進路は専修・各種学校進学や未定が多いこと[3]、また、望見商の生徒全体との対比で考えると、中国系生徒の活動参加率と大学進学率は非常に高いものであるといえる。この違いは何に起因するのだろうか。

我々は支援活動を通じて、中国系生徒たちが他の生徒たちとは異なる進路の物語を有して望見商に入学してきていることを見出した。すなわち中国系生徒は、将来の目標によって現在の行動が動機づけられる、将来起点タイプの進路の物語を有して望見商に入学してくる。それは、かれらのエスニシティを背景にした「家族の物語」（志水・清水 2001）と、かれら自身の母国での学校生活の経験により形成されたものである。

このような将来展望を有する中国系生徒の学校生活は、望見商の他の生徒とは様相が異なるものとなる。すなわち中国系生徒は、望見商への入学により、学校や勉強に価値を見出さない脱学校的な生徒文化（耳塚・中西 1995）を有した生徒たちと出会い、そこに違和感をおぼえ葛藤しながら学校生活を送り、進路選択をしていくことになるのである。かれらは、他の望見商の生徒たちのように進路選択に「ゆらぎ」を見せることは少ないが、自身の有する進路の物語と望見商の現実との間で、かれら固有の困難を抱えている。

本章の課題は、こうした中国系生徒を取り上げることで、進路多様校における進路選択支援活動の、もう一つの意義を解明することにある。大都市圏の進路多様校は、進路が多様化しているだけはなく、さまざまな意味での社会的弱者を受け入れ、社会参加へとつなげていくという、セーフティネットの役割を担っている。ニューカマーの子どもたちを取り巻く教育問題は、義務教育学校での適応指導や日本語指導から、学力保障や進路保障へと拡大してきているが、全国的に見ると、ニューカマー生徒の高校進学率は五割程度にすぎないと見込まれている。望見商の中国系生徒の進路意識と進路選択過程を検討することは、今後、ニューカマー生徒をどのような高校に受け入れ、どのように教育していくかを考えていく上で、多くの示唆を与えてくれるだろう。

2 高校生ニューカマーが抱える独自の困難

ニューカマーの子どもの教育に関する先行研究では、小中学校が対象とされることが多かった（志水・清水 2001、児島 2006）。なぜなら、義務教育である小中学校では、入学を希望する子どもたちを、日本語力や学力にかかわらず無条件（無試験）で受け入れてきたため、まずそこでの問題が顕在化したからである。これらの先行研究では、高校進学の制度的保障が課題として挙げられてきたが、本章で取り上げるのは、この保障がない中で、日本人生徒と同等の条件で高校入試に臨み、無事合格した中国系生徒である。しかしそこで問題が解決されたわけでは決してなく、先行研究では対象とされてこなかった、かれら固有の困難が存在する。

小中学校を対象とした先行研究で問題とされてきたのは、日本の学校文化とニューカマーの子どもたちの有するエスニシティとの葛藤であった。すなわち、「平等主義」「全人教育」（Cummings 訳書 1980）を謳う小中学校では、結果的にニューカマーの子どもたちの有する異質性（エスニシティ）を無化し、学校に支配的な文化を維持しようとする、日本の学校の同化圧力の存在が指摘されてきた（恒吉 1996、太田 2000）。

一方、高校生ニューカマーの場合には、先述のようにエスニシティを背景にした「家族の物語」と、かれら自身の母国での学校生活の経験を通じて形成された、かれら固有の進路の物語を有している。かれらはエスニシティそのものよりも、それを背景にした進路の物語との対比において、日本の学校文化との間に葛藤を感じることになる。また同時に、高校生ニューカマーの場合には、日本の高校の階層的構造を考慮する必要がある。すなわち、望見商の中国系生徒を取り上げるにあたっては、同校が入試難易度の低位に位置することやそれと連動して脱学校的な生徒文化が支配的だという固有の状況を考慮する必要がある。

では具体的に望見商の中国系生徒たちは、どのような困難を感じ、どのような葛藤を経験するのだろうか。「直前来日型」生徒の場合は、望見商で、自らが中国で身につけた向学校的な生徒文化とは相容れない脱学校的な生徒文化と出会うことになる。かれらにとっての望見商への入学は、かれらの潜在的な学力に相当するトラックの学校への平行移動としてではなく、低トラックへの下降移動となる。かれらは高い学力を有しながらも、低学力の生徒たちが集まっている学校に身を置かねばならないという困難を経験することになる。

一方、学力が身についていない「早期来日型」の生徒にとっては、望見商への進学は、学力的には相応のトラックへの移行となる。だがかれらも、中国での生活や「家族の物語」を背景として、学歴の獲得が将来の幸せにつながるという業績主義的な価値観を有しており、望見商の生徒の有する脱学校的な生徒文化との間に葛藤をおぼえることになる。またかれらは、望見商の中で高いアスピレーションを保ちつつ、大学に進学できるだけの学力をつけていかなければならないという課題を背負わされることになる。

また、両者に共通して言えることは、国境を越えて持ちこしてきている資源（「直前来日型」生徒の場合の向学校的な生徒文化や高い学力、二つの型に共通する業績主義的な価値観や高いアスピレーション）を有しながらも、言語面での壁により、「進路の物語」が一旦は切断され、高校生活を通じて自らの「進路の物語」を再構成していく必要に迫られるという点である。ここに、進路多様校である望見商における中国系生徒の抱える独自の問題が存在する。

本活動は、脱学校的な生徒文化にコミットしている望見商の生徒たちを、大学生ボランティアが有する向学校的な文化に触れさせることを意図して始まった。だが、中国系生徒にとっての大学生ボランティアとは、かれらが中国で身につけてきた向学校的な文化に親和的な存在である。したがって、活動に参加した中国系生徒の進路選択は、脱学校的な望見商の生徒文化と、大学生ボランティアの有する向学校的な文化との間で、その双方から影響を受けつつ実現されたと言えよう。

そこで本章では、中国系生徒、望見商の他の生徒、大学生ボランティアのそれぞれが有する文化、及び望見商の教員たちが生徒に期待する文化間の差異に着目し、中国系生徒たちの進路選択過程において、これらの文化間にどのような相互交渉がなされ、かれらが進路選択をしていったのかを分析する。具体的には以下の問いに答えることを通じて、考察を深めていきたい。

(1)　中国系の生徒たちは、どのような進路意識/将来展望をいだいて望見商に入学してきたのか。
(2)　望見商での学校生活の中で、かれらの進路意識はどのように変化していったのか。
(3)　大学生ボランティアによる支援は、かれらにどのような影響を与えたのか。

3　三名の中国系生徒の進路選択過程

二〇〇〇年から二〇〇四年の間に、本活動に参加した中国系生徒は、図表5-1の五名である。本章では、こ

図表 5-1　ケースの概要

	名前	性別	来日後編入学年	来日経緯	タイプ	成績	出席状況	卒業年度	進路
1	オウ	男	中 2	親の就労	直前来日	中の上	欠席少	2000	大学進学
2	リン	女	中 2	親の就労	直前来日	上	ほぼ皆勤	2004	大学進学
3	レイコ	女	小 1	中国帰国	早期来日	中	欠席少	2003	大学進学
4	ユウコ	女	小 3	中国帰国	早期来日	中	欠席多	2003	未定*
5	メイ	女	小 3	中国帰国	早期来日	中	欠席多	2004	短大進学

＊注：事例 4 のユウコは、大学進学希望だったが、経済的理由で断念した

のうち大学へ進学した三名のケースを取り上げる。名前はいずれも仮名である。

本章を担当している広崎は、二〇〇一年度からボランティアとして本活動に参加しているが、それ以前（一九九八年四月から二〇〇一年三月まで）は、ケース1のオウに対する日本語指導担当の非常勤講師として望見商に勤務していた。オウは、本活動開始の初年度に活動に参加した生徒であるが、かれの支援に際しては、本活動を編成した川崎教諭の「そこに資源があるなら、もう任せちゃう、オウには高い金を払っている社会資源がそこにあると思うから」[4]という考えで、オウとの信頼関係をすでに確立していた筆者のほうにオウの支援を期待され、日本語指導の時間が支援に活用された。ただし、筆者自身の支援にあたっての考え方などは、二〇〇一年度以降にボランティアとして関わるようになってから後の姿勢と大きくは変わらない。

なお、本章の分析にあたり用いるデータの概要は、三章、四章のデータと同様である。ただし、オウに関しては、筆者が日本語指導担当として支援していた時期のフィールドノーツ、その間の教員に対するインフォーマルなインタビュー、二〇〇一年二月から三月に生徒本人および教員一〇名に対しておこなったフォーマルなインタビューも含まれる。

〈ケース1〉　オウ（直前来日型）

わたしはいま一六さいです。三年後のわたしは一九を成ると成人です。

（中略）しかし、わたしはもうひとつ夢は大きいの会社で通うことでした。だからわたしは必ず今から一生懸命自分の将来のために勉強すること。日本語を勉強したり、授業中で先生の話しを聞いたり、します。以上のことをできたら、自分夢を成れるようにもっとを頑張ります。あと高校の二年生活をして、分からないところは友達に聞いて、挫折を克服してがんばりますから。三年後の自分夢は絶対成れます。夢を成ったら、一生懸命をはたらく。もっと高いところを登れるようにを頑張ります。以上ことは僕のつもりでした。（原文のまま）

これは、オウが望見商に入学したばかりの時に、「三年後の自分」と題した作文に記した将来の夢である。かれの進路の物語は、二章の三つのタイプに照らしてみると、将来起点タイプにあてはまる。

オウは、義父、母、弟の四人家族で、義父・母ともに中国人である。義父は、中華料理店のコックをしており、義父が日本に職を得て、生活が安定したあと、母とオウを呼び寄せた。

オウは、中三の二月まで北京の中学校に通っており、卒業まであと半年という時期に来日した。オウが子どもの頃は、大学生はすごく人気があり、オウ自身も小学生の頃から漠然と大学へ行きたいという気持ちを抱いていたという。

だが、中学に入り高校受験が近づくと、朝七時から夜一一時まで学校で過ごすほど勉強が忙しくなり、それと同時に、来日の手続きも進んでいたこともあり、勉強への取り組みはだんだん消極的なものとなっていったという。来日が決まった時、担任の先生からは、「発展している国は（高校進学するのも）簡単だよ。中国と違うよ」と言われ、オウ自身も、「（日本でなら、高校進学も）頑張れば大丈夫かな」と思っていたという。

オウは、三月に来日し、学年を一学年下げて、外国系生徒を多く受け入れている中学校の二年に編入した。その中学では、高校入試までの一年弱の間、ほぼ毎日日本語教室に通い、日本語指導だけでなく、高校入試対策のための指導も受け、「入った学校で上位にいるほうが高卒後の進路選択の際に有利なので、内申点から見て、入ってから上位にいられる学校を勧める」（二〇〇一年三月六日、中学の日本語教室担当教員インタビュー）という中学の進路指導方針に沿って、望見商を受験した。その頃、オウは日本の高校入試について「中国みたいかな」「九〇点とか取らないとダメかな」と思っていたという。日本語が全くわからない状態から一年弱で、日本人生徒と同じ一般入試を受験することは、オウにとって相当の負担であったと考えられるが、「勉強しないと、何もできないから」「仕事もできないから」と、前向きに受験勉強に取り組み合格した。

オウは望見商への入学当初は教員の指示も聞き取れないほど、日本語でのコミュニケーションに困難を抱えていたが、数学が得意だったため、入学直後の実力テストでは好成績をおさめた。オウにとって、望見商で教わっている数学は、中国の中学で教わっていたものよりも簡単で、中国の高校と同じレベルを想定していたオウにとって、予想外のものだったという。日本語が分からない自分でも前日の晩に暗記すれば平均点を取れるのに、勉強しようとしない周りの生徒たちの様子も、オウの想像していた高校生活とは大きくかけ離れており、オウは、次第に他の生徒を見下した言動をとるようになっていった。

特にまた、周りの……、彼（＝オウ）自身の言葉の問題もあるし、結構彼自身がよく言ってたけど、「望見商の子はみんな勉強しなくてバカだよ、僕だったらちょっとやればこんなの簡単に点数とれるのに」っていう思いもあるじゃない？　かなり強く、で、しかも周りの子達もなかなかそういう、なんていうのかなぁ？　こんなこと言っちゃかわいそうだけど、ある程度の知的な関心度とか、歴史的な知識があれば、違う風俗とか文化のことに興味があるでしょう？　どういうことなのか、これ中国語でなんていうのとか、でもそうい

うところがあんまりないでしょう？　望見商の子たちは……。（二〇〇一年二月二七日、オウの一年時の担任インタビュー）

入学当初、オウは、日本語がほとんどできなかったこともあり、クラスの中で孤立しており、ささいなことが原因でクラスメートと衝突することもあった。そのため、国語と英語の時間を日本語指導に当てることが決められ、オウ一人を取り出し指導するための非常勤講師として筆者が任用された。オウは、文法規則などの理解は早く発言も活発で、日本語の学習は比較的早くすすんだが、そのことが教科学習への積極的な取り組みにはつながらなかった。日本語指導の場には、他の教員から、「オウが、授業中廊下をふらふら徘徊したり、勝手にトイレに行ったり、マンガを読んだりするので、かれに対する生活指導もしてほしい」という要望が寄せられた。そのため、日本語指導の時間を費やし、オウになぜそのような行動をとるのか、彼の考えを聞くということも多くあった。そのような場合、オウはいつも「授業中、クラスのみんなはおしゃべりしている。僕はマンガを読んでいる。僕のほうがよくないですか？　時間を無駄に使わないから」「最近はふらふらしていない。昨日はたまたま自習でみんなも廊下に出ていた」などとクラスメートを引き合いに出して自己の正当性を主張した。

オウは、髪を染め、ピアスをし、校則違反のカラーシャツを着て、一見すると望見商の生徒たちの中に溶け込んでいったように見えたが、男子生徒の間で仲間として認知されるようになったわけではなく、参加は常に周辺的なものだった。かれは、高校に入った時は高卒後の進路について、漠然とではあるが「大学入ろうかなぁ」と考えていたと、進路決定後に語っている。だが、半年に一度ビザの更新があり、滞在資格の不安定さからくる先行き不透明感を常に抱えていたため、進路についても積極的な気持ちを持つ余裕がなかった。そのため、二年生の六月頃には、「高校卒業しても就職も大学進学もできないなら、（高校を）辞めようかな」「中国へ帰りたいけど、中国に帰っても高校進学できないだろう」と口にすることもあった。だがその翌月に、大学か専修学校を卒業すれば就労ビザへの変更が比較的容易であることを知ってからは、進学を意識し始め、一〇月の進路講話のあとには、「調理師の専門学校へ行こうかな」と具体的な進路志望を述べるようになった。

また、この頃から、オウはクラブ活動に参加するようになり、親しく話すことができる先輩や同級生ができた。さらに、保健室などで個別に対応してくれる教員との間に関係を築くこともでき、徐々に学校内に居場所をみつけていった。

でも、オウくんと話してると、他の子たちに比べて、授業に対して真面目っていうか、行かなくてもいいやっていうふうにあまり思ってないような感じがしました、大事にしてるっていうか、だから、学校は、行くものっていうのが前提にあって、でも遅刻しちゃったりとか、休むことがあったかもしれないけど、行くもの、っていうのがあるっていう気がして、だから、チャイムが鳴ったら、条件反射みたいに戻るし、だから、ほんとに、この前、保健室でちょっと休んだりとかってしたのが、初めてぐらいで、三年間で……。

（二〇〇一年三月六日、養護教諭インタビュー）

それでも、金髪やピアスなどの校則違反は改められることはなく、生徒指導部からは、頻繁に指導を受けていた。オウは、そのような教員からの指導に対して、「先生（筆者）や川崎先生（二、三年時の担任）には叱られてもあまりムカつかない。自分のために叱っているのがわかるから。でも、他の先生は、僕のためじゃなくて、学校のために叱るからムカつく」と教員への不信感を口にすることもあった。オウの高校生活は、かれを肯定的に受けとめ、望ましい学校生活像を提示する数名の教員に支えられることで維持されたと考えられる。

かれは二年生の二月に、ビザの三年間延長の許可が下りたことを機に、高校卒業後も日本に滞在し続けることを前提として、真剣に将来のことを考えるようになった。その後、担任の川崎教諭から、「進学するなら専門学校より大学を」と勧められたことをきっかけにして、大学進学を検討し始めた。オウ自身が「サラリーマンじゃなく社長になりたい」という希望を語っていたこと、また、数学が得意なことから経済または経営を専攻することに決め、志望校の検討を始めた。オウは、大学進学するなら有名な大学がいいという気持ちを持っており、自分でインターネットなどから大学の情報を集めようと試みたりもしたのだが、最終的には川崎教諭から勧められたN大学（準中堅私立）一校だけを受験することに決めた。

オウは、高三の六月に大学説明会に参加し、その後は主に日本語指導の時間を使って、小論文の過去問題などにも取り組み始めた。最初は筆者が小論文の宿題を課しても、川崎教諭からもらった模範解答を少し手直しして持ってくるだけだった。また、大学受験を目指しているクラスメートが、大学生ボランティアに出願願書の作成を手伝ってもらっているのを知り、「彼女は大学生に書いてもらってるんだから、手伝って。自分では書けないよぉ」と弱音を吐くこともあった。だが、筆者が励ます中で、徐々に自力で願書や小論文などを書き上げる力をつけていった。そして一〇月末にN大学AO入試を受験し合格、商学系の学科に進学した。

（ケース2）　リン（直前来日型）

（聞き手）　中国にいた時は、将来の目標とか、何になろうとか、あった？
（リン）　えー、いろいろあったんですね。とりあえず、あの、有名な大学に入ることですね。
（聞き手）　何を勉強しようと思ってた？
（リン）　勉強しようとか、そこまで考えてないんだけど、あの、まぁ、昔は結構いろんな夢持ってるから、なんか、えーと、昔は、何をならいたかったっけ？　空港で英語をしゃべる、しゃべりたい人とか。なんか、接客の人、あれ、なんていうんですか？　飛行機の中で。

（聞き手）　スチュワーデス？

（リン）　そうそう、スチュワーデスになりたい。あと、警察になりたい。あの、特に、エヌピーエー……あの、ＦＢＩか、入りたいなぁと思ってたんだけど、そうそう。あとは、特に考えてないんですね。

これは、高校三年生二学期におこなったリンに対するインタビューにおいて、リンが語った「中国にいた頃の将来の目標」である。目標の中味は決して明確とは言えないが、とりあえず大学進学することは、ゆるぎない目標として提示されていた。リンの進路の物語も将来起点タイプにあてはまる。

リンは、父、母、弟の四人家族で、中国の江蘇省の出身である。父母ともに中国人で、父は中華料理店にコックとして勤めている。両親と弟は、彼女が中学一年の時に来日し、リンは、中国で中学二年を終えた夏休みに、既に来日していた父母を頼り来日した。

リンは、中国では、小さい頃から両親に「勉強しなさい」と言われて育っており、特に母からは、「小さい時に苦労をしないと、大きくなってから大変だから、あとで苦労しなくてすむように今のうちに頑張って勉強しておきなさい（中国語で「先苦后甜」）」と毎日のように言われ続けてきた。中国にいた頃のリンにとって、勉強することは「当たり前」だった。小学校の時から重点中学受験へ向けて猛勉強をしており、重点中学入学後は、重点高校に進学するため、宿題と試験に追われる緊張した毎日を過ごしていた。中学入学当初は、成績も上位だったが、父母が渡日し、祖父母のもとに一人取り残されてからは、勉強が手につかなくなり成績も下降した。来日は、ちょうどそのようなタイミングであり、「（中国の中学校で）もっと勉強しておけばよかった」という後悔から、日本で「一から出直そう。やり直そう」という再出発の気持ちをいだいて来日した。

編入した中学では、最初は日本語が全くわからなかったが、クラスメートに助けられ順調に学校生活をスタートさせることができた。来日当初は、数学は「（日本では）こんな簡単なこと勉強してるんだなぁ」と感じるくらい易しく、また英語は「少しできるから大丈夫」だった。が、それ以外の教科の学習は「さっぱりわからない」という状態だった。少し日本語がわかるようになってからも、歴史や地理など社会文化的な知識が必要とされる教科の学習は容易ではなかった。

リンは、編入から一年ほどで高校入試を受験しなければならなかった。最初は、先生からの勧めに従い外国人生徒のための特別枠入試を受験したが不合格で、一般入試では望見商よりももう少しランクが上の高校を勧められたが、最終的には「家から近い」という理由で、望見商を受験し合格した。

望見商に対する第一印象は、「これが高校？」というものだった。リンは入学前、「高校は勉強するところ」と思っていたが、望見商には茶髪の生徒も多く、クラスも非常にうるさく、想像と現実のギャップに当惑した。あまりの騒々しさに「キレそう」になることもあったが、「どうせ（自分には）関係ない」と周囲から距離を置き、「自分で勉強すればいいや」と勉強には熱心に取り組んだ。だが最初の定期試験で、問題が非常に易しく、自分が「余計なことを覚えた」と思ったあとは、勉強に対する取り組みも消極的になっていったという。

勉強は、努力してないですね。（笑）あの、なんていう、なんか、テスト簡単だったから、最初は緊張してたんだけど、「難しいかな」と思ったんだけど、一回テストを受けて、「あ、余計なこと覚えたんだな」って思ってて。あの、すごい簡単だから、それでいつも直前に徹夜でやってとか、案外いい点数もとってたから。うん。でも、ちゃんと、授業でちゃんと聞いてましたよ。聞かないと、いきなりやられてもわからない

から。（二〇〇四年九月一五日、インタビュー）

一方で、学年が上がり日本語が上達するにつれ、「友達もいっぱいいるからすごく楽しい」学校生活を送れるようになっていった。中国と違い、教師との距離が近く、友だちのように何でも話せる関係や、美術や音楽、修学旅行や校外学習といった多様な教育活動があること、成績を競う中国の学校と違い「のんびり」している望見商の雰囲気を、肯定的に捉えるようにもなっていった。

それで、一年生は、なんとか、最初は緊張してたんだけど、まぁ、だんだんそんな緊張したではない、だんだん緩んだりとかしてて、うん、それで先生もなんか中国との先生と全然ちがくて、何でもしゃべっちゃうんですよね。なんか、距離が近いっていうか、普通に友だちみたいな話してたんだけど、敬語使ってるんですよね。さすがに、敬語は使わないと、うん、ダメかなと思って。それで、高校二年生の時は、だいぶん言葉がうまくできて、うまくなった。うん、それで、友だちもいっぱいいるから、すごく楽しいですね。一番、楽の時期ですね、二年生は。だいぶ生活も慣れてきて、先生も仲もいいし。うん。そう、それで、まぁ、とりあえず、勉強、とりあえずやったことをやって、他はまぁ楽しんだりとかしてたんですよね、のんびりしてて。（二〇〇四年九月一五日、インタビュー）

先に述べたように、リンは中国にいた頃、「有名な大学に入る」ことを目標にしていた。そして、その目標は来日後も変わらず、望見商卒業後、日本の有名大学に進学することを、リンもリンの両親も当然の進路として想定していた。

そのため、高二の夏に進路指導部の川崎教諭から、地元の難関公立X大学が主催する高大連携講座に参加することを勧められた時には、あまり魅力を感じなかった。この「講座」は、大学の講義を聞き、小グループで討論してレポートを書き発表するというもので、受講後、特別推薦入試に合格すれば、X大学に進学することができる。勉強といえば、数学や英語などの教科の勉強だと思っていたリンにとって、講義を聞いて討論し、レポートを書き、発表するという「講座」の授業は、「わけわからない」ことをやるところに思われた。

「講座」の受験で、まさか受けるも思わなかったんから、先生が一〇〇%に大学に入るからって言って、それで、受けたんですけど、あたしほんとは受けたくなくて、数学も英語も勉強してたのに何やってるんだろうって思ってたんだけど、それが、大学に入れるから、それが魅力だったからね。最初は、とりあえず、川崎先生の話を聞いて、とりあえず受けて、申し込んで、落ちたらいい、あたしどうせ落ちるから、そんなに、あの、なんかその、緊張感がなかったから、というか、どうせ、あたし、そんなに入りたくないから……。（二〇〇四年九月一五日、インタビュー）

「講座」受験は川崎教諭から何度も説得され、「とりあえず」受けるという決断だった。リンが受験を決意してから、受験までの準備期間が短かったので、川崎教諭は、中国人の大学院生ボランティアに、リンに対する支援を依頼した。リンは、中国語で日本語の小論文の書き方を熱心に指導してくれるボランティアの姿勢や、日本語力の高さに感動し、「自分もそのようになりたい」と憧れをいだいたという。また、小論文対策やプレゼンテーション対策でも、ボランティアや川崎教諭の手厚い支援を受け、「頑張るしかない」と思い奮起し、無事合格した。

リン自身は、「受かったからやめようかな」という気持ちもあったのだが、川崎教諭から「せっかくあんなに一生懸命（受験のために）勉強したから（「講座」で）勉強したらどうだ」と言われ、この時にも説得に負けて、「講座」を受講することにした。

「講座」へは、高校三年の四月から二月まで通った。そこでは、グローバリゼーションやイノベーションといったテーマについて、IBMの社長やノーベル賞を受賞した大学教授の講義を聞き、グループでその問題について討議し、発表し、A4で二、三枚報告書を書くという繰り返しだった。内容自体が難しく専門用語も多く、また、課題が質量ともに多い上に自分の考えを述べるように求められることは、リンにとっては「すごく大変」だった。ボランティアは人文系が専門の学生が多かったため、政治や経済の内容の課題が出たときには、お手上げということもあった。そういう課題に対しては、最初のうちは川崎教諭に解説してもらったりレポート作成を手伝ってもらったりしながら、なんとか提出期限に間に合わせる日々が続いた。しかし、徐々に日本語で文章を書く力もつき、また、「講座」受講生の中に教えあう友人もできて、独力で課題をこなす力がついていった。

リンは、当初は、「講座」に通うことに対してあまり乗り気ではなかったが、通い続けるうちに、「講座」での、教科の勉強とは異なる形の学習からも学ぶものがたくさんあることを実感し、特別推薦入試を経て、X大学に進学した。

（「講座」で）この間の△△先生の講義聞いて、人生にはいろんなきっかけがある、それをつかめば大物になれるとか。それを聞いて、またいろんな講義、話を聞いて、「あぁ、よかったな」って思ってた。最近が思えたんだけど、勉強は、一つの、あの、一つの、何ていうんですか、きっかけって言うか、越えなきゃいけないところだから、それを越えれば、もっと上に更に行ける。そういうことは、わかったから、まぁ、結構、負担が少なくなっちゃって、ストレスもなかったんですね。なんか、あたし、結構、最初の時は、すごいいっぱいあるんだけど、何か変だけど、それで、次の日に考えてみたら、「あぁ、少し整理した」みたいな、なって、それで、なんとなく、前の日にすごい怒ったのに、次の日に全然怒ってないというか、その怒ったあとも、「あ、そうか、あたし行かないとな」とか、そういうふうに思えるようになった、ですね。(二〇〇四年九月一五日インタビュー)

(ケース3)　レイコ (早期来日型)

(聞き手)　自分はどう？　将来、どうしようとかって思ってる？
(レイコ)　あたしは専門学校に行きたいんですよね、日本の。環境がもう慣れらゃったから、向こう(＝中国)には行きたいって思わないんですよね、あんまり。(後略)
(聞き手)　自分では、専門学校に行って……専門学校は中国語の専門学校？
(レイコ)　そうですね、専門。一応、検定を取りたい。
(聞き手)　それからどうしたいとかっていうのはある？
(レイコ)　卒業したら、企業に入れるんだったら企業に入って仕事したい。

これは、レイコが高校二年の夏に語った自己の将来展望である。中国語の専修学校に行き、中国語を勉強し、検定(＝中国語検定)に合格して企業で働く、という中国人としてのアイデンティティに基づいた進路の物語が語られている。レイコの場合も、将来起点タイプにあてはまる。レイコはまた、「わたしには日本だと、将来これになれるかもしれないとか、専門学校行きたいとかあるんだけど、向こう(＝中国)は畑仕事を一生だから、死ぬまで」と、中国の農村での生活を対比項としてあげ、学歴を取得することが、低い階層からの脱出につながる日本社会を肯定的に捉えている。中国の農村での生活を実体験として持っているレイコにとって、上昇志向の進路の物語は強い動機付けを伴っていると考えられる。

レイコは、中国の黒龍江省で生まれた、中国帰国者三世である。レイコの父方の祖父が中国残留日本人で、父は中国残留孤児二世である。レイコは八歳の時に、家族とともに日本に永住帰国した。彼女は、中国では七歳から半年ほど小学校に通っていたが、来日の手続きのために引越し、転校したこともあり、実質はあまり小学校に行っていなかった。そのため、国語と算数を勉強したということしか覚えていないという。来日後レイコは、中国帰国児童が多く在籍する小学校の一年生に編入した。その学校には日本語教室もあり、中国人児童も多くいて、楽しく過ごしていたが、「(中国人が多い学校にいると）発音が悪くなるから。日本語も、普通の日本人の小学校に入った方が早いし、すぐ理解できるから」という親の意向で、数ヶ月で転居し、転校した。転校先の小学校では三年生に編入させられ、小学校二年生の学習内容が未習のまま進級した形になったため、それ以来ずっと勉強にはついていけず、友人もあまりできないまま、中学校までを過ごした。

小学校の頃は、日本語がしゃべれないことを理由にいじめられたりして、「毎日が嫌。(学校へ）行くのが嫌」だったが、病気以外は、遅刻もせず、毎日学校に通い、いつも教室で授業を受けていた。「その時はまだ小さいから、今の年は学校行かなきゃいけないんだ」と思っていたという。

中学校に入ってからは、授業が終わるとすぐ家に帰り、家で家族と一緒に過ごすことが多かった。勉強は、「数学はまあまあ」「国語は普通」だったが、「英語は頭の中パニック状態」で、成績は全体としてあまり振るわなかった。

レイコの家族は、来日前は中国東北部の農村で農業を営んでいた。その村では、高校・大学へと進学し都市で就職するのでなければ、一生村で畑仕事をやっていくのが当たり前で、そのため、親はみな「子どもには勉強させてあげたい、畑仕事をさせたくない」という気持ちを持っていたという。そのためレイコも、今の勉強が将来の社会的地位の上昇や貧困からの脱出につながるという、村社会に共有されていた将来展望を有しており、レイコ自身も家族も、レイコが高校進学することを当然のことと考えていた。

（聞き手）　でも、高校には行くって思ってた？

（レイコ）　それは行かないと、ダメじゃないですか。将来が無駄になっちゃう。一応、高校は卒業したいかな……。

（聞き手）　って思ってた？

（レイコ）　だって、行かなきゃやることないですよ。フリーターなんてみっともない。周りから見て。いやです、それはいやです。

（聞き手）　（親から）「高校行きなさい」とかって言われた？

（レイコ）　言わない。普通に、親としても、あたしとしても、高校行くのは当たり前みたいな。行かないと何もできない、社会が受け入れて……認めてくれない、っていうのもあるから。学業として、高校入って卒業したら何かはできる、一応高校は行かなきゃな、みたいな。（二〇〇二年七月一五日、インタビュー）

しかしレイコの通っていた中学は、ニューカマー生徒に対する進路指導実績に乏しく、レイコ一家も高校進学に関する情報源を持っていなかったため、「商業って何をやるのかとか（わからなかったが）、とにかく行けるんだったらいいやって、入れるんだったらどこでもいいや」と思い、「自分のレベルに合わせた方が入っても苦労しない」という理由で、望見商を受験し、「テストはさっぱりわかんなかった」という出来だったが、無事合格した。

高校に入ってからは、彼女に言わせれば「普通」に過ごしてきたという。中学校の頃までのようにいじめにあうこともなく、中国から来たということをクラスメートに話しても「あ、そうなんだ」という反応がある程度だったという。いわゆる「ギャル」が多いのは少し苦手だったが、だんだん友だちもでき、授業の内容が中学の時より易しくなったため、ずっと理解できるようになった。勉強に積極的に取り組むようになったわけではなかったが、成績はクラスで中位になり、本人の自信にもつながった。

また、高校一年の秋からアルバイトを始め、自分で稼いだお金で、携帯を持ち、髪を染めるようにもなった。週五日アルバイトすることで、学校外での生活の占める割合が多くなっていくという点では、他の望見商の生徒とあまり変わらない高校生活を送っていた。レイコは、「直前来日型」の生徒ほど強い違和感を覚えることもなく、望見商に馴染んでいった。

卒業後の進路について高二の頃までは、中国語の専修学校を志望していたが、中国語を勉強するのなら四年制大学の中国語学科に進学した方がよいのではないかという進路指導部の川崎教諭からのアドバイスもあり、三年進級時には大学進学に志望を変更し、我々の活動にも参加した。だが、一学期の間は川崎教諭が中国語検定やオープンキャンパスの資料を渡すために活動の場に呼び出しても、それを受け取るだけで、用事がすめばいつも「今日は忙しいからまた来ます」と姿を消していた。

先生、（中国語検定の）願書ありがとう。今度はまじ受かりたいから頑張ります。小論文ていうより私は漢字苦手だし、まず自分で漢字やりたいし、中国語の勉強もしなきゃだから忙しいの。だから、（小論文指導に）出たいんだけど、今日はちょっと忙しいんで、また来ますから。（二〇〇四年四月七日、フィールドノーツ）

また、ボランティアがわざわざレイコのために時間を作り望見商を訪れても、真面目には勉強に取り組もうとしないことが度々あった。

レイコさんとは、中国語の勉強をするという約束をしていたのですが、三人（活動の場に参加していた三年生たち）でクラスの友だちの噂話をしていて、なかなか勉強を始めようとしていませんでした。カズミさんが途中からおしゃべりをしながらも英語の勉強を始め、レイコさんに「レイコうるさいよ、勉強しなよ」と言い、ようやく勉強を始めるという感じでした。（二〇〇四年六月二八日、活動記録）

レイコは、「英語が苦手だから」という理由で大学受験を躊躇するようなことをしばしば口にしていたものの、親からは「専門はだめ」と言われており、レイコ自身も、将来の可能性を広げるために大学進学しようという気持ちはある様子だった。だが、大学受験に対する情報不足から、「自分の成績が出願基準を若干上回っていて、なおかつ中国語が話せるのだから、第一志望のM大学中国語学科の公募推薦入試には合格するはずである」という希望的観測を持っており、小論文の練習をしたりしなければならないという必要性を自分の課題としては感じられないでいた。

私、成績三・三でしょ。P大の（推薦入試の）基準は三・〇だから大丈夫だよね。それに（これまで推薦入試では）一人しか落ちてないしー、平気でしょ……（略）……大学生に作文見てもらいたいけど、なかなか時間なくて。でも受かるよね！　面接で中国語話せますとかアピールして、願書なんかにも（中国語が話せることを）書いといてもらえばいいよね。（二〇〇四年六月六日、フィールドノーツ）

このように受験に向けての取り組みを全くしないという状態が夏休み明けまで続き、レイコが実際に活動に参加したのは、出願まで三週間という差し迫った時期になってからだった。本人の余裕のある言葉とは相反して、いざ出願書類の志望動機を書くとなると、何を書いていいかわからず、ボランティアに大学案内に書いてある内容を説明しポイントを示唆してもらっても、なかなか言葉が出て来なかった。最終的にはボランティアが話す文章を一語一句書き取るという形でようやく願書を仕上げた。レイコは、この経験により、小論文を書くことが思っていたよりも大変であることを実感したようだった。

だが、その後も、活動の場に顔を出しても、ボランティアと学生生活や友人関係について話し込むことに熱中し、実際に小論文の練習をするのはわずかということもあり、受験が差し迫ってもあまり緊迫した様子はうかがえなかった。また、ボランティアが土曜の活動に参加するかどうかを確認するメールを送っても、いつも「川崎先生に聞いてみる」という返事が返ってくるだけで、主体的に勉強に取り組むという姿勢は見られなかった。

レイコが最初に受験したP大の公募推薦入試は不合格だった。「受かるよね」と何度も教員や大学生に確認を求めていたレイコにとって、この不合格はショックが大きく、当初は、「落ちたのは（私が）中国人だから差別されたんだ！　だって一人しか落ちてないのに私だけなんておかしい、日本人はずるいから、（私だけ）落としたんだ」と不平を述べていた。

しかし、川崎教諭に「六月から（小論文の練習を）やれって言っているのに、一〇月に一回しか来ないで、書いた作文はたったの六枚なんだから、その範囲で努力したことは認めるけど、もっといっぱい頑張ったやつはいるんじゃないか？ そういうやつには負けてしょうがないんじゃないか」と言われ、何かを考えこむ様子を見せていた。また、自分が不合格になった理由が、「中国語が話せるからと言って軽い気持ちで入学しても、日本語の理解力や学習意欲の点で続かないことがある」ためであることを知らされた時には、ボランティアが何を話しかけても何の返事も返ってこないほど黙りこくってしまった。

それまで、「中国語が話せるから、他の日本人の受験者よりも有利なはず」と信じて疑わなかったレイコにとって、中国語が話せることをプラスに評価してもらえるわけではないと知ったことは、不合格と同じくらいの衝撃であったと思われる。だが、大学生ボランティアが「いままで頑張ったのにそんなことで落とされちゃ悔しいよね」「まだチャンスはあるし頑張って試験官を見返してやろうよ」と話しかけると、元気を取り戻し、一ヵ月後のP大の自己推薦入試を目指すことを決めた。

その後は、ボランティアが望見商に行けない日でも「一人で行って勉強する」といった主体性を見せるようになった。また、以前は、ボランティアの指導にも真剣には耳を貸さず、勉強よりもおしゃべりを優先させるという態度であったが、不合格のあとは、自分から「これをやるので教えてください」と、積極的に漢字練習や小論文の課題に取り組むようになっていった。その結果、二度目の受験で合格し、入学後は専門の中国語だけでなく、日本語の勉強にも励んでいる。

4　「進路の物語」の再構成過程とボランティアのかかわり

望見商の中国系生徒たちは、望見商の他の生徒と異なり、高校入学時（「直前来日型」の生徒の場合は来日時）から、進学意欲を有している。しかし進路多様校である望見商の現実は、かれらの進学意欲を実現させるような手立てを提供するものではない。それでもかれらは、望見商での学校生活を通じて、自らの有する進路の物語を再構成し、大学進学を果たした。以下では、かれらが進路の物語を再構成していくプロセスと、ボランティアのかかわりを、「直前来日型」の生徒と、「早期来日型」の生徒に分けて整理する。

1　「直前来日型」の生徒の場合

「直前来日型」の生徒は、将来起点タイプの進路意識を有してはいるものの、将来の目標は、二章で将来起点タイプの例としてあげた美鈴総合高校の生徒R君ほど明確ではない。オウの場合は「大きい会社」、リンの場合は「スチュワーデス」か「警官」か「ＦＢＩ」と漠然とした職業を思い描いているだけで、将来の自己像は希薄である。かれらに共通しているのは、大学で何を学ぶかよりも、「有名な大学」に入ることが優先されているという点である。かれらにとって、望見商での学校生活を通じての進路の物語の再構成過程とは、具体像のない物語を、実現可能な具体的な物語に変えていくプロセスであったといえる。

「直前来日型」の生徒は、中国の中学で高校入試に向けての勉強を経験し、そこで一度挫折を味わい、中国で果たせなかった高校・大学への進学（学歴取得）という夢を、日本でなら実現できるのではないかという希望を抱いて来日している。かれらは、日本の高校に関する情報不足から、望見商に対して、中国の高校と同じイメージを抱き、大学進学へ向けての学業達成と向学校的な生徒文化を期待して入学してくる。そのため、入学後、望見商の生徒が有する脱学校的な生徒文化や低い学力、それに相応した教員の指導や低いレベルの学習内容といった進路多様校の現実に直面し、違和感をおぼえ、葛藤や拒否などを感じる。望見商の現実は、学歴取得へ向けての学業達成というかれらの期待には、応えることができない。そして、努力しなくてもある程度の成績がとれることを知ると、勤勉に努力する態度や習慣が身についているにもかかわらず、ほどほどにこなすという術を身につけ、高いアスピレーションを下降させる。さらに、学校生活を経る中で、大学進学の可能性が低いことを知ると、オウのように学校内に居場所が見つけられない場合は、望見商に在籍し続ける意味を感じられなくなり、望見商を中退することを考えることもある。

望見商の現実の中にあって、いったんは急激に進学アスピレーションを下降させた「直前来日型」の生徒たちのアスピレーションを回復させ、もう一度進学に向かわせたのは、かれらの向学心に応え高い学力を伸ばそうと支援し、「望ましい」学校生活や進路を継続して提示した、教員とボランティアの存在であったと考えられる。具体的には、「直前来日型」の生徒に対するボランティアの支援は、かれらが本来有する向学校的な文化を体現するものとしてかれらのモデルとなったり、かれらを励ますことで、いったんは放棄しそうになった勤勉に努力する態度を取り戻させたりする役割を果たしたといえる。かれらの選択した進路は、当初の夢とは少し方向修正したかたちではあるが、自分のために尽力してくれる教員やボランティアとの信頼関係のもとで選択したものであるため、肯定的に受け止められているという点に特徴がある。

2 「早期来日型」の生徒の場合

「早期来日型」の生徒も、進学して安定した職業に就くことを目指しており、「直前来日型」の生徒と同様に将来起点タイプの進路意識を有している。このタイプの特徴は、「学業として、高校入って卒業したら何かはできる」と、業績主義的価値観を有しているものの、小中学校での学業不振から、学力は低いレベルにとどまり、上級学校で学業を修めるだけの学力を有していないという点である。かれらにとって、望見商での学校生活を通じての進路の物語の再構成過程とは、進学志望というアスピレーションと低学力という現実とを接続させ、実現可能な物語に変えていくプロセスであったといえよう。

「早期来日型」の生徒は、実力に見合った学校として望見商を選択し、商業高校や進路多様校についてよくわからないまま、「入れるんだったらいいや」と思い、望見商に入学している。レイコも同じ型の他の生徒も、高校進学することを当然のことと考え、社会へ出るための準備段階としての学業を修めることを期待して入学してくる。かれらにとって望見商への入学は、学力的には相応のトラックへの平行移動であるため、同質の集団の中に身を置くことになる。かれらは、望見商の生徒たちが有する、勉強や学歴に価値を見出さない脱学校的な生徒文化には違和感を覚えるものの、勉強に主体的に取り組む態度や習慣を身に付けておらず、学力も低いという点では望見商の生徒と共通しているため、「直前来日型」の生徒が感じたような強烈な葛藤や拒否を感じることはない。かれらにとって、望見商の現実は、学校適応を促し、授業理解を促進し、自己肯定感を抱かせるように働き、アスピレーションを冷却させる作用はない。また、大学進学するために必要な、積極的に学習に取り組む意欲や態度、学力を育成するための手立ては提供されず、実力から乖離した将来展望を保ち続けることになる。

このようなかれらに、大学進学するための学力を育成し、そのために勤勉に努力する態度や習慣を身に付けなければならないという、かれら自身に課せられた課題を、実感させたのは、教員とボランティアの働きかけであった。かれらに対するボランティアの支援は、学力の欠如という現実と、大学進学という夢とを接続するために、その間に必要とされている資源を補うことにより、将来の夢が実現するよう現在を再構成させるという機能を果たした。具体的には、望見商での学校生活の中では提供されることのなかった、学習に勤勉に努力する態度や意欲を身につけさせ、学力を育成するよう、かれらのペースに寄り添い継続的に支援を続けたことが、かれらの大学進学の実現へとつながったと考えられる。

3 「進路の物語」実現のための情報という資源

「直前来日型」「早期来日型」の両者に共通して言えることは、進学意欲を有してはいても、それを実現させる情報が欠如しているという点である。かれらは、自らのアスピレーションと、進路多様校である望見商の学習内容と、日本の大学入試制度や難易度という三つの間で、実現可能な最も「望ましい」選択をするだけの情報を得る手立てを有していない。そのようなかれらにとって、最も信頼できる情報源は高校であり、進学先の選択に当たっては、高校から得られる情報に頼らざるを得ない。かれらは、他の望見商生徒に比べ、教員やボランティアによる方向付けの影響を、より直接的に受ける存在である。

かれらに対する支援は、言語面でのハンディキャップのために学力面で実力を発揮できない、または、そのハンディキャップが原因で学力が身についていないという現実と、高いアスピレーションとの折り合いをどうつけ、進路の物語を実現可能な具体的なものとして再構成させるかという点にある。そこには、より「望ましい」具体的な選択肢を提示し、継続的に働きかける教師やボランティアの存在が不可欠であるといえよう。

5 ニューカマー生徒に対する支援の課題

以上のように、望見商の中国系生徒の有する進路意識と進路選択過程は、他の望見商生徒とは、大きく異なるものであった。進路意識に関しては、先に述べたように、中国系生徒は、将来起点タイプの進路の物語を有して望見商に入学してくる。それは、志水・清水（2001）が、エスニック・グループや国ごとに異なると指摘した「家族の物語」と、それを背景にした「教育戦略」の差異と、かれら自身の母国での学校生活の経験により形成されたものである。

だが、前節での考察を通じて見えてきたのは、同じエスニック・グループに属していても、いつ来日したか、換言すれば、本人自身がどれだけ母国での学校生活を経験しているかによって、さらに細かくかれらをみていかなければいけないという点である。つまり、同じ出身国で、同様に将来起点タイプの進路の物語を有している中国系生徒であっても、母国での教育経験の長さの異なる、「直前来日型」生徒と「早期来日型」生徒では、進路選択過程とそこに必要とされている支援は異なるのである。

本章での考察から導かれることは、他の望見商生徒と異なる進路の物語を有するニューカマー生徒に対しては、他の望見商生徒に対するものとは異なる支援が必要である、ということである。生徒にとって最も身近で信頼できる場所（支援機関）は学校であり、学校が生徒一人一人の状況に応じた支援をおこなう必要があろう。その際に重要なことは、ニューカマー生徒のエスニシティや出身国による差異と、母国での学校経験を含めたそれまでの学校経験により形成された生徒本人が有する文化や資源による差異と、生徒一人一人が紡ぎだす固有の進路の物語の差異とに着目する必要があるという点である。

本章で見てきた中国系生徒に即して述べれば、「直前来日型」の生徒の場合は、かれらが国境を越えて持ち越してきていながらも、望見商に入学しそこで学校生活を送ることにより失われたものを回復させること、すなわち、いったん下降させられた、かれら自身が本来有する進学アスピレーションを上方修正し、学歴取得に向けて勤勉に努力する意欲や態度を回復させる働きかけが必要である。

一方「早期来日型」の生徒の場合、かれらの低学力や学習に取り組む態度の低さは、小中学校段階での対応の悪さが負の連鎖として高校まで持ち越されてきているものであり、それは、高校での短期間の支援で補いきれるものではない。最も必要とされるのは、来日初期の小学校段階での適切な日本語指導と教科学習指導である。また、たとえ、そうした早期からの支援が残念ながら十分に受けられなかった場合も、その責をかれら自身に求めるのではなく、高校においてもかれらの学力レベルやペースに合わせて支援していく必要がある。だが、「異なる支援」と言いつつも、それは、他の望見商生徒に対して有効な支援と共通するものでもある。なぜなら、序章で述べた、「もっと〝親密な〟」ある種の「おせっかい」な手厚い支援を必要としている「格差社会において不利な立場に立たされそうな人々」であるという点においては、本章でみてきた中国系生徒は「進路多様校におけるニューカマー生徒」という点において、二重の意味で「不利」であるからである。

三章で指摘したように、ボランティアの様々な働きかけや情報提供は、大学進学を「あきらめ」、進路を「考えない」望見商生徒たちに対しては、意識を揺らがせる段階まで持っていくという作業であった。中国系生徒たちの進路の物語は、ボランティアの働きかけにより「ゆらぎ」を見せるものではなかったのではあるが、ボランティアの長期にわたる継続的な働きかけとそこで生まれた信頼関係が、かれらの進路の物語の再構成に影響を及ぼしたという点は、望見商の他の生徒たちと共通する。「直前来日型」生徒が、当初希望していた「有名な大学」とは異なるオルタナティブな進路を受け入れることができたのは、支援活動の場で築かれた関係性の成果であると考えられる。三章三節で指摘したように、場所と時間を共有し、継続的に寄り添って支援してくれる人の存在が大学進学を実現させたという進路指導上の効果という点では、他の生徒に対するものと変わらない効果が中国系生徒に対しても現れているといえよう。

最後に、これまでの考察を踏まえ、今後ますます増加すると考えられるニューカマー生徒をどのような高校に受け入れどのように教育していくことが、かれらにとって「望ましい」のかという点について述べておく。

先に述べたように、進路多様校の現実は、中国系生徒の進路の物語を実現する手立ては提供しない。だが一方で、進路多様校だからこそおこなわれることになった本活動に巻き込まれることによって、かれらの固有の資源と個別の背景を持つ進路の物語とが、一人一人に固有の異なるものとして取り扱われ、進路実現につながったということは確かである。また、向学校的な文化を体現するボランティアと、かれらを支援する教員の存在があったからこそ、本章で事例として取り上げた望見商の中国系生徒たちは、望見商生徒の脱学校的な文化の中にあっても、自己の進路の物語の切断を徐々に回復していくことが可能となったといえよう。

だが、進路多様校に在籍するすべてのニューカマー生徒にとって、望見商における我々の支援活動が有効に機能するかどうかという点に関しては、慎重であらねばならないだろう。オウが中退を考えた時期があったように、かれらのアスピレーションが下降したまま進路の物語の再構成が図られない場合もあろう。序章で述べたように、「将来のストーリーには主観が入り込む（自己投資的である）ため、将来の描き方は多様なものになる」からである。

先にも述べたように、ニューカマー生徒にとって必要な支援とは、かれらが国境を越えて持ち越してきている資源と日本での現実を接続させ、かれらの進路の物語を実現可能な具体的なものへと再構成させうる支援である。この点を踏まえ、かれらを高校に受け入れるに際して必要な対応を、行政面での対応と高校内での対応の二つに分けて整理する。

①　行政面での対応について

「直前来日型」の生徒に関しては、彼らの潜在的学力に応じた高校にも入学できるような入試制度を取り入れることが求められる。具体的には、日本語力の影響の少ない教科（英語・数学）の試験を日本語による影響力を極力排除した形でおこない、母国で身に付けた学力を測定できるような入試制度、母語による作文や面接や母国での成績により選抜する入試制度、辞書の使用や試験時間の延長といった特別措置などの導入である。一部の自治体の高校では、すでにこのような制度が取り入れられてはいるが、ニューカマー生徒が多数在籍する自治体であったり、日本語の代替となる言語が英語に限定されていたりする場合が多い(5)。入試制度の導入にあたっては、自治体により違いがあったり、言語を特定したりすることにより、ニューカマー生徒の中の少数派がますます不利益を被ることがないような配慮が必要である。

「早期来日型」の生徒に関して、本章でとりあげたレイコのケースに即して言えば、彼女は、中国と日本の小学校への就学年齢の違いから、小学校二年生の学習内容が未習のまま小三に編入されている。このような制度上の不利益は解消されるべきである。編入学年の決定にあたっては、母国での学習内容と日本での学習内容の間に空白が生じないよう、柔軟な対応ができる弾力的な制度が求められる。その上で、小中学校段階での適切な日本語指導と教科指導がなされれば、かれらの「ここにしか行けない」という選択による進路多様校への入学という事態は回避でき、高校入試の際の選択肢が多様になると考えられる。

② **高校での対応について**

まず、求められることは、ニューカマー生徒が在籍するすべての高校において、たとえそれが少数在籍校であり、ニューカマー生徒の学力が他の生徒たちと同等であったとしても、かれらが、母国から何かしらの資源を持ち越して来日し、固有の進路の物語を紡ぐ存在であることに教員が自覚的であることであろう。その上で、かれらが有する資源を生かし進路の物語を実現できるよう、継続してかかわり続け、かれらと関係性を築くことが求められる。そのためには、本活動のような場の設定が必要であり、そこにおけるボランティアがその役割を果たしたように、かれらのモデルとなる存在がいることが望ましい。本活動は、川崎教諭の個人的な活動として始まったものであるが、ニューカマー生徒在籍校すべてにおいて、ニューカマー生徒に対する支援者が配置される必要がある。

注

（1）本章では、ニューカマー生徒のうち、エスニックな背景を中国大陸に有する生徒を「中国系ニューカマー」と総称する。来日の経緯に着目すると、中国帰国者、親の就労、国際結婚などが含まれ、日本国籍取得者も含まれる。

（2）この自治体では、外国人生徒に対する特別入学枠は、公立高校一校（二〇〇五年度入試の定員は二〇名）に設けられているのみである。

（3）中国系以外のニューカマー生徒の進路は、専修学校進学（フィリピン系ニューカマー女子、二〇〇二年度参加）、進路未定（インド系ニューカマー女子、二〇〇四年度参加）、進路未定（インド系ニューカマー女子、二〇〇五年度参加）などである。

（4）オウの二、三年時の担任（川崎教諭）インタビュー（二〇〇一年三月一一日）。

（5）例えば、東京都立高校では一校で、埼玉県立高校では六校で外国籍生徒のための特別枠入試がおこなわれているが、入学試験は、「日本語または英語による作文及び面接」である。また、千葉県立高校では、四校で外国籍生徒のための特別枠入試がおこなわれているが、入学試験は、「英語又は日本語による、面接及び作文」である（二〇〇七年度）。

（五章：広崎）

第六章　ボランティアの学びと成長

1　NPOの教育力

本章は、これまで見てきた望見商での進学支援活動が、支援にあたるメンバーにとってどのような学びと成長の機会となりえているのかを解明するものである。我々の活動は一章で説明したように、二〇〇四年にNPO法人化したが、その点から見れば本章のテーマは、NPOの教育力をめぐる問題であるとも言える。

NPOの教育力については、全国のNPOを対象とした実態調査やリーダーへの意識調査に基づいた佐藤（一(2004)）の研究があるものの、氏自身も指摘しているように、NPOに関して教育学的視点から、その教育力を分析したものはこれまでは少なかった。そこで、本章では、NPOのメンバーとして、高校生の進学支援活動に関わる中での、かれらの「学びと成長の契機」を、個々のボランティアの事例に則して具体的に解明していきたい。

本書で採用している社会構成主義の観点からみた場合に、従来のボランティア論やNPO論には、ある特有の議論の構図があり、しかもそのことが学びや成長という問題の論じられ方にある種のバイアスをかけていることに気づかされる。橋本・石井（2004）は、過去から一九九〇年代にかけてのボランティア論の構図を相対化する作業を試みている。それによれば、ボランティアは、従来は「奉仕や献身」として語られてきたものが、九〇年代以降はボランティア個人の生き甲斐や楽しみ、自己実現の観点から論じられるようになったという。橋本らは、新聞紙上におけるボランティア言説の変容に関する分析を行い、九〇年ごろを境にして、それまでの「自発性・無償性」を強調する議論から、「自己実現」としてのボランティア論に変化していく様を描きだした。

だが、これまでのボランティア論には九〇年以前の研究もそれ以降も一貫して、ボランティアを「する側」と「受ける側」の関係性から論じる視点が欠落してきた。原田（2000）はこの点を鋭く批判し、ボランティアの意味を両者の関係性の中で読み解いていく必要性を指摘した。ボランティアとは、「出会ったこともない人と新しい関係をはじめるという意味では、緊張と勇気を伴う行動であ（一〇五頁）」り、氏は「組織的な支援によって個別の関係を支え、継続させる」ことの重要性を指摘した。

翻って先に紹介した佐藤（2004）のＮＰＯの論じ方を見ると、そこでも同様にＮＰＯにおける市民の自主性、自発性が強調され、「する側」に光が当てられる傾向が強い。たとえば同書の中の高橋（2004）の論文ではＮＰＯを学びの共同体とし、そこでは人々が同等の権利を持ち行動し、批判的に考え、決定に参加することを不可欠の要件とし、他のメンバーとの社会的な共同行為を通して具体的な状況に即した社会理解を進めていくと論じられている。だが、実際のＮＰＯの多くが学習支援の活動であるとすれば、そこには当然ながら支援を「受ける側」が存在している。社会構成主義的な立場に立てば、まさにこの相互作用の中にボランティアの学びと成長がある。

2　ボランティアからみた支援活動

1　活動の開始

そこで改めて、我々の活動をボランティアの側からまとめてみたい。この活動の最初は、望見商の川崎教諭から依頼で、酒井がゼミなどで声をかけ学生を募り、活動内容も川崎教諭と酒井で設定したものであった。だが、年ごとに大学生の主体的な活動へとシフトし、二〇〇二年には学内でサークル化された。さらにより充実した効果的な活動を展開するために、二〇〇四年にはNPO法人格を取得した。本章のもととなるメンバーへのインタビュー調査を行った二〇〇五年度は会員数約二〇名であり、その多くは教育系、社会科学系の大学生・大学院生である。参加したきっかけは、サークルの新入生勧誘ビラや授業で配られたチラシを見て連絡してきて参加する場合と、活動に既に参加しているメンバーに勧誘されてという二つのパターンがある。このほかにも、本活動を新聞などのマスコミで知って参加したいと連絡してきた社会人のメンバーもいる。

我々のNPO法人は、定款上は広く青少年を支援の対象としているが、二〇〇五年度は望見商以外に、都内の公立高校一校、私立高校一校をいれて計三校で定期的に活動した。支援の対象としている生徒の数は、三校合計で二〇数名である。なお、公立高校の一校とは普通科の進学校（X校）、私立高校（Y校）はコース制の普通科女子高校である。活動パターンは学校ごとに異なるが、週一、二回、一回二〜三時間、校内の学校側が用意した教室でおこなうのが通例で、毎年、AO・推薦入試がスタートする秋から一二月頃までが活発になる。

望見商での活動は一章で述べたとおりであるが、高校に学生が着いて決められた教室に行って予定の時間になっても生徒がなかなか来ない時があるなど、生徒のペースでスタートする。小論文の練習、漢字の勉強といったおおまかな予定はあるものの、試験や願書の締め切りが近いといった場合を除けば、おしゃべりが活動時間の半分以上を占めることもみられる。活動は生徒机で向かい合いながらマンツーマンでおこなうこともあるが、学生ひとりが二、三人の生徒を指導することもあり、参加する生徒と学生の人数は事前にある程度は調整するものの流動的である。

また、その日の活動の報告は、参加した学生からメーリングリストに流され、それが引き継ぎとなっており、次に参加する学生は事前に目を通しておくようになっている。さらに月一回程度、活動に参加している大学生・大学院生とその他のＮＰＯのメンバーが集まり支援の中身を具体的に検討するカンファレンスをおこなっている。以下では、本活動の発足時から二〇〇五年までのいずれかの時点で、望見商での活動に関わった大学生・大学院生に対する半構造化インタビュー調査の結果を報告する。

2　「する側」と「受ける側」

そのために、まずＮＰＯやボランティア活動における、「する側」と「受ける側」の関係性を原理的にどう捉えるのかを考えておきたい。原田（2000）が指摘するように、ボランティアとは、何らかの具体的な行動を通して、人と人が結びつくことを特徴とする。氏の整理を援用すれば、そこでは、（1）普通なら関係をもつことのない「知らない人」同士の出会い、（2）「違い」を根拠として部分的に関係を結ぶ、（3）継続的な具体的行動、（4）日常的な関係の中に入り込む新しい関係の形成、などの要素が原理的に含まれている。

本活動においても、まさにこうしたボランティア活動の要素を色濃く有している。その活動を通じてボランティアの学生たちは、普通なら出会うことのない「高校生」に出会う。とりわけ、当初我々が活動をしていたのは、望見商業高校という専門学科の高校生であり、学生たちが通っていた普通科進学校とは学科も学校の雰囲気も異なっていた。

活動において、かれらは相互の違いを意識しながら部分的に関係を結んでいく。ただし、それは継続的に遂行されるものであるため、関係に変化が生じたり、関係の受け止め方も変わってくる。さらに、大学生・大学院生たちは学校では教師でもなく、また生徒でもない、第三者である。こうした異分子として入り込むことで、ボランティアによっては己の立場に戸惑ったりもする。こうした原理的な要素を含み込んだ関係を通じて、ボランティアが何を学び、成長を遂げるのかが、本章での基本的な問題関心である。より具体的には、我々は以下の諸点をリサーチクエスチョンとして立てた。

(1) ボランティアたちは、生徒との出会いをどのようなものとして経験し、そこで何を学んだか。
(2) かれらは生徒との違いをどう意識し、そこでどんな関わりを持とうとしたのか。
(3) 活動を継続していく上で、関係はどう変化し、そこでかれらは何を考え、また学んだのか。
(4) 活動の場である学校内で、かれらはボランティアという立場をどう意識したのか。そして、そのことからかれらは何を学んだのか。

3 インタビュー調査の概要

インタビューの対象者は、二〇〇〇年九月に本活動が始まってから二〇〇五年までの間に、ボランティアとして関わった大学生・大学院生である。二〇〇五年までに活動に参加したボランティアは合計で約三〇名であり、その中で比較的継続的に活動に関わってきた一三名を対象として調査した。

インタビューの実施にあたっては、活動に継続して参加したボランティア（各年度二〜三名）に連絡をとり依頼した。調査できた一三名の対象者がボランティアをしていた時期は少しずつずれており、また活動の内容も年々少しずつ変化している。それぞれが活動に参加した期間と活動内容は、図表6-1のとおりである。なお、右端の欄にある名前はすべて仮名である。

調査時期は二〇〇五年六月〜八月。調査項目は、活動に参加したきっかけ、初回の感想、活動の具体的内容、

図表 6-1　調査対象者の活動参加状況（2000〜2005 年度）

	活動期間	活動内容	特徴	支援成果（合格大学）	ボランティア ID
Ⅰ	2000 年 9 月〜2000 年 12 月	10 回の小論文講座。後半は志望大学ごとに対応。	大学のゼミ（学部生対象）で参加を募り、有志が参加。	Q 大学（中堅私立）AO N 大学（準中堅私立）AO Z 大学（準中堅私立）	A さん B さん **秋田さん**（〜Ⅱ）*
Ⅱ	2001 年 7 月〜2001 年 12 月	生徒会研修会に参加し支援。9 月以降は、15 回の小論文講座。	継続して活動する大学生に新人が加わる。	T 大学（難関私立）自己推薦 N 大学 AO S 大学（中堅私立）、Y 大学（中堅私立）公募推薦	**山村さん**（〜Ⅵ） C さん（〜Ⅳ） D さん（〜Ⅲ）
Ⅲ	2002 年 7 月〜2002 年 12 月（一部 2003 年 2 月まで）	7 月から週 1 回の活動。夏は中断し、9 月から活動再開。	学内サークルとして活動を開始。	S 大学二部公募推薦 N 大学 AO	**松川さん**（〜Ⅳ）
Ⅳ	2003 年 6 月〜2004 年 2 月	進路相談、小論文対策、漢字指導。東京未来塾の支援。	学内サークルとしての性格を強め、合宿・コンパなども実施。	W 大学（最難関私立）自己推薦、 N 大学 AO	E さん **金沢さん**（〜Ⅵ） **水本さん**（〜Ⅵ）
Ⅴ	2004 年 5 月〜2005 年 3 月	進路相談、小論文対策。	インカレサークルとなり、10 月に NPO 法人化。	X 大学（難関公立）特別推薦、 N 大学 AO	F さん（〜Ⅵ） G さん（〜Ⅵ） H さん（〜Ⅵ）
Ⅵ	2005 年 4 月〜2006 年 3 月	進路相談、小論文対策、X 校では 2 年生対象の学習支援活動。	X 校、Y 校でも活動を開始。	S 大学二部自己推薦ほか X 大学特別推薦	

＊（〜）は、複数年度にまたがって活動したボランティアの活動終了時期を示す。
（　）のないケースはその年度だけの参加。太字は本章で取り上げたボランティア。

印象に残っている生徒や出来事、活動を通じて学んだこと、うれしかったこと、困ったこと等である。なお、この調査はメンバー同士の聞き取りのため、相互に暗黙の了解が生じがちで言語化されにくい部分があったり、活動の意味や価値を共有してしまい批判的に語りにくいといった欠点がある。これらの予想される問題をできるだけ回避するために、聞き手は酒井、千葉を主な担い手として、それ以外は広崎、風間が実施した。後者の二名が聞き手になる場合は、一緒に活動したことがあまりない相手を選んで聞き取りを行った。インタビューはテープに録音し、トランスクリプトに起こした上で、質的調査法に基づいてカテゴリー生成を試みた。それをもとに、かれらの学びと成長の特徴を以下に描きだす。

3　中心的メンバーへのインタビュー

以下は、二〇〇〇年から二〇〇三年の四年間の各年度で、中心的なメンバーとして活動に参加した五名のボランティアに対する調査の結果である。

〈ケース1〉　秋田さん

秋田さんは、大学三年の時（二〇〇〇年）に、高校生に対する「入学入試（AO入試）のための小論文対策講座」をおこなうので参加しないか、という酒井のゼミでの呼びかけに対し、教員志望だったので、「今の高校生の現状を肌で感じてみたい」「自分の進路を決める上でプラスになることであれば、負荷になるかもしれないけど参加しよう」と、明確な意識を持ち活動に参加したという。彼女は、この活動が始まった最初の年に全一〇回の活動のうち、五回参加した。

秋田さんは、この活動に参加する前は、商業高校の生徒に対して「高校時代の生活を楽しんじゃっている」「なんとなく高校生活を送っている」というイメージを持っていたと話してくれた。だが、望見商の生徒に出会い、それなりに自分の将来を一生懸命考え、自分の意志をしっかり持って大学進学を目指し、わざわざ放課後にこの活動に参加して来る生徒たちの姿を見て、「人生に投げやりだったりすることがあるわけでもなく、普通の子たちなんだなあ」「しっかりした子もいるんだ」と感じたという。また、高校生と大学生という立場の違いから、「いま高校生が興味を持っていることとギャップがあって、共通の話題がないかもしれない」と思っていたが、高校生の方が心を開いて相談を持ちかけてくれたり、質問にも一生懸命に答えてくれたりしたことで、「会ってみればいい高校生じゃん」「へんに身構えなくてよかったんだ」と、高校生に対するイメージが変化したと話してくれた。

活動の内容は、決められたテーマで小論文を書かせ、それを添削するというもので、「小論文のプロではないので、こんなのでいいのかしら?」「どういうふうに指導していけばいいのかしら?」という迷いはあったものの、「自分のできる範囲でやればいい」「ゆるい活動」と捉え、組織というほど組織的ではないが、顔見知りの友だちと一緒にやれるということで、比較的気楽に参加していた。

秋田さんは、自分たちの望見商内部での立場を、「外部の人」と位置付けていた。その上で、進学校なら学校内でまかなえるような指導をすることについて、商業高校という固有の事情、つまり、外部の人を頼まなければ大学入試対策ができない現状から、自分たちが呼ばれることになったと理解し、「学校ってやっぱり一人の人間が一生懸命になっても、動かすのはなかなか大変かもしれない」と漠然と感じたと答えた。教員志望の秋田さんにとって、そういった大変な状況の中で、先生と生徒との深いつながりを目の当たりにできたことは、「先生ってていいなぁ」と再確認する機会となった。だが一方で、「川崎先生が孤軍奮闘して、つてを探してきてやらないといけない」ほど大変なことを自分でやっていく自信がないと、実感させられる契機ともなった。

秋田さんは、自分自身の進路を考える大学三年の時にこのような経験ができたことを、自身の進路を決定する上で有意義だったと受け止めている。教職は結局受験せずに、卒業後は教育関係の企業に就職した。また、ともすれば就職という進路に水路づけられてしまいがちな商業高校の生徒たちにとっても、大学進学という選択肢が示されることにより将来の可能性が開かれるという意味で、この活動を肯定的に捉えている。

（ケース2）山村さん

大学三年の時（二〇〇一年）に、酒井のゼミで活動について説明があり、「面白そうだな。取りあえず行ってみよう」と思い参加したという。以来、大学院進学後も継続して活動に関わっている。二〇〇一年の前期の活動は、生徒会のアドバイザーとして生徒会の会議や合宿に参加して助言をするというもので、後期に入ってからは、個別に進路についての相談に乗ったり小論文の指導を行ったりした。二〇〇二年以降は、進路についての相談と小論文指導が中心的な活動になり、大学進学という進路に向けて努力するという、本活動の方針を強く押し出した取り組みが行われるようになった。

山村さんが最初に望見商の生徒たちと出会ったのは、生徒会活動への支援を通してであり、生徒会役員の生徒たちに対し、「真面目な、活発な人々だな」と感じたという。また、生徒会合宿に参加して、生徒たちがパネルディスカッションで自分の意見をはっきり伸び伸びと発言しているのを見て、「高校生っぽくない」「わたしの今までに会ったことのない人たちだな」という印象を受けた。進路についても、山村さんがそれまでもっていた「大学行かない人は、就職するか専門いくか」という典型的な型に捉われていないことを知り、「わたしは何だったんだろう」「（大学進学）は本当に選択肢の一つに過ぎないんだ」と、自分の世界の狭さを実感し、自身の価値観をゆさぶられる思いを感じた。

ただし、勉強の面では、宿題をやってこなかったり、やり始めても雑談したりすることは珍しくなかったという。「夜起きて遊んで、朝寝て、昼学校に来る」という生活パターンの生徒もいて、勉強や受験準備が計画通りに進まないこともしばしばあった。

活動に参加していた生徒の中には、大学進学と東京ディズニーランドでのアルバイト（フリーター）とを同等の選択肢と考えるような生徒もいた。このような進路意識を持つ生徒にとっては、「大学進学に向けて努力する」という支援は、「余計なお世話」「おせっかい」的な活動と受け取られることもあり、生徒が自分なりに将来を考え「わたしの進路に口を出さないで」と支援を拒絶することもあった。徐々に関係が築けてきた生徒から拒絶されたことは、山村さんにとっては辛い経験であると同時に、「大学に行くことが〝絶対にいいこと〟なのではない」「生徒にこういうところへ行くことを勧めているけれどもいいのだろうか」いう自身の気持ちと組織の方針との狭間での葛藤を感じるきっかけにもなったという。だが一方で彼女は、「結果的によかったのではないかと思える例が過去にも割とある」と考え、組織の一員として他のメンバーと協同して、「生徒にとってはこうするのがよいだろう」という進路を勧め、生徒にきちんと説明しわかってもらうことで、「おせっかい」をしているという後ろめたさをなくそうとする場合もあった。

山村さん自身、多様な生徒に対して、自分自身がとる異なる対応を、「向こう（生徒）のニーズに合わせて」と語るのだが、実際のその場その場での対応は、「結構もっと成り行き」であることも自覚している。組織の一員として、川崎先生や周りのメンバーに活動の方向性や選択に対する正当性を確認することで、自分自身の気持ちの安定を得てやってきた、と振り返る。このような「周りの中の一人」という立場のとり方に対し、「他人任せで能動的ではない」とも感じるが、個々のケース対し、その場その場でよい方法を模索してという山村さんのやり方は、その後の後輩たちにも受け継がれていき、本活動の支援の一つの形になっていった。

（ケース3）　松川さん

大学院一年の時（二〇〇二年）に、演習の授業のレポートを書くためのフィールドを探していたところ、やはりゼミの担当である酒井から本活動を紹介され、参加した。前年度から活動していた山村さんから、「不良っぽい子がいっぱいいる」「でも意外といい子だよ」などとうわさを聞いていたため、「生徒とか雰囲気に馴染めるかな」と不安に感じ、最初は「結構緊張」していたものの、「意外と素朴な感じの子が来てくれた」ことで安心し、スムーズに活動に加わっていくことができたという。活動の内容は、おしゃべりをしたり、勉強を見たり、志望動機を書くのを手伝ったりという、あまり厳密なものではなく、「その場に行って、その雰囲気を見ながら、その子のできそうなことをやる」という形だった。

松川さんは、二年間にわたり継続して活動に参加してきたのだが、活動に参加している間ずっと、他人の進路を左右する部分に入り込むことに対し、「自分のやっていることが本当にこれでいいのかな」という気持ちを持ち続けていた。生徒が迷っている時に「本人が思っているのが正しいんだよと元気づける方向に支援するのは簡単」だが、生徒の意に反する方向を勧めたり、「もうウザイから関わらないで」と支援を拒絶する生徒に対しても関わり続けるような時には、「結構きつい」と精神的な負担を感じ、そこまで勧める必要があるのかと悩んだりもした。また、塾や家庭教師で教える場合とは異なり、望見商の生徒は必ずしも勉強することを望んでいるとは限らないため、教えることが自分の役割と割り切ってやるわけにもいかず、組織としての方針との間に葛藤も感じた。

だが望見商に通うこと自体は苦痛なわけではなく、生徒と話すのは楽しく、生徒が少し幸せになることをうれしく感じたりもしていた。それは、「その子の人生にちょっと関わったわけだから」「普通に心配」に感じるし、「かわいいっていうか、やっぱり行ってると仲良くなるわけだし」、「普通に友達とかでも大変なことがあった時とか放っておかない」のと「同じような感覚」、つまり、愛着とでも呼べる感覚であり、このような感覚を持てる関係を築けたことが、活動にかかわり続けられた理由の一つである、と振り返る。また、「生徒がちょっと幸せになってうれしいな」という気持ちを実感として体験したことで、接客や人を相手にする仕事に「(自分は)結構向いているかな」と、自己の適性を再発見するきっかけにもなった。松川さんは、自分自身の進路選択につながったという意味で、このボランティア経験をプラスに捉えている。

一方で、松川さんが参加し始めた頃、この活動自体は始まって三年しか経過しておらず、活動の内容や方針が定まっていたわけではなく、ボランティアの立場や役割、方向性が明確ではなかったため、新たに参加する者にとっては、「初めて会った者同士が何をしていいのかわからない」こともあった。松川さん自身も、活動を始めた当初、望見商に行っても生徒が来ないので「しばらく部屋にいてぼーっとして、何もやることがない」という無為な時間を過ごすことが度々あった。松川さんは、大学院生で他の学生たちより年上でもあり、また研究しているという自負もあったため、抵抗なく活動に入り込むことができたが、新しいボランティアで自分の居場所が見つけられない人は居心地が悪くてやめちゃうんじゃないかと感じていた。しかし、このような活動に対しては、「やる側もしてもらう側も何かしら得るものがある」、「ずっと成長していく中で、あの時こう、なんかしてもらったなとか、してあげたなっていうのが残る」と思うから、ボランティア経験はした方がいいと感じている。そのために、組織として、「最初に行って、何をして、誰に会って、誰かが仲介してくれてみたいなシステム」を作り、初めての出会いの場面がうまくいくような体制を整える必要性も感じた、とも述べている。

（ケース4）　水本さん

大学一年の時（二〇〇三年）、教職関連の授業でビラを配られ、「暇だからとりあえず行ってみようというノリで」参加した。それ以来継続して活動に参加し、二〇〇四年以降は活動の中心的なメンバーである。生徒と初めて会った時の印象は、「普通の高校生だな」「むしろ真面目だな」というもので、あまり違和感を感じてはいない。だが、だんだん生徒と親しくなり、生活環境や小・中学校での学習体験を聞くようになると、自分とは違う体験をしてきていることがわかり、小・中学校での勉強を下敷きにして高校での勉強を教えていくというやり方では対応しきれないことを実感し、違和感を覚えるとともに、「どう教えればいいのか」と悩んだりした。

しかし、徐々に、宿題として渡されたものを普通にやってくるという習慣が身に付いていないことは、「彼女たちにとっては当たり前」であり、小論文も生徒一人では一字も書けないこと、漢字の練習問題でも一人で取り組むことができないことを理解するようになる。また、活動を続けていく中で、生徒たちが高校やそれ以前の中学で教員から否定的な評価を受けて来ていること、そのために自己評価が非常に低いことを知り、自分の高校時代を引き合いに出しての「高校生とはこういうもの」という認識がゆらぎ、多様な背景を持つ生徒たちを許容できるようになっていった。

また、出会ったばかりの頃には「水本さん」と「さん」づけで呼んでいた生徒たちが、あだ名で呼んでくれるようになることをうれしく感じる反面、親しくなってからの距離のとり方や他人への依存の仕方という点で、自身の経験や想像の範囲を超える接し方をしてくる生徒には困惑し、結構重たい内容のメールが頻繁に来たりすると、どこまで付き合えばいいのか、どこで線引きしたらいいのか、と悩むこともあった。

水本さんが活動に参加した頃には、本活動も五年目に入り、少しずつ経験が蓄積され、先輩のボランティアが後輩にアドバイスをしたり、後輩が先輩の指導を見て生徒への対応を身に付けていったりするようになっていた。

例えば、小論文の指導については、たとえ生徒の書く文章が稚拙なものであっても生徒本人の言葉で書かせること、具体的には、単語レベルでの箇条書きを徐々につなげていき、内容や表現の不十分なところを会話を通して推敲し、文章として完成させるという方法が、受け継がれていくようになった。水本さんは、生徒の現状に合わせて、生徒とのやりとりの中で、やり方を模索し、生徒本人に達成感を持たせることに価値を置いて活動を続けてきている。

水本さんは、この活動を通して、背景の違う人とでもコミュニケーションができるようになり、「高校生はこういうもの」という凝り固まった固定観念がなくなったことを肯定的に捉えている。また、最初は生徒とは友達感覚だったが、先輩としての自覚も生まれ、生徒が短絡的な発想から希望を述べる際には、長期的な視野に立ってアドバイスができるようにもなった。しかし、水本さんによれば、彼女には生徒を合格させなきゃいけないという義務感や使命感はない。彼女にとって、この活動は、「生活の一部」であり、衣食住と同じくらい生活の中に深く位置づいた日常的な活動であるという。

（ケース5）　金沢さん

大学一年の時（二〇〇三年）、教職関連の授業でビラを配られ、「（ボランティアに）行ってもいいくらい暇だった」ので、ボランティアに対して全く興味がなかったが、参加を決める。それ以来継続して活動に参加し、二〇〇四年以降は活動の中心的なメンバーである。

最初の頃は、公務員試験に向けて受験勉強をしている生徒がいたため、高校の頃の受験勉強の知識をフル活用し、英語や数学の勉強（知識）を教えるという活動をしていた。だが、二学期に入り、金沢さん自身のプライベートな悩みを生徒や先生に相談したことを機に、「私も一緒に生徒になっている感覚」になり、それ以降は、「教えるんじゃなくて一緒に頑張っていこう」というスタンスで活動に参加してきたという。この時、大学生ならあたたかく聞いてくれるところを、高校生から「涙ぐむくらいのダメ出し」されたことが、本活動に居つくきっかけになった、と振り返る。

金沢さんは、望見商での自分たちの役割を、「先生ができないこと」を引き受けることと捉えている。具体的には、まず、生徒と時間を共有し、関係を作り、生徒の話を聞き、考えを理解し、それを進路選択や進路の実現に生かしていけるように、生徒に寄り添っていくというスタンスである。小論文の指導についても、金沢さん自身は、小論文を書いたことがないため、どう指導すればいいのかは「手探り状態」であるが、「(生徒が) どんな考えをする子なのか、わかってからやる」ことが大切であると考えていて、指導の技術的な側面についての力量不足に悩むことはない。

金沢さんは、生徒に自分の悩みを相談するほど生徒たちと親しくつきあっており、望見商に行けば、生徒たちが「金沢ちゃん」と呼び抱きついてくるような関係で、金沢さん自身、「行って喜ばれるのがうれしい」と感じている。だが、それが高じて、生徒から個人的な悩みを相談されたり、頻繁にメールや電話が来たりするようになると負担に感じ、どう対応すればよいのかと悩み、ボランティア仲間で連携し、協力し合って卒業までは生徒の面倒を見続けることで解決した。

金沢さんにとって、この組織は、「活動場所が高校」のサークルであり、活動に参加することは、「生活の一部」である。ボランティア仲間である大学生にも、支援する対象である高校生にも友だちがいるが、「高校生の方が友だち」であり、高校生をもメンバーに巻き込んだサークルという捉えであると考えられる。

以上の事例を中心に、ボランティアの成長過程にみられる特徴を考えると、いくつかのカテゴリーを抽出することができる。

4　ボランティアの成長過程

1　「普通の子」という捉えからの再構成

ボランティアである大学生・大学院生にとって、望見商の高校生というのは、普通に学生生活を送っていれば出会わないまま過ぎてしまう相手である。だが、五人のインタビューから分かるように、かれらの望見商生に対する最初の印象は「自分たちとは違う」というものよりも、むしろ「違っているのかと思ったらよく似ていた」という印象であった。このことを、秋田さんは生徒に会って「普通の子」だなと感じたと指摘したが、同じ言い方を水本さんもしている。「普通」とは自分たちの想像の範囲に収まっているということであるが、それを声に出して言うのは「望見商生は違う＝普通ではない」という思い込みが裏切られたからである。松川さんの「意外と素朴な感じ」というのも、そうした捉えに近いと思われる。

この「普通の子」という捉えが対象である生徒との関係を築く上での重要なスタート地点になるのだが、しばらくするとボランティアたちは、「普通」に見えた相手の中に、想像の範囲を超えた「自分たちとの違い」があることを実感するようになる。それは生徒たちが思い描く進路の選択肢の多様さであったり、彼らの小中学校での学校体験や自己評価の低さなどであったりする。「普通の子」という捉えは対象を自己に引き寄せるものだが、その後に「でも、違う」という認識が新たに生じることで、自己の価値観を大きく振り返らせることとなる。

たとえば、山村さんの事例では、生徒が思い描く進路が実に多様であり、「その一つの選択肢として大学進学があるにすぎない」という発見が、それまで進路と言えば「大学進学か専門学校進学か就職か」という枠内で考えてきた自分自身の価値観をゆさぶるものとなった。また、水本さんは、自分には「普通の子」と見えている生徒たちが教員からは否定的な評価を受け続け、それゆえにきわめて低い自己評価しか持てないでいることを知ったときに、自分自身の高校生時代の経験に基づいてイメージされていた「高校生とはこういうもの」という捉えにゆらぎが生じ、多様な高校生を許容できるようになったという。

2　「関わり」をめぐる悩みや葛藤

もう一つのかれらの学びと成長の契機は、活動を継続していく中にある。様々な形で価値観を揺さぶられる出会いの次にボランティアが直面するのは、「かれらとどう関わればいいか」という問題である。かれらの成長を理解する上での、二番目のカテゴリーがこの「関わり」である。彼らは教師と違い、そこには役割規定は明確にはなく、教える内容も決して決まっているわけではない。それゆえに、それぞれが手探りで自分の関わり方を見いだしていかなければならず、そのことこそがボランティアの学びと成長の一つの重要な契機となっているのである。

「関わり」に関してボランティアがしばしば悩むのは、何をどう教えればいいのか、という「指導内容」の問題である。たとえば秋田さんは「小論文のプロではないので、こんなのでいいのかしら」と思った。また、松川さんは相手の進路を左右する問題に入り込んでもいいのだろうか、という気持ちを持ち続けていた。

もう一つの葛藤は、「距離の取り方」である。水本さんは、親しくなった生徒との距離の取り方が、自分の基準と相手のそれとの間にギャップがあり、どこで線引きすればいいのかと悩んでいた。こうした相手との距離の取り方をめぐる悩みは金沢さんも感じており、他の多くのボランティアも指摘した点である。

三番目に指摘できるのは、「関わりの成果」に関連する。生徒との関わりの中で、ボランティアがしばしば直面するもう一つの悩みは、こちらの期待するほどには相手は動かないという問題である。山村さんの事例で指摘されていたように、自分たちは熱心に関わりを持とうとしても、生徒の中には宿題をやってこなかったり、生活パターンの乱れから受験準備が計画通りに進まないことがしばしばある。活動に行っても生徒が来ないということもあった。

3　「組織」をめぐる葛藤

インタビューをしていく中で、我々は、当初は明確に意識していなかった要素として、組織をめぐる葛藤の多さにも気がついた。もっとも頻繁にボランティアが指摘したのは、大学進学への働きかけを前提に取り組むという本活動の組織としての方針と、ボランティア自身の思いの間にある葛藤である。

松川さんが語ったように、この活動に参加する生徒は、勉強することを望んでいるとは限らない。とくに活動の初期は、川崎教諭から積極的に働きかけがあって活動に送り込まれた生徒も多かった。中には、「もう関わらないでほしい」と支援を拒絶する生徒もおり、その対応を通じて、ボランティアにはどこまで関わっていいのかと悩む者もいた。山村さんが指摘したように、「葛藤を抱えつつも、その場その場で生徒の様子やニーズにあわせて対応する」「メンバーや川崎先生に確認することで自分自身の気持ちの安定を得て、関わりの意義を生徒に説明する」といった対応へと向かったのはその葛藤の一つの処理の仕方であった。松川さんもそうした悩みを持ち続けたが、その活動を振り返って「やる側もしてもらう側も何かしら得るものがあると思う」と述べている。だが一方で彼女は、活動の内容や方針が定まっていたわけではなく、ボランティアの立場や居場所が明確ではないため、「新しいボランティアで居場所を見つけられない人は居心地が悪くてやめちゃうんじゃないか」と述べ、組織としてボランティアする側が活動しやすい体制を整えることも必要、と感じていた。

4 葛藤の先にある学びと成長

インタビューに答えたボランティアの話を見ていくと、「違う」という認識から「普通の子」という捉えへ、そして「でも、違う」という認識へと、大きな認識の変化を経験していることが分かる。また、関わりの在り方においても、指導内容や距離の取り方が分からずにとまどったり、期待した形で生徒が動かず、関わりの成果が捉えにくかったりという葛藤が生じやすい。さらに、ボランティアという役割の曖昧さや組織方針との間の見解の差異は、組織をめぐる葛藤をも生じさせる。このように、本章はボランティアとしての学びと成長というテーマであるものの、内実は多くのゆらぎや葛藤にあふれている。前章までの生徒側の分析でも、ゆらぎや葛藤はかれらの進路意識を理解する上でのキーワードであった。それと同様に、支援にあたるボランティアにもゆらぎや葛藤がみられたのである。

だが、実はそうした中で、それぞれのメンバーがボランティアとして自分が相手にどう関わればいいのか、答えを探し出そうと努力している。そこには、出会いの過程でふり返ることとなった自己の価値観への反省も踏まえられている。ボランティアの学びと成長は、支援を受ける側の生徒がそうであったように、種々の葛藤の先にあるのである。

秋田さんは、自分を「外部の人」と位置づけ、「自分のできる範囲でやればいい」と考えた。山村さんは、生徒からの拒絶にあったり、組織の方針との間に葛藤を抱えながらも、「結果的によかったこともある」と思い、活動のメンバーの一人として関わっていこうとしている。また、金沢さんのように、「高校生と一緒」という感覚になり、「一緒にがんばっていこう」という姿勢で取り組む者もいる。彼女はボランティアには先生とは違う独自の役割があると捉え、生徒と時間を共有し、かれらに寄り添う姿勢を大事にして取り組もうと考えている。

さらに、関わり方は活動を継続する中でしだいに変化していくものであり、たとえば水本さんは、当初は友だち感覚であったが、次第に先輩という自覚が生まれ、長期的な視点でアドバイスができるようになったと述べている。

こうして自分なりの関わり方を見つけ出していくことで、ボランティアはそれぞれ活動を継続させている。その過程はこれまで見てきたように、きわめてダイナミックなものであり、その過程を通じてかれらは自分自身や相手とどう向き合うのか、活動において自己の役割や立場とは何かを一つ一つ考え成長していくのである。

（六章1、2節（2）、4節：酒井・広崎　2節（1）、（3）：千葉　3節：広崎）

第七章　望見商の歴史的位相——九〇年代以降の労働市場と接続関係の変化

ここまでは望見商業高校における生徒の進路展望や、我々の活動を通しての生徒の進路意識の変容、ボランティアの学びについて詳細に追ってきた。一見すると前章までに我々が報告してきたことは、「望見商だけのこと」と映るかもしれない。首都圏の、ある小さな商業高校で起きた小さなエピソードにすぎない。学校が変われば生徒も違うと見る向きもあるだろう。

事例報告は、しばしばこうした評価を受ける。だが一つの事例の中で生じている事態や変化は決して真空の中で起きているのではない。それは、その事例の置かれた歴史的、社会的な文脈に影響され、ある条件の中で生じた事態であり変化である。そこには他の事例と共有しうる様々な特徴や変化がみられる。それが理解されるとき、その事例はより大きな広がりの中で捉えることができるようになり、その社会的な意味や実践の意義を評価することができるようになる。こうして一事例の報告は、一つの社会的事実としての意味を獲得するのである。

ここではこうした問題意識から、二〇〇〇年という時点に望見商業高校で開始された我々のプロジェクトが、どのような歴史的、社会的文脈の中にあったのかを解明する。より深く理解するために別の商業高校の事例を対比させながら、望見商が選択せざるを得なかった指導戦略とその帰結を理解したい。本書の中で見てきた生徒たちの進路意識や、そこでの我々の進路選択支援のプロジェクトは、職業高校（専門高校）としての望見商をとりまく外部環境の変化と、それに対応しようとした学校側の指導の戦略に大きく条件付けられているのである。

1　商業高校の歴史的経緯とその制度的変容

そもそも商業高校とは、工業高校とともに高校の専門学科（職業科）の代表的存在であり、多くの学校が戦前の実業学校を前身としている。第二次世界大戦後の学校教育の民主化過程では、新制高校はアメリカの総合制ハイスクールをモデルにして、いわゆる「高校三原則」、すなわち小学区制、男女共学、総合制の遵守がGHQから指示され、多くの学校もその方針に沿って改廃された。しかし、男女共学を除く残りの二つの原則は、占領終結後、多くの地域で数年後には廃止され、学区の拡大と学科の独立がなされるようになった。形ばかりの総合制をとっていた新制高校の多くはほどなく改編され、さらに一九五一年に産業教育振興法が制定されると、職業科の単独校化がすすんでいった。

戦後の高校の歴史の中で、職業科が最も注目されたのは、文部省が一九六〇年に公表した高校急増期対策の基本方針である。この方針は、戦後増え続ける高校進学者を受け入れる上での政府の基本方針を宣言したものである。同年に発表された所得倍増計画は、産業界の意向が積極的に盛り込まれており、高校の学科構成としては、普通科と職業学科の比率をそれまでの六：四から五：五にすべきだとの提言がなされていた。基本方針もこの流れに沿って書かれており、工業課程の充実が最も重視され、その次に重点を置く課程として農業課程とともに商業課程が挙げられた（冨江 1999）。

しかし実際には、普通科進学を求める生徒や親の圧力により、普通科が多く設置されていった。六〇年代は高校進学率の大幅な上昇を遂げた時代であるが、そこでは政府側の職業科拡充と住民側の普通科への期待とを同時に受けながら、高校が増設されたのである。とくに大都市圏では、それ以外の地域に比べて職業科の拡充は達成されず普通科が拡充されていった。そして、一九七〇年代半ば以降は、職業科の比率は低下している。

図表7-1は、一九五五年から二〇〇五年までの高校教育に関するいくつかの重要な統計量を示している。一番左端は高校進学率である。高校への進学率は一九六〇年から七五年までの一五年間に三四％も上昇し、七四年には進学率は九割を超えた。また真ん中の各欄は、その年度における生徒全体の中での在籍学科の割合を示している。一貫して普通科に在籍している生徒が多いが、六〇〜七五年はその割合は五八・三％から六三・〇％とあまり増えていない。だが七五年を境にシェアは急激に拡大し、九五年には七四・二％を占めるまでになった。一方、商業科は急拡大期には増えはしなかったものの一五％程度のシェアを占めていた。だが、その後は急激に割合が低下し、今では全生徒数の一割にも満たない数しか商業科に在籍していない。

一番右端の列は、高校を卒業した者のうち就職した生徒の割合である。一九六〇年には六一・三％が卒業後すぐに就職していた。八〇年代になっても、その割合は四〇％を超えていたが、九〇年代に入って急激に減り始め、二〇〇〇年には一八・六％にまで落ち込んでいる。もちろん、この背景には大学進学率の上昇があるが、九〇年代からの急激な下降は、雇用環境の悪化が指摘できる。

以上のように、一九九〇年代以降の求人減をはじめとする新規高卒労働市場の変容は、高卒者の卒業後の進路を大きく変化させた。商業高校においてはバブル崩壊を境に、就職率の急激な低下と、それに呼応するかたちで進路未定率と進学率の上昇を経験した。我々が望見商で大学進学支援の活動を開始した二〇〇〇年時点での状況を考える場合には、まずこのようなマクロな労働市場の変容という要因を考慮しなければならない。商業高校でありながら、就職という進路がなかなか叶わない状況が露呈していた。

図表 7-1　高校進学率・学科別生徒数の割合・就職率の経年変化

年度	高校進学率	生徒数(人)	学科別生徒数の割合												卒業生の就職率
			普通	商業	農業	工業	水産	家庭	看護	情報	福祉	その他	総合学科	合計	
1955	51.5%	2,571,615	59.8%	14.3%	7.8%	9.2%	0.5%	8.2%				0.1%		100.0%	47.6%
1960	57.7%	3,225,945	58.3%	16.5%	6.7%	10.0%	0.5%	7.8%				0.2%		100.0%	61.3%
1965	70.7%	5,065,657	59.5%	16.9%	5.2%	12.3%	0.4%	5.5%				0.2%		100.0%	60.4%
1970	82.1%	4,222,840	58.5%	16.4%	5.3%	13.4%	0.4%	5.2%				0.8%		100.0%	58.2%
1975	91.9%	4,327,089	63.0%	14.5%	4.5%	11.8%	0.4%	4.5%	0.6%			0.7%		100.0%	44.6%
1980	94.2%	4,616,339	68.2%	12.5%	3.8%	10.3%	0.4%	3.5%	0.6%			0.7%		100.0%	42.9%
1985	93.8%	5,171,787	72.1%	11.3%	3.0%	9.3%	0.3%	2.7%	0.5%			0.8%		100.0%	41.1%
1990	94.4%	5,616,844	74.1%	10.4%	2.7%	8.7%	0.3%	2.4%	0.4%			1.1%		100.0%	35.2%
1995	95.8%	4,717,191	74.2%	9.5%	2.8%	8.8%	0.3%	1.9%	0.5%			1.9%	0.1%	100.0%	25.6%
2000	95.9%	4,157,269	73.3%	8.5%	2.8%	8.8%	0.3%	1.7%	0.5%			2.5%	1.7%	100.0%	18.6%
2001	95.8%	4,053,627	73.0%	8.3%	2.8%	8.8%	0.3%	1.7%	0.5%			2.6%	2.0%	100.0%	18.4%
2002	95.8%	3,921,141	72.9%	8.1%	2.8%	8.8%	0.3%	1.7%	0.4%			2.7%	2.3%	100.0%	17.1%
2003	96.1%	3,801,646	72.8%	7.8%	2.8%	8.7%	0.3%	1.6%	0.4%	0.0%	0.1%	2.8%	2.8%	100.0%	16.6%
2004	97.5%	3,711,062	72.8%	7.6%	2.7%	8.6%	0.3%	1.5%	0.4%	0.0%	0.1%	2.8%	3.2%	100.0%	16.9%
2005	97.6%	3,596,820	72.6%	7.3%	2.7%	8.4%	0.3%	1.5%	0.4%	0.1%	0.2%	2.9%	3.8%	100.0%	17.4%

＊各年度学校基本調査より作成

ただし、こうした状況はすべての商業高校で見られたわけではない。後に詳しく見るが、同じ商業高校でも望見商のような高校が見られた一方で、同様のマクロな変化を経験しながらも高い進路決定率を維持し続けていた高校もある。

そこで次節では、同じ首都圏の商業高校でも、高い進路決定率を手堅く維持してきた別の商業高校の事例と対比させながら、九〇年代以降の労働市場の変容を中心とする学校を取り巻く社会的文脈の変化が個別の学校の進路指導や学校組織のあり方をどのように変容させたのかについて明らかにする。ここではその学校の特徴を表して「堅田（かただ）商業高校」と仮に名付けよう。

この比較分析のために、我々は二〇〇四年四月～一二月まで、堅田商と望見商において、教師・生徒へのインタビュー、学校要覧や『進路の手引き』等文書資料の収集を行い、両校の進路状況、進路指導、生徒指導に関するデータを収集した。調査対象者は一九九二～二〇〇四年度にかけて望見商に在任したことがある教師五名と、二〇〇四年度の三年生一三人、堅田商に一九九六～二〇〇四年度に在職したことがある教師四名と二〇〇四年度の一年生四人、三年生四人である。インタビュー対象の教師は、在任中に、生徒指導、進路指導、学年のうち複数を担当している。インタビューでは、特に時期を指定せず、在任期間中の学校の様子について尋ねた。

望見商の生徒たちの進路意識やその中での我々の活動が持つ意味は、こうした分析を通じてより明確に把握することができるだろう。

2　望見商と堅田商

ここで比較対象として取り上げる堅田商は、創立八〇年を超えた伝統校であるが、望見商とは対照的にバブル

図表 7-2　両校のプロフィール

	堅田商	望見商
歴史	創立 80 周年	創立 70 周年
生徒数	約 600 人	約 300 人
男女比	2:8〜3:7	2:8
自治体内公立高校における地位	中下位校	下位校
自治体内商業高校における地位	上位校	下位校
退学率	約 6%	約 20%
生徒の家庭背景	家庭の経済状況により進学できない者が一定数	10% 強が授業料免除申請

崩壊後の求人減を経験しつつも、進路決定率九五%以上を維持し続けてきた。堅田商も首都圏にあり、望見商からも比較的近い位置に設置されている。望見商同様に広範な地域から生徒が集まる高校で、全校生徒数は約六〇〇人、男女比は約二：八〜三：七である。堅田商は望見商に比べ、学校規模が大きく男子生徒の比率がやや高い。入試偏差値は、望見商が四〇を下回るのに対して、堅田商は四〇台半ばにある。商業高校の中で、望見商は相対的に下位に位置するのに対して、堅田商は近隣の公立商業高校の中ではトップ校と見なされている。伝統的に服装や頭髪に関して指導が厳しく、挨拶や話し方などに関する礼儀やマナーの教育がさかんで、「就職するなら堅田商」という評判を得ている。マイヤー（Meyer 1977）の言葉を用いれば、堅田商はこうした高い評価の「チャーター効果」を備えていると言える。

生徒の家庭的背景については数量的なデータはないが、堅田商についても、家庭の経済状況によって進学をあきらめざるを得ない生徒が少なからずおり、家庭的背景に不利な状況を抱えている者が両校とも存在すると考えられる。また、望見商では卒業時までに三割程度の生徒が退学するが、堅田商では退学率が五%前後と低い。両校の概要を比較すると図表7-2のようになる。

堅田商と比べて、望見商は一九八〇年代から現在にかけて卒業生の進路先についていかなる変化をしたのだろうか。最初に二校を管轄する自治体（都道府県レベル）全体について、商業高校（自治体立）卒業者の進路先の推移を見てお

図表 7-3　望見商卒業者の進路先の変化（『進路の手引き』より作成）

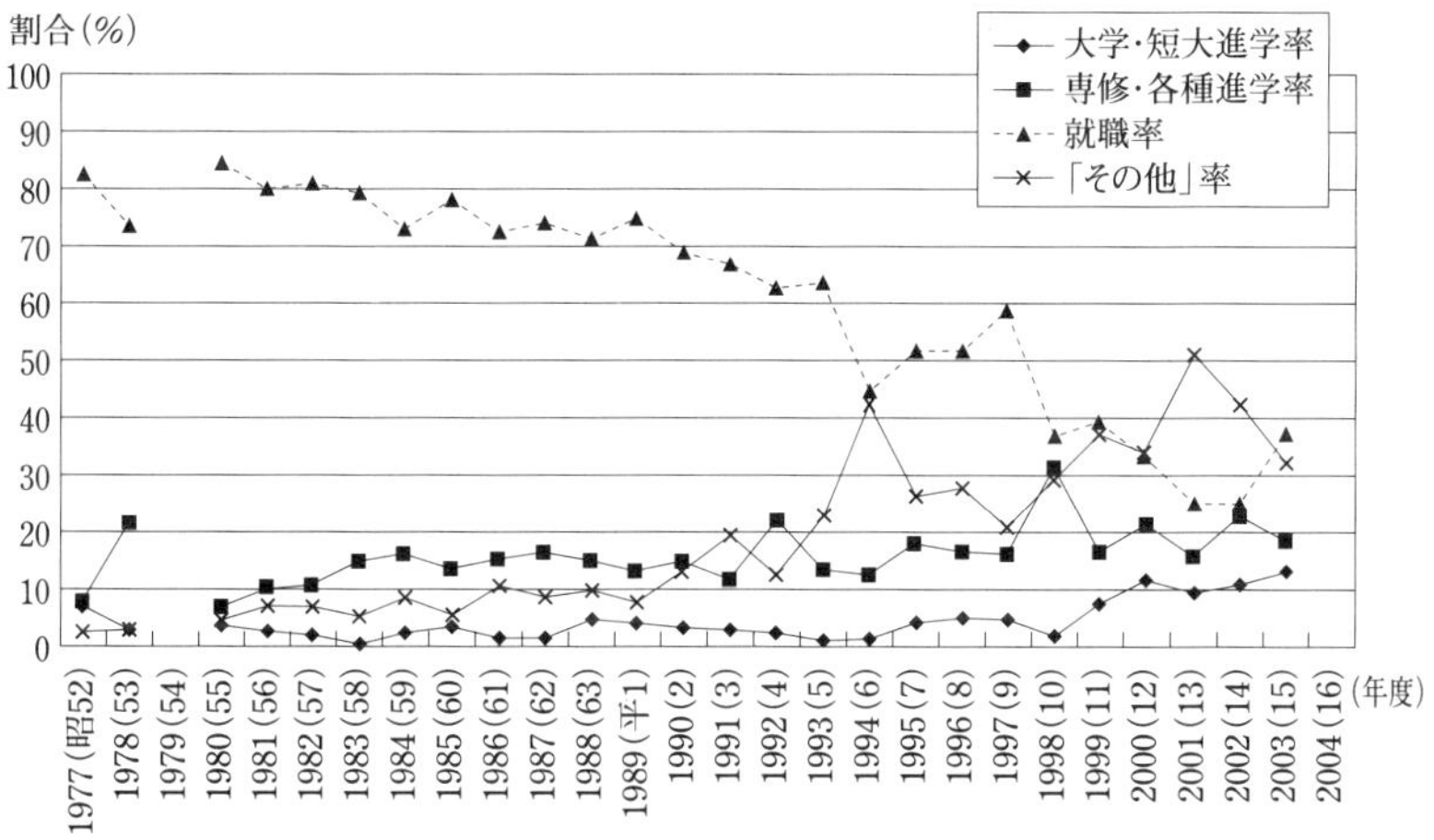

（注）グラフの空白部分はデータが入手不可能であった年度である。

くと、八〇年代半ばまでは商業高校の就職率は八〇%を超え、専修・各種学校進学率が一〇%未満、大学・短大進学率、「その他」（卒業後進学も就職もしない者）率がともに五%未満というように、卒業者の大部分が就職していた。しかし、八〇年代半ば以降、就職率は次第に減少し始め、バブル崩壊後の九〇年代半ばには大きく減少、二〇〇〇年以降は就職率が四〇%前後となっている。その一方専修・各種学校進学率、大学・短大進学率が右肩上がりに上昇するとともに、「その他」率も九〇年代半ば以降急速に増えている。

こうした自治体全体の動向の中で、望見商と堅田商の進路実績はいかなるものであったのか。図表7-3は望見商、図表7-4は堅田商の卒業生の進路先の変化をグラフで示したものである。これを見ると、両校とも八〇年代終わりまでは就職率が高く、進学率は比較的低く、「その他」の進路に進む者は少数であったという点で、同自治体内の他の商業高校と同様の変化を見せている。しかし、九〇年代前半を境に、両校の進路は大きく分化した。

二〇〇三年度卒業者の進路先は、堅田商では大学・短大

図表 7-4　堅田商卒業者の進路先の変化（『進路の手引き』より作成）

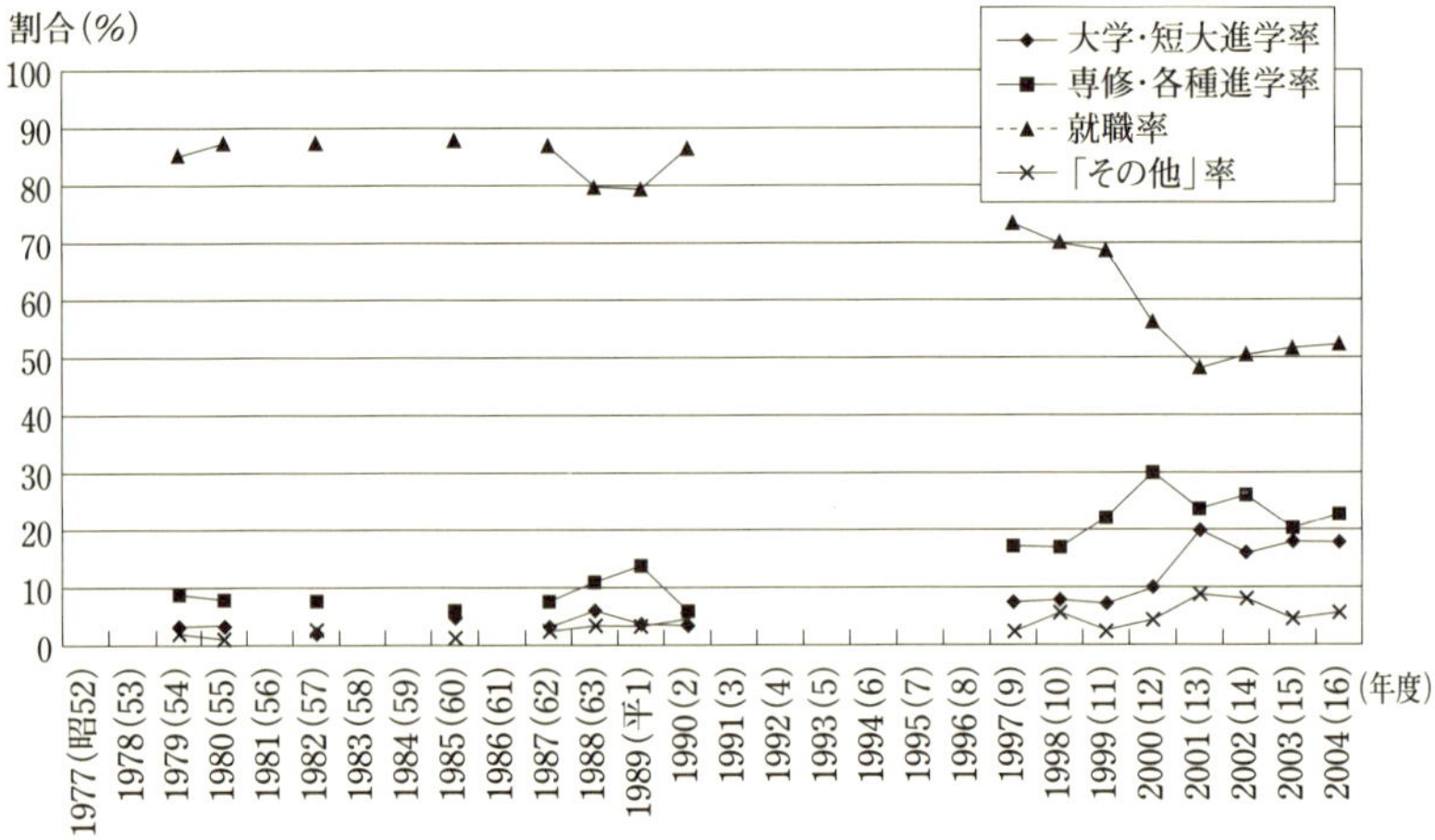

（注）グラフの空白部分はデータが入手不可能であった年度である

が一七・九％、専修・各種学校が二〇・一％、就職五〇・四％、「その他」は四・五％であったのに対して、望見商では大学・短大が一二・八％、専修・各種学校が一七・九％、就職が三七・六％、「その他」が三一・六％であった。望見商では就職者の減少率が大きく、進路未定者を多く輩出するようになったことが分かる。同じ地域にあり、同様にマクロな経済状況の悪化を被りながらも、両校は、異なる結果となった。

3　両校の進路指導の違い

両校にみられる進路動向の差異は、両校の進路指導のあり方の違いとも関連している。苅谷（1991）によれば、一九八〇年代までの日本の職業高校は、いわゆる「実績関係」を通じて、生徒を確実にいずれかの企業へと送り込むことに成功していた。実績関係とは日本の高校と労働市場の間に見られる特異なシステムであり、企業は前年度の採用実績に基づいて、採用のあった高校に採用枠を提供する。これに対して、高校側は生徒を選抜し送り出すという仕組みである。高校側からすれば、採用実績のある企業は「実績企業」であり、それを維持することで安定した就職指導をすることができたわけである。

各高校は実績企業からの採用枠を企業の大きさや評価により序列付けて、成績順に生徒を配分していた。その地域のトップ企業からの採用枠には、学校側も校内でトップの成績をとった生徒を送り込むという具合である。学校と就職先とがこうした関係で緊密に結びついていたために、生徒は「より望ましい就職先へ」という目標に動機づけられて、学校が提示する就職先の企業リストのより上位に食い込もうと、学業に励み、校則を遵守し、学校生活にコミットしていたのである。高校は、こうしたシステムを通じて、卒業生を効率的に進路配分するとともに、学校へのコミットメントを維持することに成功していた。

バブル崩壊までは、望見商でも堅田商でも、生徒は成績を主な基準にして就職先へと円滑に配分されていた。九〇年代初めまでは望見商においても、潤沢な求人に支えられて生徒の就職内定率は高い比率を維持していた。「就職（という目標）で生徒を引っぱってこられた」（望見商S教諭二〇〇三年度生徒指導担当）時代であったという。また、堅田商においても、当時は進路指導に関して現在ほど特別な指導は行われていなかったという。「ある程度の成績を取っていれば良い企業から順に割り振られていた」（堅田商V教諭、二〇〇四年度進路指導担当）と同校の教師が語ったように、成績による序列付けによって、生徒の進路は割り振られていった。

しかし、九〇年代以降の労働市場の変容が、両校の進路指導のあり方を大きく変容させた。バブル経済の崩壊の影響を受けて、両校とも求人件数は減少した。だが、この就職状況の悪化に対する教師集団の理解とそれに基づいて彼らが下した戦略は両校では大きく異なっていた。この結果として、両校の進路指導体制には大きな差が生じてきたのである。以下では、まず堅田商の取った指導の戦略を紹介した後で、望見商の採った戦略を説明しよう。

1　堅田商に対する影響と指導の変化

①最低求人数の確保

堅田商でも高卒求人減の影響は大きかった。九〇年代前半に三〇〇〇、四〇〇〇社あった求人件数が、バブル崩壊以降急激に減少し、二〇〇三、二〇〇四年あたりには四〇〇件から五〇〇件にまで落ち込んだ。これまで毎年生徒を送り出していた「実績企業」も、不況の影響を受けて毎年求人を出すことができない状況が生じた。ただし、堅田商には同校の伝統に支えられた「就職の堅田商」という評判、すなわち、マイヤーの言う「チャータ－効果」が強力に作動した。これにより、バブル崩壊後の求人減においても、望見商ほど深刻な事態には陥らず、「今は何とか、先輩のいる、または、昔先輩のいた企業で回っている状態」（堅田商U教諭、二〇〇一年度進路指導担当）にとどまっており、現在もかろうじて希望者数に足るだけの求人数を実績企業から確保している。

②就職試験の困難化、就職先を巡る外部との競争の激化と努力の強調

とはいえ、堅田商の就職環境も以前と比べれば格段に困難なものとなった。調査した二〇〇四年には、堅田商でも、一回目の応募で就職先を決定できない生徒が二～三割いた。近年では高卒資格の職により上位の学歴の者が就くという「学歴代替雇用」の傾向が強いため、堅田商の生徒も同じパイを短大生や大学生と競わなければならない状況にあった。企業によっては、高卒者の採用の際にも、大卒の就職試験のようなグループワークやSPI試験を課す企業もあるという。同校のV教諭の言葉を借りれば、かつては「ある程度の成績を取っていれば、良い企業から順に（生徒が）割り振られていた」そうだが、バブル崩壊を境にこうした時代は過ぎ去ってしまったのである。

堅田商では九〇年代に入るまでは、進路指導に関しては特別な指導は行われていなかった。成績による序列付けによって、生徒の進路は円滑に配分されていたのである。しかし、U教諭の話では、就職が困難になる中で教員たちには「とにかく頑張るしかない」という認識が生まれ、進路指導においては進路先の決定のために、生徒には「とにかく努力すること」が強調されるようになった。すなわち自分がいかにその仕事について苦労して調べたのか、いかにその進路に進みたいという明確な意思を持っているか、苦労してインターンシップをしたのかということを、生徒に強く要求するようになったのである。これは単に就職や進学といった目標を達成するためだけの努力を意味するのではなく、「汗水たらして」「苦労する」（V教諭）といったように、努力することそのものの価値を強調するものでもあった。こうして、堅田商では「努力」が重要な位置を与えられるようになったのである。

③全員の進路決定、努力を支える生徒集団の凝集性――団体競技型指導

堅田商においては、就職状況の困難化に対抗するために、生徒集団の凝集性を高めることで前述のような努力主義を支え、生徒全員を進路決定に導こうとした。

調査時点での堅田商では、V教諭が「スポーツの団体戦」と比喩したように、クラスという「集団」を単位とした進路指導が行われていた。堅田商では、高二の秋に行われるインターンシップを体験した者の多くが「進路委員」と呼ばれる「進路活動のリーダー」に立候補し、各クラスに配置される。そしてその後の進路活動は、進路担当教諭から進路委員を媒介としてクラス単位で行われていく。教師から各生徒に対して進路に関する行事の連絡などをすることはなく、教師からの連絡をクラスの生徒に伝えるのは、すべて進路委員に任せられている。遅刻者に対する声かけ等、クラスの生徒に対する働きかけも進路委員の仕事の一部である。それは、「教師主導」

ではなく、生徒の中から他の生徒を導いていけるような「強いリーダー」を育成し、その生徒たちが「中心になって、教員が指導するというよりは、クラスの生徒が一丸となって進路に向けてがんばっていく」ものである。このような指導の結果、生徒のドロップアウトも阻止され、全員が進路決定へと導かれているのであった。

このような「団結力」を重視した指導は、クラス・学校全体の凝集性を高め、進路決定へと動機付けていく指導であるといえる。これは、実績関係に基づいて、望ましい就職先をめぐる校内競争で生徒を動機付けていた八〇年代のメカニズムとは異なるものである。就職先への選抜自体は現在も成績によってメリトクラティックに行われているが、生徒を進路決定へと導くメカニズムは変化したのであった。

④現在の指導を可能にした堅田商の「伝統」

このような進路活動における「努力」や凝集性を高める指導の基盤となっているのは、就職状況が悪化する以前からの、「堅田商の伝統」であった。堅田商では八〇年代以前からスカート丈をはじめ服装や頭髪についての詳細な服装規定や、あいさつ、教師や目上の者に対する話し方・態度など礼儀について細部にわたる指導が行われていた。調査時点においても堅田商では頭髪を染める者やスカート丈を短くする者はおらず、このような堅田商の「伝統」が作り出す他校とは違う「堅田商生らしさ」を強調することが、前述の学校の凝集性の強化を可能にするひとつの基盤となっていたと考えられる。

堅田商の生徒は昔からこのような指導を受け入れるような構えを持っていた、と同校の進路担当教諭は語った。生徒は就職というゴールのために仕方なく規則や教師に従うのではなく、学校の提示する価値に合意し、積極的にコミットし、教師とも親密な関係を築いていた。こうした日常生活における「厳しい」指導を受け入れる生徒文化が、進路指導における努力主義をうまく機能させる素地となっていたと言える。生徒たちがこうした指導を受け入れた一つの理由は、やはり同校が近隣の商業高校の中ではトップにあるという評価だろう。全体で見れば、普通科の進学校よりは入学する生徒の成績は低いものの、商業高校に行くのであれば堅田商という評判を得ている限りにおいて、堅田商にはある程度学校に対してコミットメントを持てる生徒が集まってくる可能性が高かった。

2　望見商における進路指導の変化

①求人の激減

望見商においても、バブル崩壊後の高卒労働市場の変化の影響は大きかった。同校でも一九九一年度には求人件数が二〇八八件に達したが、これをピークにその後は大きく減少している。最も少ない二〇〇〇年は、件数は二四八件にすぎなかった。また、実際に合格可能性の高い「実績企業」も大きく減少した。一九九六年から二〇〇〇年度あたりまでは、こうした実績企業が二〇数社あったが、二〇〇二年度には五社ほどにまで縮小してしまったのである。

このように望見商の求人状況は二〇〇〇年を迎える頃には、生徒に「勧めてもだめ」（望見商川崎教諭、二〇〇四年度進路指導部担当）という状態にまで悪化していたのであった。望見商は堅田商とは対照的に、近隣の商業高校の間でも低位にあったため、実績企業以外の求人を他校生と争う際にも不利であった。

②就職状況の悪化と消極的進路指導方針への転換

前述の通り、望見商も二〇〇〇年前後は大幅な求人減を経験した。堅田商は、かろうじて全員にいきわたるだけの実質的な求人を確保し、また実績関係にない企業に対しても学力の高さにより合格にこぎつけた。これに対してこの時点で、望見商では生徒に就職を「勧めてもだめ」という状況に陥っていた。

こうした中で、望見商がとった基本的戦略は堅田商と同様に、それまでの実績企業との関係を維持していくというものであった。しかし堅田商では、そのことが進路指導の強化、努力主義の導入へと至ったのだが、望見商では、そのような方向での転換はなされなかった。望見商がこの時に採用したのは、数少ない実績企業とのパイプを維持するという戦略で、望見商で二〇〇三〜二〇〇四年度に進路担当をしていた川崎教諭によれば、これは「いわば後ろ向き」の戦略であり、「とにかく今あるところから嫌われないようにしよう」（川崎教諭）というものであったという。

つまり、望見商では、就職に対してあまり積極的でない生徒を無理に就職させることで早期離職等が生じ、これまで企業と築いてきた実績関係を失うことを危惧したのであり、それよりも就職後もきちんと働いてくれるようなまじめな生徒だけを実績企業に送り出すことを重視したのである。

しかしこうした戦略は一方では、学校の進路指導に乗ることができず、まじめな学校生活を送っていない生徒が進路未定になることを容認してしまうものでもあった。この結果、望見商では、ごく一部の、成績上位で学校へのコミットメントの高い者だけが安定した就職先を得たが、その他の多くの生徒は進路未定者となっていった。

③生徒の学校へのコミットメント低下と退学率の上昇――アットホームな指導へ

こうした望見商がとった戦略は、前述の求人減の影響という、外部状況の変化に大きく規定されている。望見商では、生徒全員にいきわたるだけの実績企業を確保することができなかった。だが、堅田商と望見商がそれぞれ採った戦略の差異の背景には、このような労働市場の悪化の影響の違いとともに、生徒の行動面の問題が関係していた。望見商では、生徒の行動や態度を踏まえれば、堅田商同様に指導を強化しても、有効性を持ちにくいと認識されていたのである。

望見商では、就職状況の悪化とともに生徒の学校に対するコミットメントが低下し、退学率の上昇が問題化した。たとえば、八〇年代には一〇％から一五％に抑えられていた退学率は、九〇年代半ば以降は急増し、一貫して二〇％から三〇％となったのである。望見商において憂慮されていたのは、進路未決定の問題以上に、こうした学校へのコミットメントの低下であり、その帰結としての退学率の上昇であった。

退学率が急上昇した直後は、望見商でも従来型の指導を強化することで、この問題に対応しようとした時期もあった。例えば、定期テスト期間中に生徒が教室から出て行くのを防ぐため、教師が廊下に立つなど、規則を守らなかったり努力しようとしない生徒に対しては、厳しく指導する方針が採られたこともあったという。学校の正規の指導にしっかりと従う者のみが指導の対象とみなされ、それに違反する者は厳しく罰せられた。

しかし、我々が指導体制に関して聞き取り調査を実施した二〇〇四年度には、教師たちは日々の生徒との相互作用の中で、生徒に対し、「怒ったらもうそこで終わり（指導は拒絶されてしまう）」（川崎教諭）、「いろいろ言っても（生徒は）できない」（S教諭二〇〇一〜〇三年度生徒指導部）といった認識を持つようになっていた。そして、その中で少しでも生徒たちの学校へのコミットメントを高めるための戦略として、教師たちが厳罰主義にかわって採用したのが、以下に見るような「アットホームな指導」という戦略である。

「アットホーム」という概念は、望見商の教師や生徒が用いる、ローカルなターム（言葉）である。同校の教師たちが学校の雰囲気を語る際には、頻繁にこの言葉が登場した。望見商の学校紹介パンフレットにも、「小さな学校だけど、アットホームな雰囲気が好きなんです」と学校の特徴を一言であらわすフレーズとして、この言葉が紹介されている。

しかし、「アットホームな指導」は生徒を学校へとつなぎ止める機能を持ちつつも、進路決定や学校の秩序維持という点においては、以下に詳しくみるように、内部にジレンマを抱えるものでもあった。

④アットホームな指導――居場所としての学校と進路への水路付けの困難

望見商の生徒に話を聞くと、同校の生徒と教師は、「先生とは普通にしゃべる」（望見商生徒Jさん）とか、「仲の良い先生とはメールしたり」するのだという。こうした生徒の発言にみられるように、望見商では、生徒から見れば、教師は「先生って感じがしない」（望見商生徒Nさん）存在であり、「フレンドリーな」関係（望見商生徒Pさん）を結んでいる。また、我々が活動を開始した二〇〇〇年当時の望見商では、スカート丈を短くしたり、化粧をするなどの校則違反についてはそれほど厳しく取り締まられず、学業に対してもとくに厳しい指導が行われるということは見られなかった。

進路指導においては、全体を対象とした集団指導ではなく、教師と生徒の1対1で行われる個別指導が中心となっていた。教師は、生徒の希望する情報を収集・提供したり、受験までに何が必要かを提示するといった動き方をしており、ある意味では、個々の生徒のニーズに合わせてサービスを提供するという、コンサルタントのような役割を果たしていたのである。

こうした指導の背景には、多くの生徒が進路指導に乗ってこず、生徒全体に対するスケジュール化された指導はあまり意味を持たないという現実があった。望見商のR教諭（二〇〇四年度生徒指導担当）が「お膳立て」と名付けたように、望見商で期待されていたのは、就職や進学にある程度希望を持つ生徒に対しては、個別に「一から全部やってあげる」（R教諭）という指導であった。

このようにアットホームな指導は、一面で、情緒的報酬やサービスを提供することで、生徒を学校につなぎとめようとするものであったといえる。これは、退学率の上昇に対する教師の危機感を背景としており、目標不在の中で学校にとどまることに意味を見いださない生徒に対しても、学校への参加を維持するために教師が発達させた指導方法であった。

しかし、生徒にとってはある意味で「居心地のよい」、こうした指導は、生徒のコミットメントを維持することはできても、いくつかの葛藤や困難を抱えていた。学校の秩序統制という点からみると、先に指摘したように、望見商においては服装や化粧等に関する校則違反はある程度大目に見られる傾向が強かったが、その一方では、出席日数、喫煙等の禁止行為など、守らねばならない最低限の規則に関しては厳しく指導が行われていた。このような基準が満たされないときには、留年、停学、退学等の措置がとられていたのであり、学校は無条件に居場所となったわけではなかったのである。

また、進路への水路付けという点においても、望見商のアットホームな指導は大きな困難を抱えていた。先に述べたとおり、コンサルタント的な進路指導は、生徒側にニーズ――それも就職、進学といった、学校が提供できる進路に合致したニーズ――のないところでは成立しにくいという問題を抱えていた。

進路に向けた活動をしようとしない生徒に対して、望見商の教師たちは、時にはうるさいくらいに、「とにかく何度も声をかけた」（川崎教諭）という。このような「声をかける」指導は、学校へのコミットメントの維持と、秩序統制や進路への水路付けに見られる困難への対処の結果として現れるものである。学校的価値に志向しない生徒に対し、怒ったり強制的な指導を行えば、生徒は指導を拒絶し、学校から離れてしまいかねない。それゆえに、「声をかける」という指導が行われるようになったのであった。だが、このような方法は、一部の生徒には有効性をもつとはいえ、大きな力は持たない。つまり、望見商でのアットホームな進路指導は、生徒の自主性を前提として成立するものであり、自主性や学校へのコミットメントが低い者に対しては、指導が介入することができないという限界を持つものであったのである。

以上のように、商業高校は制度的にはどの高校もある程度同じシステムを有するわけであるが、九〇年代の労働市場の変容を経る中で、進路指導のあり方は学校によって大きく異なっていったのである。一方には、堅田商のように学校の凝集性を高め、労働市場の変化に合わせて努力することで、それまでその学校が果たしてきた機能を維持しようとする学校があった。このような学校は、今後もいわば「エリート就職校」として、狭隘化してゆく高卒労働市場において、より大きなパイを獲得していくと考えられる。

だがその一方で、望見商のように高卒労働市場の影響を大きく受けた結果、アットホームな指導によって生徒を学校へとどまらせ、その中で何とか進路決定へと導こうとする学校があったのである。そこでの指導は、生徒を学校にとどまらせることは可能にしたものの、明確な進路希望を持たない生徒や、教師との関係をうまく築けないでいる生徒は、指導そのものから排除されがちだという限界を持っていた。

第二章で指摘したように、望見商には、過去や現在からという進路の物語や、現在のことだけを考えて将来を見通さないといった、過去起点タイプや現在起点タイプの進路の物語を有する生徒が多い。これは、望見商のおかれたこうした歴史的、社会的状況に規定されていたのである。望見商が採用したアットホームな指導は、労働市場の変化という外部状況の変化と、生徒の質的変容の影響を受けて、そのような指導法を採らざるを得なかったという状況が大きく関わっている。だが、こうした中で、生徒たちに対して、積極的に将来を見通させるための、効果的な指導を行うことは困難となっていった。

本書で紹介してきた我々の進学支援の取り組みは、労働市場の変化とそれに対応しようとする学校側の対応の中で、望見商が抱え込まざるを得なかった課題に対する一つの試みであったといえる。

4　自主性尊重型学校と伝統的指導型学校
——学校存立メカニズムの観点から

これまで見てきたように、望見商と堅田商の進路指導は対照的であるが、この対比はある意味で、今日の高等学校が維持存続していく上での典型的な二つのタイプを示している。

学校を存続させていく上で望見商の抱えていた課題と、それに対して同校が採った対応は、ある広がりをもって確認することができるだろうし、そうであるならば我々が実施してきた支援の取り組みは、望見商と類似する他の学校でも必要だと言えるだろう。

そこでこの節では、これまでの分析をもとに、学校存立メカニズム、すなわち「学校を学校たらしめている原理」という観点から、望見商と堅田商を比較し、より広い歴史的・社会的文脈から両校の置かれた現状を捉えたい。

前節で紹介した二校の特徴をそれぞれ一言で言えば、望見商は生徒の自主性を尊重する姿勢に満ちていたと言える。学校の指導の基盤に、生徒の目標や自己実現に向けて生徒の自主性を尊重しつつ、それを支援するという考え方が浸透している。それは、一九八〇年代の管理教育の時代とは異なった指導の考え方であり、ここでは、こうした学校を自主性尊重型と位置づける。これに対して堅田商は、従来型の「学校らしい」指導を維持し、学校とその後の進路との間のパイプラインをしっかり保持することで、高い進路実績をあげた高校と位置づけることができる。そこで、ここではこうしたタイプの学校を伝統的指導型と呼ぶことにしたい。

以下では、両校をこの二つのタイプとして捉えることで、学校存立のあり方と指導戦略との関係や、そこに内在する課題について理解を深めたい。

1　伝統的指導型の堅田商――進路パイプラインが学校存立の核

堅田商が高い就職決定率を誇ったのは、企業との間に強力なパイプラインが敷かれていたからであった。しかも、一九九〇年代の経済不況の中、多くの学校がこの進路パイプラインを維持できなくなったのに対して、堅田商はいわゆる実績関係を多くの企業と維持することに成功し、良好な「実績企業」を寡占的に確保してきた。そして堅田商はこのことを基盤として、入学してくる生徒の質の確保と一定水準以上の学業指導を行いうる環境を整えたのである。こうして、堅田商は学校存立を模範的になしえたのであった。

具体的に堅田商が一貫して維持し得た要素は、第一は「学習―能力―進路」の良好な関係であった。進路先が確保されることによって、堅田商は学校を選抜機関として機能させることができた。それは、学校での学習が、選抜のキーとしての意味を持つことを意味する。苅谷（1988）によれば、我が国の選抜システムは労働市場に学校が深く関与するものとなっている。すなわち「すぐれて経済的な営みである職業的選抜・配分の過程に、日本では学校が深く関与している」（二四八頁）。氏の説明に従えば、「アメリカでは学校は介在せず、労働市場において求職者である高卒者と雇用者とが直接交渉して就職・採用を決める市場依存型のメカニズムが働いている」（二四九頁）のに対して、我が国では「実績関係」と呼ばれる学校と企業との制度的な関係が存在し、「学校に委任された職業的選抜」が成立しているのである。

実績関係により就職先が決定してしまう日本では、職業選抜を学校に委ねてしまうことになる。本来であれば、卒業後の就職活動の中で、学歴や資格が評価されるものだが、日本ではそうした過程を経ずに、予備的な職業的選抜の実効性が高い仕組みを発達させてきた。このために、進路パイプラインが直接的に学校の存立基盤となるのであった。

同校が維持し得た第二の要素は、生徒の規範意識である。前節でみたように、堅田商では一九七〇年代のような伝統的な校風を維持することができた。礼儀を重んじ規律は厳格で、また茶髪やピアスは禁止で、頭髪や制服の着方にも厳しかった。学校が生徒をいかにして取り込むかという点で、生徒規範の維持は非常に重要な意味を持つ。一九八〇年代に、岩見・富田（1982）は、学校は若年層を「生徒化」する機能を有していると指摘した。当時の学校は、厳しい校則を課し、〈生徒〉としての規範を強調した。岩見・富田は、その様を、学校の社会化機能の特質として、成熟した大人へと社会化させるのではなく「一人前の生徒」という未熟な存在へと社会化させるのだと捉えた。たしかに、若年層は学校によって規範を遵守する態度を身につけさせられることにより、〈生徒〉らしい行動様式を身につけるようにコントロールされていた。

岩見・富田は、このことを「社会化の未熟な形態」として位置づけたが、学校の存立という点から見れば、八〇年代の高校は、「生徒化」することで、学校は若年者を学校に取り込み管理することができたと考えられる。

2　自主性尊重型の望見商──自主性の尊重とその支援が核

自主性尊重型の望見商では、生徒の自主性を生かし、それを支援することが指導理念として大きな力を持つようになった。自主性尊重型では、従来の進路先とは別の進路、つまり学校での学業とは関係のない進路も積極的に認められる傾向にある。これに関連して望見商のZ教諭は、インタビューにおいて以下のように回答している。

（聞き手）　……商業科の知識を生かすところがいい進路で、そうじゃないところは（不本意）みたいな考え方は（ありますか）？

（Z教諭）　それはもうないですね。本人のやりたいことが第一ですよね。ただ本人のやりたいことが本当にいいことかどうかを見極めてやることが必要だと思いますけれども。商業科だから、たとえば簿記をつかうところにいかなきゃいけないとか、そういったことではなくて、商業科で簿記を生かせる仕事があって、それが好きだと、ぜひやりたいというときはぜひ行きなさいと。……親御さんとも相談して「商業科だけど、こういうことに夢があるからと言ってますけど、どうですか」と、親御さんもね、「いいよと、ぜひやりなさい」と言ってくれる場合には、じゃあそのためにはこれからどういった勉強が必要ですかと。商業高校ですけど、比較的専門学校で出て行く子に多いのは、美容師とか介護士とか。そういったことを目指したいといってくる生徒がよく出ていますので。

このように生徒の自主性尊重を核とした場合には、当然ながらそれまで学校が射程に入れていない進路に生徒が就きたいという場合も、それを容認し、むしろ認めていく方向に傾きがちである。経済構造の劇的な変化を被り、学校で学んだことを直接生かす進路を確保できない状況に目をやれば、このような指導は実状に整合的だとみることもできる。

だが、一方で、自主性尊重という理念は、学校の基本的営為であった「学習―能力―進路」という関係を崩壊させる契機ともなっていた。また、自主性尊重型の学校は、これ以外にも左記に示すように、それまでの伝統的指導型学校に多く備わっていた要素を喪失・変容させていった。

①生徒の勉強観――興味に基づく学習

第一に生徒の勉強観の変化である。伝統的指導型の学校の生徒は、学校の勉強を自分の進路との関係で重要とみなすことができた。これは第二章で紹介した将来起点タイプの進路意識に重なるものである。だが、自主性尊重型の学校にしばしば共有されている生徒の勉強観は、こうした見方とは好対照である。こうした学校では、勉強の意味は進路との関係が薄いため、勉強への誘因はもっぱら興味だけに依拠しなければならない。
このことに関して、望見商の生徒からは次のようなインタビュー結果が得られた。将来起点タイプの進路意識を持つ生徒のような「後々のために」という勉強観ではなく、いわば興味を核とした勉強観が築かれている。

何だろう、私は、簿記とかパソコンとか、そういうのはためになると思う。あと日本史も好きなの。京都好きだし、お寺とかの話も好きだから、興味のあることは聞く。でも興味持たせるのは、先生のやり方だと思う。……後々こういうのためになったなっていうのは、あるかもしれないけど、後々のためにっていう（形での勉強）のはしない。（望見商Qさん）

「興味関心」とは勉強に意味を見いださせるための重要な要因として、九〇年代以降の教育改革で盛んに取り上げられたキーワードである。望見商の生徒には、自分の興味にフィットするものだけを取り上げて勉強するという意識が強く、勉強と進路形成がつながるものとしては捉えられていない。そうした意味では、自主性尊重型の学校でこそ、興味関心を中心にした学習が出現しているとみることもできる。

②居場所——アットホーム

自主性尊重型の学校が、それまでの伝統的指導型学校が有してきた要素の中で喪失させた第二点目は、「上からの指導」という在り方である。かわりに、自主性尊重型の学校では、居場所性が強調される。生徒の居場所として、帰属意識を感じられる場として学校が機能することに関心が向けられる。先にみたように、望見商は、かって一年生の約半数が退学するという事態に陥ったことがあり、そこから回復するために、「アットホームな学校」をキーワードにしたキャンペーンを実施した。退学せずに生徒が学校にとどまっていることを支援の一つと考えたのである。

自主性尊重型の学校でも服装（制服）指導や頭髪指導は行われているところが多いが、一九八〇年代ほどの厳しさはなく、最低限の基準となりがちである。それよりも進路指導の枠組みから生徒指導が行われることが多く、とくに服装や頭髪が厳しく指導されるのは、就職や入試の面接指導の直前である。近年、就職はもとより進学でもＡＯ入試や推薦入試の比重が高まり面接が重要になってきている。面接指導においては、生徒指導時よりも厳格な基準が適用される場合が多い。そこには、社会に出るための必要な作法を身につけるという意味合いや、厳格な管理統制と言う意味合いは薄れているのである。

生徒支援型での進路指導は、序列化された進路の割り振りといった考え方ではなく、一人一人の選択に寄り添う必要がある。こうした動きと、そこに支配的な先生―生徒関係のあり方は深く関係している。しかし、同時にそのことは、生徒指導上の困難を生じさせるリスクも負っている。指導の成功を左右する一つの要因は、生徒との間に人間関係がうまく築けるかどうかにある。それよって進路のプロセスの進み具合は左右にされるのであり、系統的な進路指導とは違った新たな難しさをもたらしている。

③若者としての生徒

第三点目は、学校に通う生徒の変容である。自主性尊重型の学校では、生徒は〈生徒化〉を免れて、〈若者〉として学校の中に存在することになる。現在の生徒の行動様式は、若者文化が主導しているといってよい。とくに女子において顕著であるが、若者文化・消費文化において「女子高生」というスタイルや言葉遣い、ケータイなどの持ち物や使い方、さらには興味のあり方までが半ば定式化されている。そうした行動様式とスタイルがほぼそのまま学校に持ち込まれているのである。

こうした中で、生徒を支援する際の課題は、生徒を〈生徒化〉することではなく、彼らとうまくコミニュケーションをとることとなる。ここでは必要以上には、生徒―教師間に摩擦は生じない。かつて筆者は、現代の学校が低摩擦化していることを地方の高校の数量的調査の分析に基づいて指摘した（耳塚・大多和・長須 2002）。ここからは、伝統的指導型の学校にみられるような管理主義的な教育の後退だけではなく、管理から支援へという指導理念ないしは学校の編成原理ともいえるものの変容を仮説的に提示できるようにも思われる。

3　一九九〇年代の社会・経済状況と学校存立メカニズム

望見商と堅田商の学校存立メカニズムの違いは、より伝統的な学校の維持に成功した堅田商と、それが崩れて新たな存立のメカニズムを模索してきた望見商という対比で捉えられる。それでは、一九九〇年代にはどのような社会変容があり、多くの学校が伝統的な学校の在り方を維持できなくなったのだろうか。

キーワードは、学校による生徒の取り込み方である。一九七〇年代の〈生徒〉とは、学業達成競争の主体として学校に取り込まれていたと位置づけられる。一九九〇年代には、この部分が変容したと、多くの研究が指摘している。たとえば堀（健）（2000）は、「今日の地位をめぐる（学業）競争は、それを勝ち抜くための学習行動という土台を欠いて行われる傾向にある」（一八〇頁）と論じ、この状況を「業績主義の空洞化」と称した。また、序章の冒頭でも紹介しているように、苅谷は社会階層が相対的に低い出身の生徒ほど、学習意欲を失う「インセンティブ・ディバイド」を指摘した。ここでは、全体として学習行動へのコミットメントが低下し、階層が相対的に高い出身の生徒に学習の機会が偏在化する変化が起きていたのである。

前節で見たような望見商の状況は、競争ということよりも、学校に居てくれるかどうかというような、より基本的なレベルで生徒の取り込みの危機に直面していた。この背景にある要因には、第一に社会経済の変化による、学校のアカウンタビリティの喪失を指摘しうる。一九七〇年代の拡大期に学校を支えていたのは、エリート層では学歴社会という状況であり、ノンエリート層では「学校に委任された職業的選抜」であった。これらは、どちらも教育の成果がどれくらいの職業的レリバンス（関連性）を持つのかを直接問わない仕組みである。こうしたことを問わずに、とにかく学業競争に勝ち残れば、安定した良い暮らしを手に入れられたり、安定した職に就ける仕組みが存在したのである。

しかし、一九九〇年のバブル崩壊をむかえて、学校での成功が必ずしも安定をもたらさない状況を生み出した。学校は、実際に何を教えているのかを厳しく問われるとともに、学校が役に立たないことが過剰にクローズアップされていく。何のために学校にいくのかということが実感できなくなってきたのであった。こうした状況では、生徒の、いわば「物理的な」学校への取り込みが危機にさらされる。これは底辺校において顕著であり、部分的にしか生徒役割を遂行しない「パートタイム生徒」（耳塚 2000）が登場する。また、上位校でも学校の欠席や出席といった物理的な関与が低くなる傾向が見られている（大多和 2004）。

第二は、消費社会の進展である。それは、〈生徒化〉を通じて学校が若者を取り込もうとする際の根幹を揺るがす状況をもたらした。すでに一九九〇年代前半に、宮台は、都市的状況のほうが、学校よりも高校生のリアリティを捉えていると指摘している（宮台 1994）。また、生徒の生活世界における学校の比重が低下し、学校が準拠集団に成り得ていない様子を筆者も報告した（大多和 2000）。さらに浅野（2006）が指摘するように、ケータイなどのメディアが介在することにより、多元的な人間関係を切り結ぶことになり、各場面には適切に対応しながらも全体としてみると、場面ごとに一貫しない「顔」を見せる「自己の多元化」が起きている。生徒は、こうした消費社会における役割の多元化を担う若者となっているのである。このように、従来の〈生徒〉といった存在で、現在の高校生を捉えることは難しくなっている。

このような背景をもって、望見商を典型例とするような自主性尊重型の高校は、その存立メカニズムを変容させてきたと考えることができる。

5　まとめ

本章では、我々の進学支援活動が望見商で開始された、二〇〇〇年という時点での同校の置かれていた状況や、そこで同校が採っていた指導の戦略を、学校の置かれた歴史的、社会的文脈と照らし合わせることで、より深く理解しようとした。比較対照例として用いたのは、近隣の商業高校ではトップ校である堅田商業高校である。

商業高校全体の歴史的背景や両校に関する詳細な分析から浮かび上がったのは、それぞれの学校での指導の方針は、その学校が置かれた歴史的、社会的文脈にきわめて強く規定されていることである。九〇年代に商業高校を含む多くの高校の職業科（専門学科）が全体として直面したのは、バブル経済の崩壊と、常勤職を減らしパート労働等で代替させようとする雇用構造の変化である。また、職業高校では、それまでの「実績関係」に基づく企業との安定的な関係が崩れ始めたことも大きく関わっている。ここには、経済のグローバル化により、より低い賃金で雇用しないことには途上国を含めた国際的な経済競争に互していけないという経済界の要請も背景にある。

九〇年代以降は、職業高校（専門高校）であっても安定した就職先を得ることは困難になり、多くの無業者を生み出す危険性を高めた。さらに、一方で少子化に伴う大学進学の易化と大学進学率の上昇は、職業科であっても進学を目指すという進路を拡大した。こうして、職業科（専門学科）は、学校側が望む望まないにかかわらず、多様な進路に就く生徒を抱えた進路多様校化していったのである。

ただし、その中でいわば例外であったのは、強力な学校チャーターを有した堅田商のような高校である。少ない安定した就職先のパイを分け合う上で、堅田商の保持し得た「就職なら堅田商」という評判、つまり学校に付与されたチャーターにより、生徒を就職に向けて厳しく指導するための基礎を保つことができた。だが、そうした学校はあくまでそれぞれの職業科のトップを占めるごく一部でしかない。他の多くの職業科は、多かれ少なかれ望見商的な要素を持っている。また、就職へのパイプラインをそもそも持ち得ないできた普通科の一部の、いわゆる入試偏差値の低い学校もまた、同様に指導の困難を抱えている。

望見商と類似の高校が抱えるもう一つの困難の源泉は、若者文化の学校への浸透である。我々は、前記の一連の経済構造の変化が、もう一方で消費社会化の流れと連動していることに留意しなければならない。消費の担い手としての若者という市場の要請は、若者を〈生徒化〉することで彼らを統制し、学習へと方向付けていたそれまでの高校の指導原理を大きく揺るがすものであった。二章で紹介したような過去起点タイプや現在起点タイプのような生徒の進路の物語は、大人たちが規範的に評価すればだらしのない、ふがいない若者たちの論理であろう。だが、それこそは消費社会が望むコンサマトリーな価値の体現である。

生徒の自主性を尊重し、学校を彼らにとって楽しい居場所的な空間としていこうとする自主性尊重型の指導も、またそこに通う生徒たちの進路の物語も、こうした一連の社会状況の変動にきわめて強く規定されている。とりわけ経済という変数は、安定した高卒就職先の減少という面でも、また消費社会化による若者文化への影響という点でも、様々な側面から強力に高校と生徒たち自身に影響を及ぼしている。

二〇〇〇年に我々が細々と始めた大学進学を中心とした進学支援の活動は、こうした状況の大変動の渦中にあった。我々からすれば、望見商が自主性尊重型の指導を採用することになったことも、生徒たちに就職先がないことも、また彼らが将来を見通さずに過去の人間関係を大事にしたいと願ったり、今のことしか考えないという行動様式も、すべては社会的な、とりわけ経済的な変数の影響の産物である。その中で、その状況に適応しようとしてきた教師集団や生徒自身の姿がそこに現れている。

我々が、ある種のおせっかいとして支援ということを始めたのは、こうした状況の中で、環境を教育的に再編し、各人の成長発達にとってよりよい状況をいかに達成すべきかという、教育学からの問題提起があったからである。終章では、この点も含め、進路未定のまま卒業してしまいかねない、高いリスクを背負った生徒への支援には何が必要かについて論じたい。

（七章1・5節：酒井　2・3節：風間　4節：大多和）

終章　リスクを抱えた生徒への指導・支援

これまでの各章を通じて、望見商業高校における生徒の進路意識と、支援を通じての彼らの意識変容、ならびにボランティアの成長について詳細に見てきた。そして、七章では、同校の置かれた歴史的、社会的なコンテクストを振り返った。

一つの商業高校の事例から、我々は多くのことを学ぶことができる。それぞれの実践や各生徒の日常の営みをつぶさに見ることを通じて、社会的なものがいかに個々人の意識や行動に影響しているか、その中で彼らがいかなる進路意識を持っているのか、支援を通じて彼らはいかに変容しうるのかなどについて、これまで様々な事例を紹介し、テーマ毎に分析を行ってきた。終章では、これまでの知見をまとめ、高校生の進路意識研究における本研究の意義を確認するとともに、とりわけ進路未定のまま卒業してしまいかねない、リスクの高い生徒たちに対する指導や支援の在り方について論じよう。また最後にはアクションリサーチの成果と意義や教育臨床社会学の可能性など、方法や理論面での本書の試みについて検討する。

1　リスクの高い高校生の進路意識

1　生徒の論理

本書の中で繰り返し述べられているように、進路意識は一つの物語として構成されている。望見商の生徒に多かったのは、過去起点タイプの進路の物語や現在起点タイプの進路の物語である。支援活動に参加した生徒に限って言えば、現在起点タイプが多い。だが、二章の最後で触れているように、こうした生徒は進路について無展望であったり、投げやりだというのとは違うし、意欲を欠いているというのでもない。

二章で紹介したL君にしろ、Dさんにしろ、就職という進路にむけて動こうとしている。L君は、「やりたいことはない」としながらも就職は重視している。その意味では、短期的かもしれないが堅実な展望を有している。一方Dさんのような生徒は、しばしば進路未定のまま卒業してしまうが、彼女も「就職しないと」という焦りは感じている。その意味では前向きであるし、一定の展望を有している。だが現実の日々の生活を過ごすことが大変で、その先の展望に向けて一歩を歩み出せないでいるのである。また、過去起点タイプの生徒ははっきりした人生のテーマを持ち、それによってある意味では将来を見通している。ただし、これまでの生活を変えようとしなかったり、こだわりが強すぎて進路が限定されてしまうのである。このように、生徒の進路意識は彼らの物語＝かれらなりの論理に沿って組み立てられている。

進路意識に関する研究は心理学的なものが多いが、そこでは、進路意識はもっぱら進路成熟と進路展望という二つの概念で理解されてきた。進路展望とは、将来への展望を確立することを意味するが、主に展望の長さが問題にされてきた。また進路成熟とは、進路選択の一貫性や現実的な選択であるかどうかなどを指す。一方、教育社会学には教育アスピレーションという概念がある。『新教育社会学辞典』(1986) によれば「教育は初等・中等・高等教育など序列づけられた階梯構造をなしているが、ある段階をみずからの到達目標として設定し、達成を願望する心理的な志向・動機のこと」を指す。この定義にきわめて典型的であるが、そこでは「到達目標」が設定されて、そこにむかって動機づけられていくことが前提仮説となっている。

だが、我々が望見商でのアクションリサーチを通じて見いだした生徒の進路意識は、こうした概念化とは必ずしも合致しない。「展望の長さ」「成熟の度合い」、あるいは「アスピレーションの高さ」はいずれも量的な差異を仮定するものであるが、我々の対象としたリスクの高い生徒たちの進路意識は、むしろ質的に異なっており、起点の違うところからの展望（たとえば「これまでの自分をいかした将来」）であったりする。

進路意識に関して先行研究が用いてきた概念は、「将来起点タイプ」の進路の物語を持つ生徒には妥当すると思われる。進路の物語が基本的に将来からスタートしている場合に、そこに初めて研究者が期待するような意味での「展望」が生まれる。こうしたタイプが生徒集団のマジョリティを占めていた時代や、そうした生徒が多い学校であれば、我々はこの概念で、生徒の進路意識を理解することができる。だが、望見商のような進路多様校で進路展望や進路成熟という概念を用いれば、将来起点タイプの枠組みに、それ以外のタイプの生徒を無理に押し込めてしまうことになりかねず、質の問題が量の問題にすり替わってしまうこととなる。

なお、教育社会学では、我々が望見商で多くみたような「過去起点タイプ」や「現在起点タイプ」を、現在志向とか、やりたいこと志向などと捉えてきた。一見すると、我々の指摘は先行研究の指摘とほぼ重なるように見える。だが、我々が彼らの語りに即して彼らの物語＝論理を組み立てようとするのに対して、先行研究ではしばしばそれを量的な方法から仮説的に構成しようとする。それは研究者側が立てた筋で彼らの論理を組み立てようとする行為となる。

たとえば、苅谷ら（2003）は生徒の進路意識を因子分析にかけ、「現在志向」因子を抽出している。そこにあがった項目は「将来よりも今の生活を楽しみたい」「若いうちはやりたくない仕事につきたくない」「将来のことを考えるのは面倒だ」などの項目が＋の負荷量で、「進路について真剣に考えないと将来困る」という項目は－の負荷量で挙げられている。

また、堀（有）（2003）でも、同様に「将来のことを考えるよりも今を楽しく生きたい」「若いうちは自分のやりたいことを優先させたい」といった項目を「現在志向」を表すものとして用いている。小杉（2000）では、フリーター第一希望者の将来の職業生活に対する価値観は、「今を重視する刹那的な意識が強い者であり、また、『出世』といったアスピレーションをほとんど持っていない者である」と指摘されている。

こうした項目を列記して語られるところの「生徒の意識」と、彼らの物語をじかに聞いてそれをできるだけ彼らの描く通りに組み立ててみたときの「彼らの意識」は、例示されるフレーズを断片的にみれば類似している部分も多い。だが、先に述べたように、彼らには彼らなりの論理のつながりがあり、それを追えばそれなりに納得がいくのである。前述のように、現在志向は、ともすれば刹那的との形容が付されるが、彼らの語りは現在を起点とするものの、それなりに短期的ながら見通しを立ててもいるのである。

2　進路意識に影響する要因群

このようにリスクの高い生徒もそれぞれに進路の物語を構成しているわけだが、それは真空の中でなされるわけではない。序章で述べたように我々は外的刺激に心的プロセスが一方向的に規定されるとは考えていないが、それでも外的要因は進路の物語の構成に影響を及ぼす。すでに三章のまとめにおいてもこの点を議論したが、その後の四、五章での分析や、七章での望見商の歴史的、社会的文脈に関する分析を通じて、我々はより広範囲に

図表終-1 進路意識に影響する要因群

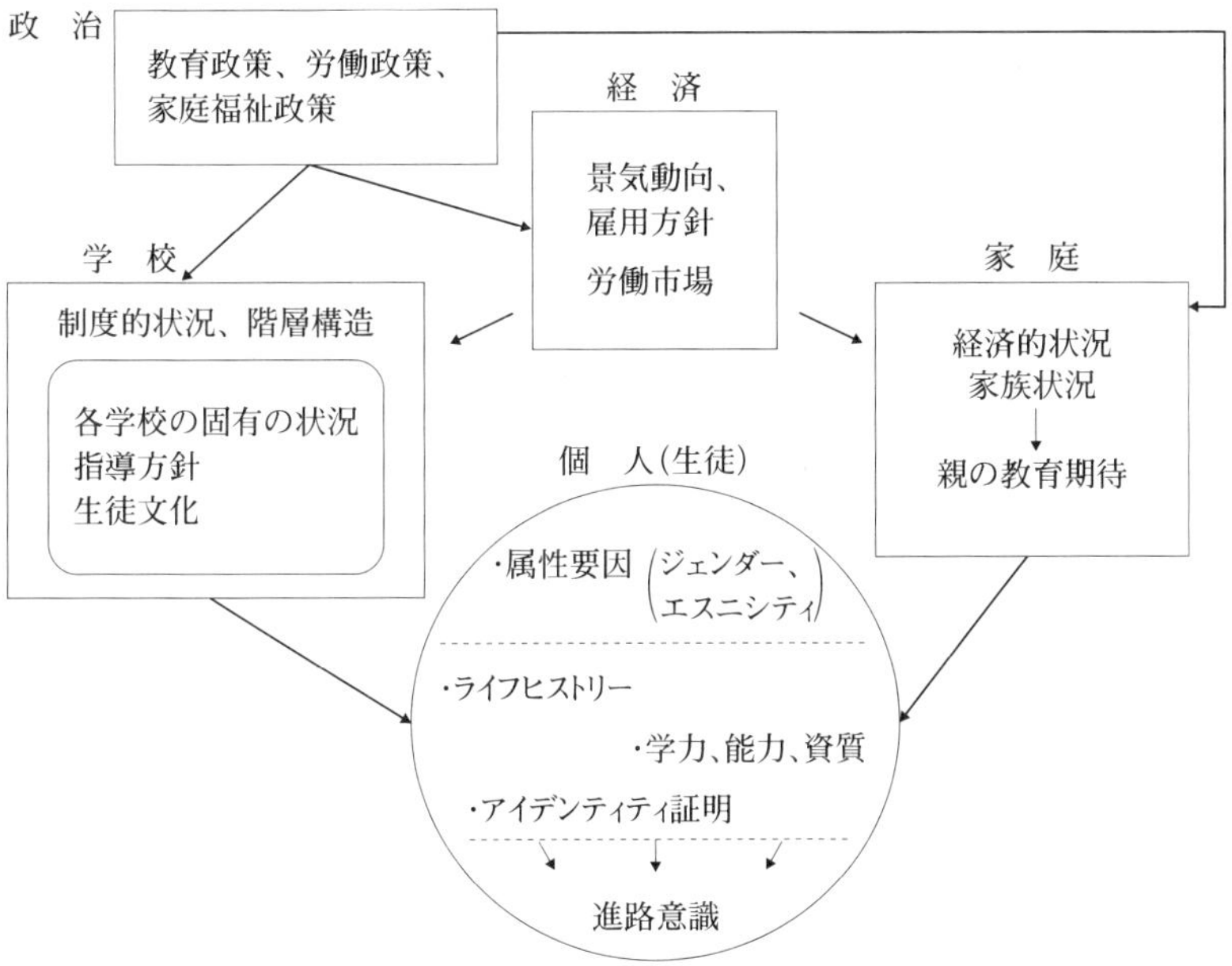

生徒の進路が様々な要因により影響されていることを確認することができた。

これまでに指摘された主な要因を整理し、図に示したのが図表終-1である。要因は大きく、(1)政治的要因、(2)経済的要因、(3)学校要因、(4)家庭要因、(5)個人要因の五つに分けることができる。

個人に外部から直接影響するのは学校要因と家庭要因である。このうち、学校要因としては、まず高校、とりわけ職業科(専門学科)の置かれている全体的な状況を指摘できる。七章で見たように、生徒の進路意識は、職業科でありながら労働市場との接続が希薄であることや、大学や専修・各種学校など進路が多様に提示されていること、高校が入試難易度で輪切りされ、いわゆる「階層構造」をなしており、その中の位置によって学校ごとに社会的評判(チャーター)や生徒文化が大きく異なること等に影響されている。また、各学校はこれら諸要因の影響下で、ある指導方針を選択するが、そのこともまた独自に生徒の進路意識に影響する。

家庭要因としては、家庭の経済的状況や家族状況を指摘することができる。望見商での支援活動を通して、我々は、リスクの高い生徒たちの進路意識はこのことに強く影響されていることに気づかされた。なお、親の教育期待は、大学進学を生徒自身がどう捉えるかに影響するが、その在り方は単純ではない。ジェンダーと進路意識の関係を扱った四章で見たように、進路多様校で生徒の学力が低いにもかかわらず、親が大学進学を期待することは、安易な大学への進学を促し、「なんとなくの進学」を選択させることとなる。ここには少子化に伴う大学進学の易化という問題も絡んでいる。

生徒自身の個人的な状況も進路意識に強く影響する。ジェンダーやエスニシティなどの属性要因に影響されつつ、個々のそれまでの教育体験やそこで培われた学力、あるいはより生来的な能力や資質という要因を、本人は考慮に入れてそれぞれに進路意識を形成する。

だが、問題はこうした個人的要因や、それに影響する家庭や学校要因は、それ自体がよりマクロな経済的要因や政治的要因に強く枠づけられていることである。家庭の経済状況は、社会全体の景気動向に大きく左右される。また、進学の費用負担が家庭にきわめて重くのし掛かる国家の教育政策も、親自身の教育期待のレベルや個人の進路展望に影響する。学校の制度的状況や高等学校の階層構造は、国家や自治体の教育行政により枠づけられており、その構造の中に、ここで取り上げた望見商が位置づけられているのである。

さらに、景気動向や企業の雇用計画の動きが高卒労働市場の大きさを規定し、学校との接続関係を変化させる。しかも、それは学校側の指導方針とも絡み合って、それぞれの学校の生徒に提示される就職先の規模や範囲を制限する。高校生の進路意識は、諸要因が複雑に絡み合う中で生徒が構成していくものなのであるが、リスクの高い生徒たちの進路の語りは構造的な困難の中に押し込められがちなのである。

本田（2004）は、フリーター経験者を対象にしたインタビュー調査に基づいて、フリーター問題は、諸システム間において同時進行的に発生している諸変化の合成物として把握されるべきであると指摘した。そして、フリーターを生み出しているのは、不明確または明確すぎる職業意識という「個人」の特性、就職先企業ないし進学先教育機関の教育内容という「移行先組織」の特性との間の齟齬が主なプッシュ要因となる一方で、特殊労働市場や家計的必要性から参入する非正規労働市場という「フリーター市場」の特性が主なプル要因となっていると指摘した。

我々が見いだしたことは、要因内の構図や要因間の関係性をどう把握するかという点で本田の指摘とは違いがあるものの、生徒の進路意識を様々なシステムで発生している変化の合成物として描く点は類似していると言えよう。我々は、本田が「個人」要因としてまとめた要因の内部構造をさらに明確化しつつ、そこに潜む人間としての自己意識をも取り入れて考察した。すなわちそこには、本人の自尊感情やアイデンティティ問題と個々人のライフヒストリーが必ず絡みあっており、生徒は自らの置かれた状況を自分で合理化・正当化しようとして、自分に一番ふさわしい進路の物語を紡ぐのである。

また三章で指摘したように、彼らは自らの状況を個人的な失敗や身内の問題として語ろうとするが、そこには、ベック（1998）が言うような「個人化」への権力作用が作動していると言えるだろう。そして、そのことは、階級という社会的連帯感の希薄な、日本社会の社会構造のあり方にも繋がっていく。

さらに我々が見いだしたのは、諸要因の影響の程度や要因間の関係の構図が、生徒の属性によっても異なっていることである。ニューカマーの例が典型的であった。彼らの困難は、彼らのもともとの学力・能力と在籍校の入試難易度とのギャップや、そこに派生する生徒文化と自分が内面化してきた文化との軋轢によるものであり、それらの要因が、他の生徒たちにものし掛かる諸困難の上にさらに積み重なる形で現れるのである。

3　複雑さの中の構造

進路意識に関しては、すでに多くの先行研究が、こうした諸要因の析出とそれが進路意識に影響を及ぼす度合いを様々な形で分析してきた。こうした中で、本プロジェクトがアクションリサーチの手法を採用し、継続的に生徒と関わることで新たに見えてきたこととは何だろうか。

それは一言で言えば、諸要因の関連性の複雑さと、生徒自身の進路意識の可変性である。社会調査とは、構造、つまり社会関係のパターンや、機能の析出を課題とするが、その過程で見落とされていくリアリティの多様さが改めて浮き彫りになったわけである。

ただし第一点目について言えば、諸要因の関連性の複雑さとは言っても、それは混沌としたカオス的状況として存在するわけではない。たとえば、五章で扱った中国系生徒の進路意識は、アスピレーション自体は一様に高いということが特徴として見られたが、各々が抱える葛藤は「早期来日型」と「直前来日型」で大きく異なっていた。このように、一つの社会的カテゴリーの中のタイプの違いにより意識の断面が見られることがしばしばあり、それが事態を複雑に見せているのである。

それは、ジェンダーの影響力についてもあてはまる。ジェンダー要因は社会化過程を通じて個々の生徒の進路展望を規定すると指摘されてきた（中西 1998）。だが、我々の分析では、進路多様校におけるジェンダー要因は、女性に対する社会的差別と進路多様校に対する社会的評価の低さが相乗作用的に作用することで、そうした学校に通う女子生徒のアスピレーションを低く押しとどめることとなっていた。また四章で指摘したように、ジェンダーメッセージの抑圧的作用は、支援の過程の中で女子生徒のアイデンティティ証明に対する欲求を高じさせ、転機をもたらす場合も見られた。

このように、社会的要因が個々の生徒に対してもたらす影響は、他の変数と相乗的に作用するものであり、しかもそこには抑圧や差別とそれを乗り越えようとする人々の反発心や自尊感情などとのダイナミズムが潜んでいる。そしてどのような状況で、いかなる働きかけにより転機が見られるのかは、ある程度予測可能である。この意味でも、複雑さの中に構造が見いだせるのである。

もちろん量的調査においても多変量解析を駆使すればこうした複雑さの中の構造を描くことはできる。しかし実際には、比較的単純な図式で現象を理解しがちとなる。一方、エスノグラフィーなどの質的調査は、こうした複雑さの中の構造を見いだすことに長けている。だが、この手法でも、対象との関わりが薄かったり、観察期間が短かったり、インタビューだけの調査で済ませてしまうと、なかなかこのように、深く分け入ることで初めて見えてくる複雑さの中の構造までは見えてこない。その意味で、アクションリサーチは対象との関係が密であり、かつ長期間にわたって関われるため、こうした隠れた構造に気づきやすい。

4　進路意識の可塑性

本プロジェクトがもう一点明らかにしたのは、継続的な支援活動を通じて、リスクの高い生徒の進路意識も変わりうるということである。つまり、関わりの中で生徒の意識は再構成されていくのである。先行研究では、もっぱらある一時点での生徒の進路意識が記述されてきたが、その場合しばしば生徒の意識はそのまま不変であるかのような錯覚に陥ってしまう。高校教育研究では、先に説明したような高校間の階層構造に焦点が当てられ、階層構造上の位置により生徒の進路意識が大きく異なることが指摘されてきた。その際、構造が意識を規定することが強調されるため、入試難易度のどのレベルの高校に進学したかでその後の進路は「決定的に」規定され、リスクの高い生徒はそこから抜け出せないかのようなペシミズムが蔓延してきたように思われる。だが、実際に我々が望見商で見いだしたことは、継続的に関わる中で生徒の意識は大きく変わりうるということである。これは、教育実践上はごく当たり前の認識だと思われるが、先に述べたような社会の構造や機能の解明を旨とする研究の領域では、なかなかこのことは指摘されることがなかった。

我々は、進路多様校にいるリスクの高い生徒が様々な理由により大学進学をあきらめていること、あるいは別の進路の物語を構成していることに気づく。そうした物語だけをきくと、確かにそれが絶対の物語であるかのような印象を受けてしまう。たしかに、先に述べたような様々な理由で、本人たちは現在起点タイプの物語を紡ぐだけで、その先についてはなかなか展望が描けなかったり、過去の物語に引き連れられてそれを後生大事にしたいと考えていたりする。

だが、三章から五章で見たように、学生ボランティアによる支援を続けていく過程で、こうした生徒の意識も大きく変化する場合が多々見られた。学生ボランティアが傍らでみてくれるだけで、いつもは集中が続かない生徒が長時間勉強できたり、大学の情報をボランティアと入手することで進路の展望が開けたりする。また、大学進学という具体的な選択肢の提示することは、進路意識が漠然としている生徒に対して、進学するかどうかの判断を迫ることとなり、そのことが意識を覚醒させる。しかも、三章で指摘したようにその過程は一足飛びに変わるというよりも、はじめはそれまでの「あきらめ」とか「考えない」というところにあるものを、「進路をどうしようか」と進路意識にゆらぎが生じるところまでが第一歩である。その次は、重大な転機が生じて進学へと強く動機づけられていく生徒もいるが、そうならない生徒もいる。だが、進学先をあまり考えず、とにかく進学ということだけを考えるのであれば、「どうしようか」と揺らぎ、少しでも「大学に行こうかな」と気持ちが前向きになるだけで、大学進学ができる状況にあるのも確かである。このように精一杯努力して難関大学に進学する生徒がいる一方で、「なんとなくの進学」に終わる生徒がいるのが現状である。

2　求められる指導・支援とは

1　「関わり」概念を中核に

本書から得られる種々の知見は、現在の進路指導の理念的前提となっている「在り方生き方指導」に対して、再考を迫るものとなっている。

一九八九年に告示された学習指導要領では、進路指導の教育課程上の位置づけを「生徒が自らの在り方生き方を考え、主体的に進路を選択できるよう、学校の教育活動全体を通じ、計画的・組織的な進路指導を行うこと」と規定されている。小野寺（2006）が指摘するように、九〇年代以降の教育政策において、「在り方生き方指導」は学校における進路指導の重要課題となった。なお、一九九九年の中教審答申を契機に、「キャリア教育」の導入が図られたが、小野寺は、三村（2004）の「キャリア教育は、学校と社会及び学校間の円滑な接続を図るためのものであり、最終的な目標は主体的に進路を選択する能力・態度を育成することで、本来の進路指導と同義である」との指摘を引いて、基本的な考え方は、「在り方生き方指導」のそれを踏襲していると結論づけている。あたらしい進路指導の原理は、いわゆる「偏差値偏重から個性重視・人間性重視へ」という流れに即したもので、受験競争による心的抑圧から生徒を解放し、それぞれの個性を尊重し人間性を重視する教育を目指すという理念に基づいている。

このような指導理念は、各高校に広く浸透してきている。しかしリスクの高い生徒に対しては、こうした理念でかれらの主体性を重視すると、それは実際には、現在起点タイプの語りや過去起点タイプの語りにしばしばみられたような、きわめて短期的な目標であったり、あるいはかたくなに過去を守るだけの選択を追認することとなりがちである。先に述べたように、その選択は規範的には否定されるべきものでは必ずしもない。だが、教育上指導する立場からすれば、可能性の低い進路や進路未定のままの卒業を迎えさせるおそれが強いのであれば、何らかの支援へと向かうべきだろう。

我々の支援の活動から示唆されることは、進路の指導・支援では、主体性という自己に関する概念よりも、むしろ「関わり」という関係の概念を中核に置いた方が、こうしたリスクを抱えた生徒への指導・支援の原理としては有効だということである。それは本書の冒頭で述べたように、宮本がイギリスの例を引っ張って、より「親密な」アプローチの必要性を説いたことに近いだろう。これも冒頭で述べたことを繰り返すが、主体性という教育理念は達成目標として掲げるには有効であるが、実践をリードする理念としては危険である(1)。

私事化の進む現代社会における様々な青少年の問題行動を理解する上でのキーワードに、非行の社会学を専門とするハーシの「ボンド（絆）」という概念がある。彼は、青少年が非行に走らない理由として、何らかの関係や活動に包絡させられていることの重要性を唱え、これを「ボンド」という概念で表現した。家族や何らかの活動に時間的にも心情的にも関わりを持つことが人々の逸脱を阻むのだと説いたのである（ハーシ 1995）。

これと同様の関わりが、リスクを抱えた若者たちの進路選択にも必要である。つまり、彼らの「主体性」だけに委ねていれば、彼らは過去起点タイプの語りや現在起点タイプの語りを紡ぎ、その一部が時にはずるずると、あるいは通常の職業を価値的に貶めることで、進路未定のまま卒業し、フリーターになっていく可能性を抱えている。彼らの主体的な進路選択とされていることは、先に述べたように多様な要因の影響を受けている。彼らの「主体性」は、その意味で「自由な個人」がもつ主体性ではない。そうであるにもかかわらず、現状では「主体性」が金科玉条のようになり、こうした生徒にもなかなか指導ができずにいる。

だが、「在り方生き方指導」と銘打っていても、よく考えられた指導実践とは生徒の自己理解や自己決定だけを押し出そうとするものではなく、教師の生徒への関わりが積極的に描かれている。たとえば、ある学校の以下のような教育目標の一節にみるように、正しい規律、倫理観、ならびに自律的に社会生活を送ることができるために必要な実践的な力の育成が目指されている。

「在り方生き方の時間」においては、各教科、特別活動および総合的な学習の時間など高校生活全体との密接な関係を図りながら、計画的、発展的な指導によってこれを補充、深化し、道徳的価値及び人間としての生き方についての自覚を深め、道徳的実践力を育成するものとする。ここでいう道徳的実践力とは、正しい規律や倫理観をもつことだけを指すのではなく、自律的に社会生活を送ることができるために必要な、人間としての実践的な力を指しており、体験的な活動や適切な進路選択のための学習などを含めた意味をもつものと考える。(2)

また以下のように、単に自己に向き合わせるのではなく、将来の職業生活・社会生活で自己を生かすことのできる能力や態度を育てることをめざして、自分自身を積極的に理解し、自分を生かしていこうとする意欲を育てる指導・援助が必要だと説く学校もある。

◎正しい自己理解を得させる手立てについて：肯定的自己理解の必要性

在り方生き方の進路指導は、将来の職業生活・社会生活で自己を生かすことのできる能力や態度を育てることをめざしている。このことは、現在の学校生活の中で自己をよりよく生かすことができるということが、将来自分を生かすことができることにつながると考える。そのためには、自分自身を積極的に理解し、自分

を生かしていこうという意欲を育てる指導・援助が必要になる。(3)（後略）

このように、在り方生き方指導の実践には、自己や主体性とともに教育的な指導プランが伴っている。つまり、「自律的に社会生活を送ることができる」「将来の職業生活・社会生活で自己を生かすことのできる」といった教育的な価値の視点からの指導が提起され、そうした価値に向けた教師の関わりが構想されている。

したがって、進路指導における課題とは、「在り方生き方」を否定するというのではなく、むしろその理念を通じて各学校が実践しようとしていることを、指導する側の観点からより明確な形で再定義することであろう。いわば「在り方生き方指導」言説の書き直しをおこなうことである。本書が理論的に依拠している社会構成主義の立場からは、実践をリードする教育言説の重要性はいくら強調してもしすぎることはない。生徒の主体性を育てるための、教える、支える側の意図とそれを達成するための手だての全体計画を骨格とした指導・支援の基本的理念の書き直しが求められているのである。

その手だてに関しては、本書が強調するような「関わり」をキーワードとして、具体的には一章で述べたような個別的サポート（パートナーサポート、コーチングサポート、コンペティションサポート）の考え方がヒントになるものと思われる。我々が支援活動においてしばしば対象とした現在起点タイプの物語を有する生徒は、そもそも短期的な展望しか持たなかったり、展望を有していても現在の問題に関心が向けられてその先にむけて動き出せないでいる。我々はこうした生徒を支援活動に巻き込み、彼らが学生と関わる中で、少しでも大学進学を希望するようになったり、あるいは大学進学という具体的な進路の選択肢を提示することで、他の選択肢についても考えるようになることを期待している。

先に紹介したハーシは、ボンド（絆）の要素として、「愛着」「コミットメント」「巻き込み」「規範観念」の四つを挙げているが、我々のサポート活動はこの概念を用いれば、主として「巻き込み」、つまり活動に従事させることによるボンドの形成を目指していると言える。また、川崎教諭はそれまでの生徒との関わりの中で、「愛着」によるボンドを形成してきた。多くの生徒が川崎教諭に言われて参加したと答えていることからもそれはうかがえる。さらに、時間をかけて勉強したり、コンペに参加して作業を進めることで「コミットメント」＝生活上の投資の量が増えていく。こうしたことが、進学という進路を考えさせることを促していくと仮定した。また、我々はこうしたボンドの機能を果たす活動の中で、役割モデルとなる学生や、彼らが伝える大学や学生生活に関する情報などによる社会化作用を同時に期待した。

2　環境を通した指導・支援

我々が提案する指導や支援のアプローチは、唐突に見えるかもしれないが、幼児教育における「環境を通した保育」という考え方に近いと思われる（酒井 2006）。二〇〇〇年に改止された現行幼稚園教育要領には、「教師は幼児との信頼関係を十分に築き、幼児と共によりよい教育環境を創造するように努めるものとする。」と幼稚園教育の目的が書かれている。我々が放課後の教室でセッティングしたのは、教師やボランティア学生との愛着的な関係の形成と、彼らに大学進学を考えさせるための「よりよい教育環境」の創造であったと言える。

ちなみに、現行の幼稚園教育要領には、先の記述の数行後に、環境の構成ということについて次のように記されている。

幼児の主体的な活動が確保されるよう幼児一人一人の行動の理解と予想に基づき、計画的に環境を構成しなければならない。この場合において、教師は、幼児と人やものとのかかわりが重要であることを踏まえ、物的・空間的環境を構成しなければならない。また、教師は、幼児一人一人の活動の場面に応じて、様々な役割を果たし、その活動を豊かにしなければならない。

この文章の「幼児」を「生徒」に置き換えれば、まさに我々の活動の方針が書かれていると言える。幼児教育では、主体性の育成を目指しながらも、その育成における保育者側の働きかけが用意周到に計画される。だが、中等教育では、おなじく主体性の育成が目指されながら、この主体性が指導におけるスタートに置かれてしまい、指導者・支援者側の働きかけが言語化されることが少ない。この意味で、ことに本書が対象としているような進路未定になるリスクの高い生徒への指導や支援を検討する際には、「環境を通じた指導・支援」という考え方を理解する必要があると言える。

なおこのことに関連して、諸田（2000）はフリーターを容認する教師の認識枠組みについて、次のように報告している。氏は、「生徒の選択を優先し夢や希望を捨てないように指導する〈希望・自己選択重視型〉」の論理と「生徒が自分で選択したことについては教員は何も言えないという〈非進路強制型〉の論理」が、フリーターを輩出してしまっている文脈の中心に生起していると指摘するとともに、これらの論理は生徒の希望や選択を尊重した論理で、児童中心主義とパラレルな論理だと述べている。氏の指摘は、希望を尊重することがフリーターを生んでいるのだと読め、またその背景にある児童中心主義的な思想を批判する構図をとっている。

我々が問題にしているのは、氏が二つの論理を接合して語る語り口、つまり言説の構成のされ方である（酒井2002）。山本（1996）は、質的に異なる様々な言説がつなぎ合わされたり、あるいは切り離されたりする実践を、カルチュラル・スタディーズを踏まえて「接合」（アーティキュレーション）の概念で批判的に分析している。この概念を用いれば、先の議論は、あたかも二つの「論理」が不可分であるかのような印象を与えることで、前者の論理（希望・自己選択）を全面的に否定するような構図で議論を進めようとしている。このような議論により、自己の希望や自主性を尊重すべしとする教育理念が、各実践課題が固有に抱える問題の元凶だとして批判が展開されるのである。こうした議論の構図は、「総合的な学習の時間」への批判をはじめとする、現行学習指導要領に対する様々な批判に広く認められる。

これに対して、我々が提起するのは、生徒の将来に配慮して堅実な進路を「自主的に」選択させるための、用意周到な環境設計の重要性である。いわば「教師の指導や配慮の論理」に基づく、「生徒の希望・自己選択重視」を求めているのである。

また、それゆえに、そこでは児童中心主義的な考え方、それは現在の「在り方生き方指導」や、平成元年改訂版や現行の学習指導要領の基本的な理念に通底するものであるが、それ自体を問題視してはいない。むしろ、「環境を通した保育」が児童中心主義をバックにしているように、その適切な理解と運用がリスクを抱えた生徒に対する支援や指導では求められていると考える。

なお、その際、我々は、高校生である彼らの「一人一人の行動の理解と予想」に基づかなければならないが、そのためには、本書で紹介したような多様な生徒の生の姿からスタートする必要がある。高校生は、多様な背景とともに、幼児とは違い、それまでの人生の中での教育経験を数多く有している。そして、先に述べたように、彼らはそのなかで自分を正当化し自尊感情を保とうと、自分なりの物語を組み立てている。さらに、こうした社会的存在としての生徒の中に、ある種の葛藤やネガティブな感情もある。高校における「一人一人の行動の理解と予想」とは、こうしたさまざまな観点で彼らを理解することである。

3　アクションリサーチの成果と意義

三番目に、このプロジェクトのアクションリサーチとしての成果と意義について、これまでの分析や考察に基づいて考えてみたい。本プロジェクトでは、望見商というある高校において、進路選択で困難を抱える生徒たちの進学支援をするために、彼らと深く関わりを持ちながら、それをリサーチとしてまとめることを試みた。

アクションリサーチとしては、単なる研究上の成果が問われるだけではなく、対象とした学校が抱える課題に対してどのような貢献をなしえたかが問われるだろう。この点で、本プロジェクトが望見商に対して及ぼした影響をまとめると、大きく四点を見いだすことができる。

一つは、実際に活動に関わった生徒たちがそれぞれに自分の進路を見つけ卒業していったことである。その中には、大学進学を果たした生徒だけではなく、その他の進路についた生徒もいる。チハルのように看護師を目指して看護学校の試験を受験しながらも不合格となった者もいる。また、高校卒業だけを考えていた者が、あることを転機として動機付けを高めていった事例もある。

二つ目は、具体的な大学進学実績が出ることで、学校文化が変容したことである。七章でみたように二〇〇〇年の時点では入試難易度も低く、学校全体に「うちからは大学進学は無理」という雰囲気が蔓延していた。同校でも、入学したての一年次には大学進学希望者がいたのだが、そのアスピレーションがしだいにクーリングアウトされていったのである。

教師の間にもこうしたあきらめは見られたが、実際に生徒が難関大学にも進学したり、大学を卒業して就職したのを見て、教師の意識が変化していった。川崎教諭の話によれば、校長先生が全校集会で超難関校のW大学にカズミが合格したことに触れ、生徒に対して大学進学も夢ではないと講話をしたり、学年担任団の教師たちも、大学進学希望の生徒に対して「うちからは無理」とは言わなくなったという。生徒自身も、大学進学する生徒のロールモデルが具体的に提示されたことで、アスピレーションが高められた。

三点目として支援活動をめぐる協力体制の強化を指摘することができる。本プロジェクトの発足当初は、学内では、この活動は川崎教諭の個人的活動という位置づけであり、他の教員の関わりは少なかった。しかし、しだいに学年内の協力関係が生まれ、二〇〇五年度からは、他の教員に担当が引き継がれ、学校としての取り組みの一つとして進路指導の中に有機的に位置づけられることとなった。

四点目は、同種の支援活動が学内で並行して展開するようになったことである。具体的には、二〇〇三年度に別の商業高校からE先生が異動してきた際に、川崎教諭が我々の活動を紹介して、同先生に公務員試験の受験対策支援をおこなってもらえるように要請した。こうして公務員受験の支援と大学支援の二つの活動がなされるようになったのである。

もっとも我々の活動は、アクションリサーチが通常目指すような組織全体のプログラム改善までには達していない。我々がおこなったのは、積極的に支援をすることで生徒の意識は変わりうるし、また実際に進学することができることを証明することで、学校文化を変え、指導において、より積極的に生徒に関わるという雰囲気を醸成することにあったと言える。

また、アクションリサーチは研究面でも独自の効果をもたらした。先に指摘したような生徒の可塑性や「複雑さの中の構造」を見いだすことができたことはその一つである。また、「在り方生き方指導」に対する批判的検討や、生徒の実際の姿に基づいて、指導・支援者側の観点から指導の論理を構築する必要性を指摘できたのも、このリサーチの成果である。このようにアクションリサーチを採用することで、我々は多くの研究的ならびに実践上意味のある知見や提言を得ることができた。

このプロジェクトの成果に基づけば、学校現場で生徒の指導や支援に関わりながら研究を進めるアクションリサーチには、二つの点で大きな可能性があると言える。

第一に、それは対象にアクティブに関わることで、対象者の意識や関係や構造がより鮮明かつ具体的に見えてくる。ホルスタイン&グブリアム（2004）は、社会構成主義的な立場から、インタビュー調査において新たな見解を提示しているが、その見解は我々の指摘にかなり近い。彼らは、これまではインタビューの中に本当の事実や感情が存在していると想定され、インタビューとはその中を探って必ず何かを発見すべきものというイメージを持たれてきたという。彼らはこの仮説を社会構成主義的立場から批判し、「むしろ意味は、インタビューにおけるインタビュアーと回答者との出会いにおいて、両者が積極的に関わり、コミュニケーションを行うことを通して組み立てられていくものである（三二頁）」と指摘した。

このことはインタビューから相互作用の要素を抜き取ろうとする努力は無駄なものであるということを意味すると同時に、より多くの意味を組み立てる（抽出するではない）ためには、対象者と積極的に関わることが必要だというアドバイスともなっている。

この指摘を踏まえれば、我々のリサーチはまさに支援活動を通じて生徒と積極的に関わり、コミュニケーションを通して彼らの意識が組み立てられていく様を描いたものと言える。ホルスタインらが言うように、その中で初めて意味が組み立てられていく。もちろん二章で扱ったように、ある程度の関係性を構築した中でのインタビューはすでに多くの関わりを有して対象に向かっており、多くの情報を得ることができる。だが、進学支援のプロジェクトでは、そこからさらに踏み込んで対象に積極的に関わることで、より多様な語りがそこで組み立てられていったのである。

第二に、アクションリサーチは研究（大学）と社会との関係を近づける。教育学の領域で「臨床」がキーワードとして要請されたのは、研究と実社会、具体的には学校教育や子どもの育ちや学習が抱える諸問題との間に、大きな乖離が生じていることへの批判であった。本プロジェクトが試みたアクションリサーチは、いまの高校教育が抱える諸問題の一つを取り上げ、その理解の深化と支援の在り方に関する理論的かつ実践的な示唆を得ることができた。それは、大学での研究と社会とを結びつける一つの実践例であったと言える。

リンカン&デンジン編集による『質的研究ハンドブック』において、グリーンウッド&レヴィン（2006）は、こうしたアクションリサーチの社会的意義を次のように説いている。社会的な関心と大学での研究を結びつける上で、アクションリサーチの手法は多大の可能性を秘めていると言えよう。

社会改良を目的とする社会科学は「純粋」社会科学より劣った片われではないのである。社会変革を志向する調査、とりわけアクションリサーチは、もしそれが有効な社会変化をもたらすという価値ある結果を成し遂げるならば、社会調査がとらねばならない形態なのであり、それは外の社会に向かって大学を再統合するものなのである。

また、同時にアクションリサーチは、指導力向上に対してより高い有効性を期待する現行の教師教育改革に対しても多くの貢献をなすだろう。六章でみたように活動に参加した大学生・大学院生はそれぞれに迷い、葛藤しながら成長を遂げた。実際、教師教育プログラムの中にアクションリサーチの導入を試みる大学が現れている。たとえば、二〇〇六年度教員養成ＧＰにおいて、上越教育大学では、大学の教員と大学院生で構成されるチームが協力校の担当者と協働で、長期的なアクションリサーチによって協力校の教育課題の解決に資する学校教育プログラムを開発・実施し、それを題材として大学の教師教育プログラムの開発・実施を計画している(4)。このように、アクションリサーチは教師教育プログラムの改善にも繫がっていく可能性を有している。

4　教育臨床社会学の可能性

最後に、多様な形で進められつつある教育臨床社会学の可能性について、本書で得られた知見をもとに、いくつか指摘しておきたい。先に指摘したように、「臨床」ということを意識した我々のプロジェクトは、そこからいくつかの知見を生み出すとともに、実践に対する示唆を得ることもできた。それらの知見や示唆をもとに、改めて教育臨床社会学の意義を指摘するとすれば次の三点にまとめられるだろう。

第一に、それはアートとしての教育実践の領域に踏み込み、生徒と関わる中で、かれらに必要な支援や指導とは何かという問題を検討し得たことである。主体性は指導上の目的概念であって、実践を導くには危険性を伴うこと、関わりという概念を中心に、教師や支援者の側からの指導の理論を構成すべきであることは、我々が望見商の生徒や教師とじかに話をしたり関わる中で初めて実感し得た課題である。

第二に、それはサイエンスとしての教育学、教育社会学に対しても多くの貢献をなし得るのではないか。我々は、教育における臨床研究では「実践研究」や「実践報告」という従来の研究スタイルとの差異を意識しなければならないと考える。この点はあまり本書では説明しなかったが、教育学では優れた教師の実践記録の解説に終始する実践研究が多くなされてきた。だが、臨床研究では序章で述べたようにサイエンスとアートの緊張関係が求められる。理論枠組みや方法論を意識して対象に向かうことで、分析的に事象が把握できるのであり、そこから多くの新たな知見を見いだすことができた。

本プロジェクトで理論枠組みとして採用されている社会構成主義は、生徒の進路意識の構成を物語として捉えること、ボランティアとの相互作用を通じて彼らの意識が変わりうることなどの捉えを可能にし、あるいは調査自体が相互作用として成立していることを整合的に理解することを促した。さらに、進路指導をリードする教育言説の検討においても、その理論的視点が議論を背後から支えてきた。

第三に、いくつかの手だてを用いることで、対象となるアートの世界を、よりマクロな問題状況と結びつけて理解を深めることを促した。七章における望見商の歴史的制度的背景の詳細な分析により、我々は九〇年代において望見商がとり得た指導方法が、ある歴史的に枠づけられた中での選択であったことを理解できるようになった。また、二〇〇〇年時点での生徒の進路意識や彼らの脱学校的な行動が、その当時の望見商の抱えた構造的な困難に強く影響されていることも明らかにされた。

5　おわりに

以上、本書では望見商というある高校での、進学支援に関するアクションリサーチに基づいて、高校生の進路意識と彼らに必要な指導や支援とは何かというテーマについて検討してきた。同時にその活動に参加した学生の成長や望見商の置かれた歴史的制度的文脈についての分析も行った。一つの事例に継続的に長く関わることはなかなかできないが、こうして実際にそれが実現することで、我々は多くを学ぶことができた。

教育の現場も社会の構造も大きな変化を遂げつつある。こうした中で、子どもや若者に対する指導や支援の理論はそれに対応して鍛えられていかなければならない。その際、重要なのは実際の生徒の姿や彼らの進路意識の捉えである。また、かれらとかれらを指導・支援する側との関係性に関する原理的・実践的な理解である。

一見望ましい教育言説は、それが子どもや若者の実態や関係性の理解を踏まえない限り、望ましい機能を果たさない。指導・支援する側が、しっかり見通しをもてるような教育言説を構築していかなければならない。その意味で、今求められているのは、しっかりした「教育の論理」の構築である。先に指摘したように、主体性は是とされるべきであるが、それを基盤にして指導や支援の論理を組むのは危険である。「教育の論理」とは、教育する側、その立場は教師であったりそれ以外の支援者であったりすると思われるが、その側が、その生徒に対する願いとその実現のための手だてを、経験と専門性の裏打ちのもとに構想したものである。なお、注意したいのは、それはあくまで生徒のための「教育の論理」である。生徒への願いと離れたところでの、注入主義や厳罰主義と「教育の論理」は異なるものである。生徒たちにのしかかる構造的な困難の現状を踏まえつつ、教える者の専門性や経験に裏打ちされた「教育の論理」の構想力が問われている。

注

（1）小杉（2006）も、若者政策に関する日本の議論が若者の主体性の問題（意欲や労働観や自立意識の弱体化）に向けられるのみであると批判している。これに対して、宮本（2006）によれば、ＥＵでも、若者政策の第一目標は「自立すること」であるものの、そこでは自立の達成は若者の権利として位置づけられており、雇用、教育、職業訓練、社会保障、住宅などで様々な若者向けの政策が採られているという。政策にしろ学校教育にしろ、目標をどう位置づけるのか、そしてそれを達成するために何をなすべきかについて、突っ込んだ議論が求められているのである。

（2）石川県立金沢錦丘中・高等学校 2006 の教育目標 http://www.ishikawa-c.ed.jp/~nisikh/ariiki.html

（3）諸富町立諸富中学校　「たくましく生きる力が育つ学級づくりの実践～進路指導を通して～」平成一一年度　第一回佐賀県教育センター教育交流会「実践のとびら21」教育研究・教育実践（優秀・優良）論文 http://www.saga-ed.jp/shien/jissen_koryukai/jissen21db/h11/4.PDF

（4）上越教育大学「マルチコラボレーションによる実践力の形成――学校現場の教育課題に対応した学校教育プログラムと大学の教師教育プログラムの開発を通して――」二〇〇六年度教員養成ＧＰ採択課題

（終章：酒井）

あとがき

本書は、ある商業高校において我々が取り組んだ、進学支援のアクションリサーチの分析と成果を論じたものである。

この取り組みは、はじめはごく小さなきっかけからスタートした。「ゼミの学生さんで生徒の勉強を少し見てくれる人はいませんか」という、望見商の川崎先生からのメールがそれである。当初はまったくの学生ボランティア活動であり、研究として本にまとめることなど思いもよらなかった。しかし、ボランティアの学生・大学院生や同校の先生方と生徒の様子や活動のことを話し合う中で様々な問題や課題が明らかになり、研究として問題を追究するようになっていった。また一方で、活動に関わった院生の中にも、同校の諸資料に当たったり、生徒にインタビューをして修士論文をまとめる者が現れた。本書は、こうして蓄えられたいくつかのアウトプットを、活動に携わったメンバーと協力して、大幅に加筆・再構成したものである。

活動を通じて生徒たちの進学が決まったり、進路について積極的に考えたりするようになるのを見ることはとてもうれしいことであった。じかに生徒に接していた学生たちは、なおさらであっただろう。もっとも、学生たち自身も述べていたように、そこには様々な葛藤や悩みがあり、それらを抱えながらの運営でもあった。だが、関わることで初めて見えてきた生徒の気持ちや意識の変化がある。かれらと間近に接する中でそのことが深く理解できたことは、このプロジェクトの大きな喜びであった。また、川崎教諭をはじめとする望見商の先生方やメンバーとの話し合いから、我々は生徒の見方・考え方について多くを学び、かれらに対して何が求められているかを考えさせられた。

もちろんこの手法には、様々な批判があるのも確かである。しかし、我々はこうして学校に入り込み生徒に関わることで得たものの方が大きいと信じている。そして本書は、それを単なる実践報告に終わらせず、リサーチとして研究ベースにあげ、分析結果として知見をまとめると同時に、より大きな議論の枠組みの中にその分析をつなげて議論することを目指した。現場に関わることの実感を踏まえながら、同時にそれを分析的に見通すことの両方を達成しようとしたのである。

もう一つ、「臨床」という看板を掲げてしみじみ思うのは、臨床の学では自分のスタンスを問われるということである。通常の研究では、研究スタンスはあまり意識されることはない。だが、それを少しでもずらそうとすると、すぐさま自分のスタンスを意識しなければならなくなる。序章で「臨床研究のスタンス」という節をもうけたのはこうしたわけであった。

社会学では、各自の研究のスタンスは、当人がそれまでに社会や実践とどう向き合ってきたかということに大きく影響される。そしてそれは、生徒の進路選択がかれらの進路の物語に規定されるのと同様に、研究者自身が経験をどう物語化しているかに規定される。

本書で紹介したプロジェクトを進めるにあたり自分の中にあった「物語」を少しだけ話せば、私は自分が小学校三年生のときに、父がそれまで勤めていた会社を辞め、トヨタの工場街が連なる愛知の田舎町に引っ越して、小さな商売を始めたことを強烈な経験として思い出す。私はそのときから、毎日（日曜日も夏休みも）家業の手伝いに従事した。ゼロからのスタート、わずかな儲けの積み重ねで生活しているという切迫感、協力しなければ家が成り立たないという危機意識を家族で共有して生きてきた。そうやって協力したからこそ日々の生活が送れたという思い、また、この境遇の中で自分は大学に進学させてもらったという思いがそこにつながる。

現場に向かうとき、自分はそこで生きている人の背後にある、その人の生活のことを考えたいと思う。本書で取り上げたような様々な困難な課題を抱えた生徒たちは、その切実さを肌身で感じて生きながらも、そのことを普段は表に出さずに学校に通っている。だが、その思いや境遇を見通して彼らを理解しなければならないと思うのである。これは教師を対象とした自分の一連の研究でも同様の思いを持ち続けてきたし、最近手がけている幼小連携や小中連携などの問題においてもそうである。それぞれの現場に当事者の切実な思いと生活があることを理解して、研究は進められなければならないと考える。

望見商の生徒たちの話は、自分には他人事として聞いていられないように感じた。工場労働者の多い町の中では、そうした生徒はすぐ近くにいたし、生徒たちの家族の様子もごく身近に感じられた。プロジェクトを始めた当初はあまり意識していなかったが、振り返ってみると——これも研究に携わる自分自身の物語を作っているわけだが——そういう思いから、望見商でのプロジェクトならびに本書の企画はスタートしたのだと思えるのである。

社会や教育、また教育研究も、いま大きな転換期にある。その時に問われるのは、先にも述べた研究のスタンスだと自分は思う。格差社会における教育の問題をどこから見通すのか、望見商のプロジェクトに関わる中で、私は自分のスタンスを問われてきたように思う。かれらの側からかれらの進路選択を描くこと、そしてその一方で、かれらを見守りその成長と幸福を願う一人の大人として何ができるかを考えたい。本プロジェクトを通じて、こうした視点を強く持つようになった。

最後になるが、本書を出す上ではたいへん多くの方々にお世話になった。何よりも、我々のプロジェクトを、七年前から今日まで快く受け入れ続けてくださった望見商業高等学校には、心より御礼申し上げる。ことにこの活動を組織し、学生ボランティアを受け入れ、生徒たちと活動する場を提供してくださった川崎先生、N先生、S先生に感謝申し上げたい。また、本書の編集作業では、執筆陣の一人でもある、広崎純子さん、風間愛理さんと、学部学生の村上菜津美さんに大変お世話になった。

さらに、勁草書房の藤尾やしおさんには、企画段階から我々を支援してくださり、脱稿までねばり強く執筆作業を見守ってくださった。藤尾さんのにこりとしたほほえみに、締めきりはしっかり守らなければという思いを強くして、なんとか稿を終えることができた。記して感謝申し上げる。

※なお、本研究は、お茶の水女子大学「21世紀COEプログラム」（文部科学省、平成十四年度採択）「誕生から死までの人間発達科学」の研究のうち、プロジェクトⅡの一環として実施された。

二〇〇七年二月

酒井　朗

執筆者紹介

酒井　朗（さかい　あきら）　【編者　はしがき、序章、3章、4章、6章、7章、終章】

1961年生まれ

1991年　東京大学大学院教育学研究科教育学専攻博士課程単位取得退学

現　在　お茶の水女子大学子ども発達教育研究センター教授、同センター長

主　著　Learning to Teach in Two Cultures: Japan and the United States, NY: Garland・Publishing Inc.（共著、1995）

『電子メディアのある日常―ケータイ・ネット・ゲームと青少年指導』学事出版（共著、2004）

『学校臨床社会学』放送大学教育振興会（共著、2007）

千葉　勝吾（ちば　しょうご）　【1章、3章、4章、6章】

1958年生まれ

2002年　東洋大学大学院文学研究科教育学専攻前期博士課程修了

現　在　公立高校教諭、東洋大学大学院後期博士課程在学中

主　著　『電子メディアのある日常――ケータイ・ネット・ゲームと青少年指導』学事出版（共著、2004）

「ポスト選抜社会の進路分化と進路指導」（共同研究者）『東京大学大学院教育学研究科紀要』第41巻（2002）

「ケイタイ・ポケベルと高校生の生活（上／下）コミュニケーション・メディアは自立の象徴？」『児童心理』10、11月号　金子書房（1999）

広崎　純子（ひろさき　じゅんこ）　【3章、4章、5章、6章】

1964年生まれ

2003年　早稲田大学大学院教育学研究科教育基礎学専攻博士後期課程単位取得退学

現　在　早稲田大学日本語教育研究センター客員講師（専任）

主　著　「子どもたちは「日本語指導」をどのように経験しているか――中国帰国者二世・三世の学校体験をめぐる語りを事例として」『紀要』第19号早稲田大学日本語教育研究センター（2006）

「公立高校における日本語指導の位置づけ」『拓殖大学留学生別科日本語紀要』第13号（2003）

「都立高校におけるニューカマー生徒への対応」『早稲田大学大学院教育学研究科紀要』別冊第9号―2（2002）

大多和　直樹（おおたわ　なおき）　【7章】

1970年生まれ

1997年　東京大学大学院教育学研究科博士課程中退

現　在　東京大学大学総合教育研究センター・助手

主　著　「戦後教育におけるメディア言説の論理構成―〈特性〉としてのメディア・〈作用〉としてのメディア―」『教育社会学研究』第64巻（1999）

「学習成果の認定―eラーニングによる新動向を中心に」関口礼子編著『情報化社会の生涯学習』学文社（2005）

「テレビゲームをするのは『ひまなとき』」酒井朗、伊藤茂樹、千葉勝吾編著『電子メディアのある「日常」―ケータイ・ネット・ゲームと生徒指導』学事出版（共著、2004）

齋藤　玲奈（さいとう　れな）　【3章】

1976年生まれ

2006年　東京大学教育学研究科博士課程単位取得退学

主　著　「地域差からみた不登校：公式統計を手掛かりに」『東京大学大学院教育学研究科紀要』41（2002）

「高校生の進路選択に関する教育臨床学的研究（2）：進路形成過程における転機の存在とジェンダーの影響」『お茶の水女子大学子ども発達教育研究センター紀要』第3号（共著、2003）

「社会的・文化的現象としての不登校に関する質的研究―地域社会における不登校支援機関とそのネットワークに着目して―」『研究助成論文集』第38号、財団法人安田生命社会事業団（2003）。

杉原　倫美（すぎはら　ひとみ）　【序章、2章】

1980年生まれ

2004年　お茶の水女子大学大学院人間文化研究科前期博士課程（発達社会科学専攻社会臨床論コース）修了

風間　愛理（かざま　あいり）　【7章】

1980年生まれ

2005年　お茶の水女子大学大学院人間文化研究科前期博士課程（発達社会科学専攻教育科学コース）修了

現　在　お茶の水女子大学人間文化研究科後期博士課程（人間発達科学専攻）在学中

索　引（五十音順）

ア　行

カ　行

サ　行

タ　行

ナ　行

ハ　行

マ　行

ヤ　行

ラ　行

ワ　行

引用文献（アルファベット順）

新谷周平　2002「ストリートダンスからフリーターへ――進路選択のプロセスと下位文化の影響力」『教育社会学研究』第71巻、151-169頁.

――――　2004「フリーター選択プロセスにおける道具的機能と表出的機能――現在志向・「やりたいこと」志向の再解釈」社会科学研究55（2），51-78頁.

浅野智彦　2006『検証・若者の変貌――失われた10年の後に』勁草書房.

Beck, U., 1986, *Risikogesellschaft auf dem Weg in eine andere Moderne*, Frankfurt am Main: Suhrkamp.（＝ベック・U., 1998　東廉，伊藤美登里訳『危険社会：新しい近代への道』法政大学出版局.）

Cochran, L., 1997, *Career counseling: a narrative approach, Thousand Oaks*, CA: Sage Publications.

Cummings, William. K., 1980, *Education and Equality in Japan.*Princeton University Press.（＝カミングス，W.K., 友田泰正訳　1980『ニッポンの学校――観察してわかったその優秀性』サイマル出版会.）

Denzin, N. K., 1989, *Interpretive Interactionism*, Newbury Park, CA: Sage Publications.（＝デンジン，N.K., 1992 関西現象学的社会学研究会編訳『エピファニーの社会学：解釈的相互作用論の核心』マグロウヒル出版.）

――――, Lincoln, Y. S., 2000, *Handbook of Qualitative Research*, Thousand Oaks, CA: Sage Publications.（＝デンジン，N.K., リンカン，Y.S.編 2006　藤原顕編訳，平山満義監訳『質的研究ハンドブック〈2巻〉質的研究の設計と戦略』北大路書房.）

Gergen, K.J., 1994, *Toward transformation in social knowledge, 2nd ed.*, London: Sage.（＝杉万俊夫・矢守克也・渥美公秀監訳　1998『もう一つの社会心理学』ナカニシヤ出版.）

ギデンズ，A.　1993『近代とはいかなる時代か？――モダニティの帰結』而立書房.

グリーンウッド，D. J.＆レヴィン，M.　2006「アクション・リサーチによる大学と社会の関係の再構築」デンジン，N. K.＆リンカン，Y. S.　2006『質的研究ハンドブック』1巻，北王路書房，63-85頁.

Hammersley, M. & Atkinson, P., 1983, *Ethnography: principles in practice*, London: Tavistock.

原田隆司　2000『ボランティアという人間関係』世界思想社.
橋本鉱市・石井美和　2004「ボランティアと自己実現の社会学――その接合にみる言説・政策・理論・個人」『東北大学大学院教育学研究科研究年報』53（1），87-119 頁.
広崎純子・酒井朗・千葉勝吾・風間愛理　2006「NPO 活動におけるボランティアの学びと成長――高校生の進路選択支援活動に携わる学生を事例に」『お茶の水女子大学子ども発達教育研究センター紀要』第 3 号，2006，113-122 頁.
ハーシ，T.　1995『非行の原因：家庭・学校・社会へのつながりを求めて』森田洋司，清水新二監訳，文化書房博文社.
ホルスタイン，D. J.＆グブリアム J. F.　山田富秋・兼子一・倉石一郎・矢原隆行訳　2004『アクティブ・インタビュー：相互行為としての社会調査』せりか書房.
本田由紀　2004「トランジションという観点からみたフリーター」『社会科学研究：東京大学社会科学研究所紀要』第 55 巻第 2 号，79-112 頁.
堀　健志　2000「学業へのコミットメント――空洞化する業績主義社会についての一考察」樋田大二郎・岩木秀夫・耳塚寛明・苅谷剛彦編著『高校生文化と進路形成の変容』学事出版，165-183 頁.
堀有喜衣　2003「学校・校外生活と無業者」耳塚寛明『高卒無業者の教育社会学的研究（2）』平成 13 年度～平成 14 年度科学研究費補助金，基盤研究（C）（2）研究報告書，33-44 頁.
石川　准　1992『アイデンティティゲーム―存在証明の社会学』新評論.
伊藤茂樹　2002「青年文化と学校の 90 年代」『教育社会学研究』第 70 巻，89-103 頁.
岩見和彦・富田英典　1982「現代中学生の意識分析――『生徒化』論の可能性」『関西大学社会学部紀要』第 14 巻第 1 号，49-97 頁.
ジョーンズ，G.，ウォーレス，C.　1996『若者はなぜ大人になれないのか』宮本みち子監訳，新評論.
鹿毛雅治　2002「フィールドに関わる『研究者／私』：実践心理学の可能性」下山晴彦・子安増夫編著『心理学の新しいかたち――方法への意識』誠信書房，132-172 頁.
神田道子・清原みさ子　2000「キャリアパターン意識の構造」神田道子『女子学生の職業意識』勁草書房，65-115 頁.
苅谷剛彦　1988「『能力主義』に囲まれて――高卒就職者の職業配分と学校に委任された『教育的』選抜」『教育社会学研究』第 43 巻，148-162 頁.
――――　1991『学校・職業・選抜の社会学』東京大学出版会.
――――　2001『階層化日本と教育危機――不平等再生産から意欲格差社会

（インセンティブディバイド）へ』有信堂.
――――・濱中義隆・大島真夫・林未央・千葉勝吾　2003「大都市高校生の進路意識と行動――普通科・進路多様校での生徒調査をもとに」『東京大学大学院教育学研究科紀要』第24巻，33-63頁.
城所章子・酒井朗「夜間定時制高校の自己の再定義過程に関する質的研究」『教育社会学研究』第78集，2006，213-233頁.
木村涼子　1992「女性の性役割受容をめぐって」『大阪大学人間科学部紀要』第18巻，101-115頁.
木村敬子　2000「学校のジェンダー文化と職業意識」，神田道子『女子学生の職業意識』勁草書房，147-174頁.
児島　明　2006『ニューカマーの子どもと学校文化――日系ブラジル人生徒の教育エスノグラフィー』勁草書房.
小杉礼子　2000「フリーター志向と進路展望」耳塚寛明『高卒無業者の教育社会学的研究』平成11年度～平成12年度科学研究費補助金，基盤研究（C）（2）研究報告書，49-53頁.
――――　2006　「キャリア教育と就業支援」小杉礼子・堀有喜衣『キャリア教育と就業支援――フリーター・ニート対策の国際比較』勁草書房，199-212頁.
Lens, W., 1994, Motivation and learning, T. Husen & T.N. Postlethwaite (eds.), *The international encyclopedia of education 2nd. ed*, Oxford: Pergamon, pp. 3936-3942.
Meyer, J. W., 1977 The effects of education as an intsitsution, *American Journal of Sociology*, Vol. 83 (1), pp. 55-77.
耳塚寛明　1980「生徒文化の分化に関する研究」『教育社会学研究』第35集，111-122頁.
――――　2000『高卒無業者の教育社会学的研究』平成11年度～平成12年度科学研究費補助金　基盤研究（C）（2）研究報告書　お茶の水女子大学教育社会学研究室.
――――　2003『高卒無業者の教育社会学的研究（2）』平成13年度～平成14年度科学研究費補助金，基盤研究（C）（2）研究報告書.
――――・大多和直樹・長須正明　2002「誌上シンポジウム　高校の社会統制の変容――高校生活の変貌と高校の社会統制からの撤退」『人間発達研究』第25巻，お茶の水女子大学人間社会科学科，13-32頁.
――――・中西祐子　1995「学校文化と進路選択」宮島喬編『文化の社会学―実践と再生のメカニズム』有信堂高文社，98-123頁.
三村隆男　2004『キャリア教育入門』実業之日本社.
宮台真司　1994『制服少女たちの選択』講談社.

宮本みち子　2004「社会的排除と若年無業――イギリス・スウェーデンの対応」『日本労働研究雑誌』No. 533，17–26 頁.
――――　2006「スウェーデンの若者政策」小杉礼子・堀有喜衣『キャリア教育と就業支援――フリーター・ニート対策の国際比較』勁草書房，143–166 頁.
――――　2006「若者政策の展開――成人期への移行の枠組み」『思想』第 983 号，岩波書店，153–166 頁.
諸田裕子　2000「進路としての無業者――教師の認識と指導「理論」」耳塚寛明『高卒無業者の教育社会学的研究』平成 11 年度〜平成 12 年度科学研究費補助金，基盤研究（C）（2）研究報告書，23–32 頁.
中西祐子　1998『ジェンダートラック：青年期女性の進路形成と教育組織の社会学』東洋館出版.
日本教育社会学会編　1986『新教育社会学辞典』東洋館出版社.
野口裕二　2002『物語としてのケア――ナラティヴ・アプローチの世界へ』医学書院.
小野寺由起　2006『高校進路指導の社会学――進路形成に対する「在り方生き方指導」の功罪』お茶の水女子大学人間文化研究科人間発達科学専攻 2006 年度博士論文.
大村英昭　2000a「臨床社会学とは何か」大村英昭・野口裕二編『臨床社会学のすすめ』有斐閣，1–12 頁.
――――　2000b「はじめに」大村英昭編『臨床社会学を学ぶ人のために』世界思想社，i–viii 頁.
太田晴雄　2000『ニューカマーの子どもと日本の学校』国際書院.
大多和直樹　2000「生徒文化―学校適応」樋田大二郎他編『高校生文化と進路形成の変容』学事出版，185–213 頁.
――――　2004「生徒文化と社会観」『青少年期から成人期への移行についての追跡的研究　JELS 第 1 集　2003 年基礎年次調査報告書（児童・生徒質問紙調査）』お茶の水女子大学大学院人間文化研究科人間発達科学専攻 COE 事務局，25–34 頁.
――――　2005「生徒支援型学校　〜支援化する学校と社会統制メカニズムの変容」平成 16 年度社会安全研究財団助成研究『フリーター層の行動様式と支援システムの研究―社会統制の視点から』報告書，4–13 頁.
酒井　朗　1994「1970〜80 年代高校生文化の歴史的位相」『アカデミア』（人文・社会科学編）第 59 号，南山大学，225–254 頁.
――――　2002「臨床教育学構想の批判的検討とエスノグラフィーの可能性――「新しい教育学の創造」と「問題への対処」をいかにして同時達成するか」『教育学研究』第 69 巻，第 3 号，322–332 頁.

――――　2004「教育臨床の社会学――特集にあたって」『教育社会学研究』第 74 集，5-20 頁.
――――　2006「心を育てる環境づくり」全日本中学校長会編『中学校』No. 635，4-7 頁.
――――編　2007『学校臨床社会学』放送大学教育振興会（近刊）.
――――・藤江康彦・小高さほみ・金田裕子　2004「幼小連携におけるカリキュラムの開発に関するアクションリサーチ」お茶の水女子大学 21 世紀 COE プログラム『誕生から死までの人間発達科学：家庭・学校・地域における発達危機の診断と臨床支援』51-70 頁.
――――・千葉勝吾・濱野玲奈・広崎純子　2004「高校生の進路選択に関する教育臨床学的研究-A 商業高校での支援活動の取り組みを通じて」『お茶の水女子大学子ども発達教育研究センター紀要』第 2 号，85-100 頁.
――――・千葉勝吾・広崎純子・齋藤玲奈　2006「高校生の進路選択に関する教育臨床学的研究（2）――進路形成過程における転機の存在とジェンダーの影響」『お茶の水女子大学子ども発達教育研究センター紀要』第 3 号，97-112 頁.
桜井　厚　2002『インタビューの社会学――ライフストーリーの聞き方』せりか書房.
佐々木洋成　2000「価値規範と生活様式――ヤンキー少年にみる職業・進路選択の契機」『年報社会学論集』第 13 号，239-251 頁.
佐藤郁哉　1984『暴走族の研究――モードの叛乱と文化の呪縛』新曜社.
佐藤一子編　2004『NPO の教育力-生涯学習と市民的公共性』東京大学出版会.
佐藤　学　1998「教師の実践的思考の中の心理学」佐伯胖他『心理学と教育実践の間で』東京大学出版会，9-56 頁.
千田有紀　2001「構築主義の系譜学」上野千鶴子編『構築主義とは何か』勁草書房.
晶文社学校案内部編　2002『首都圏高校受験案内〈2003 年度用〉』晶文社出版.
志水宏吉・清水睦美　2001『ニューカマーと教育――学校文化とエスニシティの葛藤をめぐって』明石書店.
下村英雄　2002「フリーターの職業意識とその形成過程――「やりたいこと」志向の虚実」小杉礼子編『自由の代償／フリーター――現代若者の就業意識と行動』日本労働研究機構，75-100 頁.
Stringer, E.T. 1999, *Action Research 2nd. ed*, Thousand Oaks, CA : Sage Publications.
杉原倫美　2004『高校生の「進路の語り」に関する質的研究』お茶の水女子大学人間文化研究科発達社会科学専攻社会臨床論コース 2003 年度修士論文.

高橋　満　2004「NPOにおける学びの公共性」佐藤一子編『NPOの教育力-生涯学習と市民的公共性』東京大学出版会，23-44頁.
竹内　洋　1991「日本型選抜の探求——御破算型選抜規範」『教育社会学研究』第49巻，34-56頁.
東京都教育委員会　2005『東京都における外国人の受け入れと活用』（平成17年度都政課題研修成果報告書）.
冨江英俊　1999「高校教育職業科の拡大と縮小：非大都市圏の事例を中心に」『東京大学大学院教育学研究科紀要』第39巻，203-211頁.
恒吉僚子　1996「多文化共存時代の日本の学校文化」堀尾輝久他編『学校文化という磁場』柏書房，215-240頁.
ウィリス，P., 1985『ハマータウンの野郎ども——学校への反抗・労働への順応』筑摩書房.
山本雄二　1996「言説的実践とアーティキュレーション——いじめ言説の編成を例に——」『教育社会学研究』第59集，69-90頁.

進学支援の教育臨床社会学
――商業高校におけるアクションリサーチ

2007年3月20日　第1版第1刷発行

編著者　酒《さか》井《い》　朗《あきら》

発行者　井村寿人

発行所　株式会社　勁《けい》草《そう》書房

112-0005　東京都文京区水道2-1-1　振替 00150-2-175253
（編集）電話 03-3815-5277／FAX 03-3814-6968
（営業）電話 03-3814-6861／FAX 03-3814-6854
理想社・青木製本

ISBN978-4-326-25056-1　Printed in Japan

http://www.keisoshobo.co.jp